Coleção Fundamentos do Direito

O Direito
na Economia
e na Sociedade

Dados Internacionais de Catalogação na Publicação (CIP)
(Câmara Brasileira do Livro, SP, Brasil)

Weber, Max, 1864-1920.
 O direito na economia e na sociedade / Max
Weber ; tradução Marsely De Marco Martins
Dantas. -- 1. ed. -- São Paulo : Ícone, 2011. --
(Coleção fundamentos do direito)

 Título original: Law in economy and society.
 ISBN 978-85-274-1144-8

 1. Direito 2. Direito comparado I. Título.
II. Série.

10-08517   CDU-340.5

Índices para catálogo sistemático:

1. Direito comparado   340.5

Max Weber

O Direito na Economia e na Sociedade

Coleção Fundamentos do Direito

1ª Edição
Brasil – 2011

© Copyright da tradução – 2011
Ícone Editora Ltda.

Título Original
Law in Economy and Society. New York: Simon and Schuster, 1954.

Conselho Editorial
Cláudio Gastão Junqueira de Castro
Diamantino Fernandes Trindade
Dorival Bonora Jr.
José Luiz Del Roio
Marcio Pugliesi
Marcos Del Roio
Neusa Dal Ri
Tereza Isenburg
Ursulino dos Santos Isidoro
Vinícius Cavalari

Tradução
Marsely De Marco Martins Dantas

Revisão
Cláudio J. A. Rodrigues
Juliana Biggi

Projeto gráfico, capa e diagramação
Richard Veiga

Proibida a reprodução total ou parcial desta obra, de qualquer forma ou meio eletrônico, mecânico, inclusive através de processos xerográficos, sem permissão expressa do editor. (Lei n° 9.610/98)

Todos os direitos reservados pela
ÍCONE EDITORA LTDA.
Rua Anhanguera, 56 – Barra Funda
CEP: 01135-000 – São Paulo/SP
Fone/Fax.: (11) 3392-7771
www.iconeeditora.com.br
iconevendas@iconeeditora.com.br

ÍNDICE

Capítulo I
CONCEITOS BÁSICOS DA SOCIOLOGIA, **11**

Capítulo II
O SISTEMA ECONÔMICO E AS ORDENS NORMATIVAS, **23**
Seção 1. Ordem Jurídica e Ordem Econômica, **23**
Seção 2. Direito, Convenção e Uso, **33**
Seção 3. Importância e Limites da Coação Legal na Vida Econômica, **47**

Capítulo III
ÁREAS DO DIREITO SUBSTANTIVO, **55**

Capítulo IV
AS CATEGORIAS DO PENSAMENTO JURÍDICO, **71**

Capítulo V
SURGIMENTO E CRIAÇÃO DE NORMAS JURÍDICAS, **77**

Capítulo VI
FORMAS DE CRIAÇÃO DOS DIREITOS, 103
Seção 1. Categorias Lógicas de "Proposições Jurídicas" – Liberdades e Poderes – Liberdade de Contrato, 103
Seção 2. Desenvolvimento de Liberdade de Contrato – "Contratos de *Status*" e "Contratos de Propósito" – A Origem Histórica dos Contratos de Propósito, 106
Seção 3. Instituições Auxiliares ao Contrato Passível de uma Ação Legal: Intermediação; Transferência de Direitos ou Posse; Papéis Negociáveis, 122
Seção 4. Limites da Liberdade Contratual, 124
Seção 5. Extensão do Efeito de um Contrato além das Partes – Direito Especial, 137
Seção 6. Contratos Associativos – Personalidade Jurídica, 149
Seção 7. Liberdade e Coação, 177
Suplemento ao Capítulo VI. O Mercado, 180

Capítulo VII
OS *HONORATIORES* E OS TIPOS DE PENSAMENTO JURÍDICO, 187

Capítulo VIII
A RACIONALIZAÇÃO SUBSTANTIVA E FORMAL NA LEI (DA LEI SAGRADA AO DIREITO SAGRADO), 209

Capítulo IX
O *IMPERIUM* E O PODER MONÁRQUICO PATRIMONIAL E SUAS INFLUÊNCIAS SOBRE AS QUALIDADES FORMAIS DA LEI: AS CODIFICAÇÕES, 237

Capítulo X
DIREITO NATURAL: AS QUALIDADES FORMAIS DO DIREITO REVOLUCIONÁRIO, 263

Capítulo XI
AS QUALIDADES FORMAIS DO DIREITO MODERNO, 277

Capítulo XII
DOMINAÇÃO, **295**
Seção 1. Poder e Dominação. Formas de Transição, **295**
Seção 2. Dominação e Administração – A Natureza e os Limites da Administração Democrática, **304**
Seção 3. A Dominação por meio da Organização – Os Fundamentos da Autoridade Legitimada, **309**

Capítulo XIII
COMUNIDADES POLÍTICAS, **313**
Seção 1. Natureza e "Legitimidade" das Comunidades Políticas, **313**
Seção 2. Os Estágios da Formação das Comunidades Políticas, **317**

Capítulo XIV
ADMINISTRAÇÃO RACIONAL E IRRACIONAL DA JUSTIÇA, **325**

Capítulo I

CONCEITOS BÁSICOS DA SOCIOLOGIA

Seção 1. A palavra "sociologia" é usada em muitos sentidos diferentes. No contexto aqui empregado significa que a ciência será usada para a compreensão interpretativa da conduta social por meio do estudo de sua causa, curso e efeito. O comportamento humano será chamado de "conduta" (*Handeln*) quando uma pessoa ou pessoas que estão interagindo acrescentarem ao seu comportamento algum significado subjetivo. Esse comportamento pode ser mental ou externo e pode consistir em um ato de ação ou omissão. A conduta será chamada de "conduta social", cuja intenção é relacionada à conduta de outros, pelo ator ou atores, e de acordo com seu curso.

Seção 2. Como qualquer outra conduta, a conduta social pode ser determinada em qualquer pessoa de quatro formas diferentes:

1. Determinada racionalmente e orientada a um propósito. A conduta social é determinada, de certa forma, pela expectativa no comportamento tanto de objetos do mundo exterior como de outros homens e, também, pelo uso de tais expectativas como condições ou meios de alcançar seus próprios objetivos que foram racionalmente considerados e desejados. Essa conduta será chamada de *conduta racional-objetiva*.
2. Determinada pela fé consciente na importância absoluta de tal conduta, independente de qualquer objetivo e avaliada por padrões de ética, estética e religião. Esta conduta será chamada de "conduta racional de valor".
3. Determinada de modo *afetuoso* e *emocional*, por uma constelação de sentimentos e emoções.
4. Determinada pelo fator *tradição*.

Seção 3. O termo "relação social" será usado para citar quando duas pessoas ou mais estiverem interagindo em um ato de conduta e, portanto, orientadas de uma pessoa para outra. Portanto, a relação social consiste unicamente na probabilidade pela qual os seres humanos agirão de forma perceptível; é irrelevante o motivo da existência de tal probabilidade. Havendo probabilidade, haverá relação social; e nada mais se fará necessário.

Seção 4. No universo da conduta social, encontramos regularidades factuais, ou seja, ações com significados idênticos que são repetidas ou que acontecem simultaneamente entre vários atores. Ao contrário da história, que se preocupa com as causas de acontecimentos importantes isolados (como, por exemplo, fatos isolados ou acasos), a sociologia preocupa-se com os *tipos* de conduta citados anteriormente.

A probabilidade da existência de *regularidade* na tendência de uma conduta social será chamada de "uso" (*Brauch*), onde a probabilidade de sua existência dentro de um grupo de pessoas é baseada *apenas em hábitos diários* (*Übung*). O "uso" será chamado de "costume" se o hábito diário for relacionado ao ato de existir com frequência. Quando, por outro lado, o uso for determinado *exclusivamente* pelo fato de que as condutas de todos os atores são *orientadas racionalmente* a expectativas idênticas, o mesmo será chamado de "uso determinado por situação de interesse".

A *moda* estabelece um caso especial de uso. Ao contrário do costume, falamos de moda quando a conduta é mais motivada por sua *inovação* do que por sua frequência, como é no caso do costume.

Ao contrário da "convenção" e do "direito", falamos de costume quando a regra não é garantida externamente, mas, mesmo assim, o ator a obedece "sem pensar" ou por mera "conveniência"; também falamos de costume quando esperamos que pessoas pertencentes ao mesmo grupo tenham comportamentos semelhantes pelos mesmos motivos. Sendo assim, o costume não reivindica qualquer "validade"; ninguém é obrigado a agir de acordo com ele. Entretanto, a transição existente entre costume, convenção ou direito é indefinida. Costumes factuais causam um sentimento de obrigatoriedade generalizado. Hoje em dia temos o costume de tomar praticamente o mesmo café da manhã todos os dias. Contudo, ninguém (exceto o hóspede de um hotel) é "obrigado" a fazer o mesmo. Além disso, o costume nem sempre prevalece. Por outro lado, o modo como nos vestimos, pelo menos hoje em dia, não representa mais um mero costume. Tornou-se uma convenção.[1]

Seção 5. Uma conduta, especialmente a social, e particularmente uma relação social, pode ser usada pelos atores em benefício das suas *ideias* (*Vorstellung*) sobre a existência de uma *ordem legítima*. A probabilidade de tal ação será chamada de *validade* da ordem em questão.

1. A "validade" de uma ordem significa mais do que uma mera regularidade do curso da conduta social como determinado pelo costume ou pelas situações de interesse. Por exemplo, a situação de interesse acontece quando uma empresa de mudança anuncia regularmente em épocas próximas àquelas em que há o maior número de mudanças; o fato de um ven-

---

[1] Vale a pena ler os capítulos sobre uso e costume do segundo volume do livro JHERING'S LAW AS A MEANS TO AN END. Veja também P. OERTMANN, RECHTSREGELUND UND VERKEHRSSITTE (1914) e, recentemente, E. WEIGELIN, SITTE, RECHT UND MORAL (1919), cuja opinião vai de acordo com a minha e discorda com a de Stammler.

dedor regularmente visitar um determinado cliente, em um determinado dia da semana ou mês, é um hábito frequente ou, também, causado pelos seus próprios interesses (existe um padrão regular). Por outro lado, o fato de um funcionário público ir trabalhar todos os dias no mesmo horário é determinado pela validade da ordem (regras do serviço público) e não apenas pela rotina (costume) ou interesse próprio. A violação dessa ordem será prejudicial no que se refere ao trabalho e, normalmente, mexerá com o seu sentimento ético (racional de valor) de dever cumprido.

2. Se a conduta for, em média, orientada a "máximas" determináveis, só então o conteúdo de uma relação social será chamado de ordem social. E uma ordem será apenas chamada de "válida" quando essa orientação acontecer ou, entre outras razões, quando tida pelo ator como algo obrigatório ou exemplar. Na vida real, a conduta pode ser orientada a uma ordem por vários motivos. Mas o fato dessa ordem, entre outros motivos, ser considerada exemplar ou obrigatória pelos atores, aumenta consideravelmente a possibilidade da conduta ser realmente orientada a ela. Uma ordem obedecida unicamente por razões racionais é, normalmente, menos estável do que a conduta que, por sua frequência, é orientada ao costume. Ainda mais estável é a conduta orientada a um costume que seja provido com o prestígio da exemplaridade ou obrigatoriedade ou, em outras palavras, da "legitimidade". Com certeza, as transições entre conduta orientada à ordem, em virtude de uma mera tradição ou racionalidade-objetiva, e crença em legitimidade são imprecisas na vida real.

3. Pode haver conduta orientada à ordem mesmo onde o seu significado não seja necessariamente obedecido. A probabilidade de uma ordem ser, até certo ponto, válida (como sendo obrigatória) também pode ocorrer quando o seu significado é "evasivo" ou "violado". Tal orientação pode ser meramente do tipo racional-objetiva: O ladrão tem a sua conduta orientada à validade do direito penal, tentando ignorar a sua existência. O próprio fato de uma ordem ser válida entre um grupo de pessoas faz com que ele sinta necessidade de esconder a sua

violação. Esta conduta é, por certo, considerada marginal. Frequentemente, a ordem é apenas violada em um ou dois aspectos, ou a sua violação tenta ser passada como legítima com a ideia de boa intenção. Várias são as interpretações do significado de ordem que coexistem ao mesmo tempo. Nesse caso, o sociólogo considerará cada uma dessas interpretações, até certo ponto, como um determinante de conduta válido. Não é muito difícil para o sociólogo reconhecer que muitas ordens, mesmo que possível e mutuamente contraditórias, sejam válidas dentro de um mesmo grupo. Um mesmo indivíduo pode orientar sua conduta a ordens mutuamente contraditórias sucessivamente. Tal ação pode ser observada ocorrendo com frequência, sendo que a orientação da conduta a ordens mutuamente contraditórias pode ocorrer em relação ao mesmo tipo de conduta. Aquele que entra em um duelo orienta a sua conduta tanto ao código de honra, quanto ao direito penal [no qual duelar é proibido], ao manter o duelo em segredo ou, em vez disso, aparecer voluntariamente no tribunal. Quando, entretanto, a evasão ou violação da ordem se transformou em uma regra, a ordem (ou seja, do significado geralmente associado a ela) se tornou, de certo modo, válida ou inválida como um todo. Para um advogado uma ordem pode ser válida ou inválida; mas, para um sociólogo, tal alternativa inexiste. Há uma transição de fluidos entre a validade e a não validade, e ordens mutuamente contraditórias podem ser válidas ao mesmo tempo. Cada ordem é válida simplesmente em proporção à possibilidade de uma conduta ser a ela orientada.

Seção 6. A legitimidade de uma ordem pode ser *garantida* de várias formas:

I. *Subjetivamente*, sendo que tal garantia subjetiva pode ser:
   1. meramente afetuosa, ou seja, por meio da rendição emocional;
   2. racional de valor, ou seja, determinada pela fé na validade absoluta da ordem como sendo de expressão final, valores éticos, estéticos, ou de outro tipo;

3. religiosa, ou seja, determinada pela crença de que a salvação depende da obediência da ordem.

II. A legitimidade de uma ordem, entretanto, pode ser garantida também pela esperança depositada em certos efeitos externos, ou seja, por situações de interesse.

Uma ordem será chamada de *convenção* quando a sua validade for externamente garantida pela probabilidade de uma violação ser duramente *reprovada* por um determinado grupo de pessoas.[2]

Uma ordem será chamada de *direito* se estiver garantida externamente pela probabilidade da coação (física ou psicológica), que trará conformidade ou vingança, a ser usada por um *staff* administrativo que esteja especialmente pronto para esse propósito.

1. Sob o termo *convenção*, devemos entender que o *costume*, dentro de um grupo selecionado, é aprovado como "válido" e garantido contra a desaprovação; diferenciando-se do "direito", como já mencionado, pela falta de um *staff* disposto a usar a coação. A distinção feita por Stammler entre convenção e direito, em que a submissão seria ou não "voluntária",[3] não corresponde ao uso de uma linguagem comum, nem se encaixa em sua própria ilustração. Todos nós somos obrigados a obedecer a convenções, tais como as formas usuais de cumprimento, vestimenta ou modelos preexistentes de relacionamento social. A obediência de tais convenções não é nem um pouco voluntária como, por exemplo, a escolha de como se preparar um alimento. A violação da convenção, especialmente na esfera da chamada ética profissional, frequentemente se assemelha a uma retaliação mais séria e efetiva na forma de boicote social pelos profissionais da área; uma retaliação que pode ser muito mais eficiente do que qualquer outra coação legal. A única coisa que falta é o *staff* (juízes, promotores, policiais, etc.) que estaria pronto para

---

[2] Sobre convenção veja Jhering, op. cit., Weigelin, op. cit., e Tönnies, Die Sitte (1909).

[3] *Op. cit. supra* nº 6.

tomar uma atitude em caso de desobediência. Novamente, entretanto, não há um divisor de águas. O que há é uma conduta marginal que consiste em um boicote oficialmente organizado e ameaçador. Em outras palavras, isso constitui uma forma de coação lícita. É irrelevante no contexto atual que, em certos casos, uma convenção pode, somando-se à reprovação geral, ser protegida por outros meios. Um bom exemplo disso é o caso em que um visitante se recusa a deixar a casa do visitado quando é convidado a se retirar. Esse visitante está violando uma convenção; entretanto, nada impede que ele seja removido à força pelo visitado. Nesse caso, a coação não é exercida por um *staff* especial, mas apenas por um indivíduo em particular que é capaz de fazê-lo em consequência da desaprovação geral da violação da convenção.

2. Em nosso contexto, o conceito de direito será definido como uma ordem que depende de um *staff* administrativo. Em outros contextos, definições diferentes podem ser mais apropriadas. O *staff* administrativo não precisa ser necessariamente do tipo que conhecemos hoje. É desnecessário que haja qualquer órgão *judicial*. No caso de vingança ou rixa, o *staff* administrativo será composto por um clã, contanto que sua reação seja determinada por algum tipo de ordem regulatória. Precisamos reconhecer, entretanto, que esse caso representa o limite do que ainda pode ser considerado como coação legal. O direito internacional não é tido como "direito", porque carece de uma agência administrativa que ultrapasse as barreiras nacionais. Nossa definição de direito também não se aplica a uma ordem que é garantida meramente pela expectativa da desaprovação e represália por parte daqueles que são prejudicados devido à sua violação, ou seja, se aplica muito mais pela convenção e interesse próprio do que pelo *staff* administrativo cuja conduta é orientada *especialmente* à observação da ordem regulatória. Ainda assim, a terminologia jurídica pode ser bem diferente.

As formas de coação também são irrelevantes. A "advertência" amigável, que pode ser considerada, em alguns setores, como uma forma de coação, constitui coação quando regulamentada por alguma ordem e aplicada por um *staff* administrativo. O mesmo será dito sobre a censura "repressiva", que é tida como uma forma de garantir a observação das obrigações "éticas" e, ainda mais, sobre a coação psicológica por meio da disciplina eclesiástica. Portanto, o "direito" pode ser garantido por meio da autoridade eclesiástica ou política, pelo estatuto de uma associação, por uma congregação ou, ainda, por qualquer outro grupo. As regras [específicas] de [fraternidades de estudantes alemães, conhecidas como] *comment* [com relação a beber socialmente ou cantar] são também consideradas um "direito"; da mesma forma como aquelas obrigações legalmente regulamentadas, mas inexigíveis [por exemplo, a obrigação em um noivado] que são mencionadas na Seção 888, parágrafo 2 do Código Civil [Alemão].

Nem toda a ordem válida é necessariamente de caráter geral ou abstrato. Hoje em dia, fazemos, rigorosamente, uma distinção entre a "norma da lei" geral e a "decisão judicial" concreta. Semelhante distinção não é sempre feita. Uma ordem pode, assim, consistir no cumprimento de uma única situação concreta.

Uma ordem "externamente" garantida também pode ser garantida "internamente". A relação entre direito, convenção e ética não apresenta qualquer problema ao sociólogo. Para ele, um padrão "ético" é aquele que se aplica à conduta humana, aquele tipo específico de *fé* avaliadora, e que alega poder determinar o que é "eticamente bom", como qualquer outra conduta que alega ser "bonita" e se sujeita ao padrão da estética. Mesmo sem possuir uma garantia externa, ideias normativas desse tipo podem ter uma forte influência sobre a conduta. Garantias externas serão normalmente falhas quando a violação do que já está padronizado não afetar consideravelmente o interesse de outros. Por outro lado, serão garantidas religiosamente com frequência. É possível que também sejam garantidas por convenção, ou seja, por meio do boicote e da reprovação. Além disso, pode haver uma garantia jurídica por meio da polícia ou do direito penal ou privado. A "ética", que é válida em termos sociológicos, é normalmente garantida por convenção, ou seja, pela probabilidade da sua violação ser reprovada. Contudo, nem todas as normas garantidas juridicamente ou por convenção são consideradas de teor ético. Normas jurídicas são frequentemente motivadas por mera conveniência e, portanto, alegam menos caráter ético do que as normas de convenção. Se uma ideia normativa (na prática influenciada por um ser humano) pertence ou não à esfera das éticas, ou, em outras palavras, se a norma fornecida é um "mero" direito ou convenção, essa é uma questão que deve ser decidida exclusivamente *por um sociólogo* e de acordo com a noção de "ética" dos próprios envolvidos. Todavia, não é possível expressar qualquer proposição a esse respeito.

Seção 7. Os atores podem atribuir uma validade legítima a uma ordem de várias maneiras:

1. A ordem pode ser reconhecida como legítima em virtude de tradição: válido é aquilo que foi sempre reconhecido.
2. A ordem pode ser considerada legítima em virtude de fé afetiva, especialmente emocional: esta situação ocorre normalmente devido a um fato novo ou recorrente.
3. A ordem pode ser tratada como legítima em virtude de fé racional de valor: válido é aquilo que foi sempre considerado como absolutamente exigido.
4. A legitimidade pode ser atribuída a uma ordem em virtude de um decreto reconhecido legalmente.
   Tal legalidade pode ser considerada como legítima, tanto (a) pelo decreto que foi acordado e legitimado, quanto (b) em virtude de imposição dos seres humanos dominantes sobre os seres humanos dominados.
   Mais detalhes sobre "validade" serão discutidos nos capítulos que abordam a sociologia da dominação e do direito. Neste momento, algumas observações já serão suficientes.
   (1) O mais antigo e mais universal tipo de validade de ordens encontrado é aquele baseado na santidade da tradição. A oposição psicológica a qualquer mudança de um uso enraizado é reforçada pela aquisição de prejuízos mágicos. Ao se tornar válida, uma ordem é ainda mais perpetuada por aqueles interesses diversos que visam à continuação da aquiescência de sua existência.
   (2) Na sociedade antiga, até as leis gregas dos *aisymnetas*, as criações conscientes de novas ordens apareciam quase exclusivamente como um oráculo profético ou, pelo

menos, eram consideradas sagradas à medida que as revelações obtinham sanção profética. A aquiescência, entretanto, dependia da fé na legitimidade do profeta. Em períodos de tradicionalismo rígido, nenhuma ordem era criada sem uma nova revelação, a menos que uma nova ordem fosse considerada como uma verdade que já houvesse sido validada, embora temporariamente vaga e precisando ser redescoberta.

(3) O tipo mais puro de validade racional de valor é representado pelo direito natural. A influência de suas proposições logicamente deduzidas sobre uma conduta atual pode ficar bem para trás de suas alegações teóricas. Suas proposições devem ser diferentes daquelas reveladas, decretadas e de direito tradicional.

(4) Hoje a forma mais comum de legitimidade é a crença na legalidade, ou seja, na aquiescência em decretos que são formalmente corretos e que foram feitos de modo habitual. O contraste entre decretos acordados e impostos não é absoluto. No passado, para que uma ordem fosse acordada de modo unânime, era frequentemente necessário que ela fosse considerada legítima. Contudo, nos dias de hoje, uma ordem é normalmente acordada apenas pela maioria dos membros do grupo em questão, com a aquiescência, entretanto, daqueles que possuem opiniões diferentes. Nesses casos, a ordem é realmente imposta pela maioria sobre a minoria. Frequentes também são os casos em que a minoria violenta, bruta ou simplesmente energética impõe uma ordem que é igualmente considerada como legítima por aqueles que originalmente se opuseram a ela. Quando a votação é um método legal de criar ou mudar uma ordem, a minoria usualmente alcança a maioria formal, mas com a aquiescência da maioria real, de forma que a regra aprovada pela maioria seja uma mera aparência.

A fé na legalidade de uma ordem acordada pode ser encontrada em épocas anteriores entre os chamados primitivos e, na maioria dos casos, ditadas pela autoridade dos oráculos.

(5) A aquiescência em uma ordem imposta, que não depende do mero medo ou de considerações da racionalidade objetiva, nos faz acreditar que o poder da dominação de um indivíduo, ou daqueles para quem a ordem foi imposta, é, de certa forma, legítima. Esse fenômeno será discutido a seguir.

(6) A menos que a ordem seja inteiramente nova, a sua aquiescência é normalmente baseada em considerações de interesse próprio, tradição e de convicção na legalidade. Com frequência, aqueles que consentem não estão de forma alguma cientes se o caso em questão é classificado como costume, convenção ou direito. Sendo assim, a tarefa do sociólogo é descobrir que tipo de validade é a mais típica.

Seção 8. Um relacionamento social será chamado de *resistência* até o ponto onde a conduta de um grupo for orientada à intenção de fazer com que sua própria vontade prevaleça em oposição à resistência de outro grupo ou grupos. As formas de resistência que não consistirem em violência física real serão chamadas de *formas pacíficas de resistência*. A forma pacífica de resistência será chamada de "competição" se for executada pacificamente com o intuito de obter o poder da disposição legal sobre as oportunidades que também sejam cobiçadas por outros.

Capítulo II

O SISTEMA ECONÔMICO E AS ORDENS NORMATIVAS

SEÇÃO 1
Ordem Jurídica e Ordem Econômica

1. O Conceito Sociológico do Direito. Quando falamos sobre "direito", "ordem jurídica", ou "proposição jurídica" (*Rechtssatz*), atenção redobrada deve ser dada para a distinção entre os pontos de vista legais e sociológicos. Com respeito ao ponto de vista legal, perguntamos: O que é constitucionalmente válido como um direito? Ou seja: Qual o significado ou, em outras palavras, que significado normativo deverá ser atribuído, em lógica correta, a um padrão verbal que tenha a forma de uma proposição jurídica? Com respeito ao ponto de vista sociológico, perguntamos: O que *realmente* acontece com a *probabilidade* de que em uma sociedade onde pessoas participantes em atividade comunal (*Gemeinschaftshandeln*), especialmente aquelas exercendo um poder social relevante, consideram subjetivamente certas normas como válidas e praticamente agem de acordo com elas, ou, em outras palavras, orientam sua própria conduta a essas normas? Essa distinção também determina, em princípio, a relação entre *direito* e *economia*.

O ponto de vista judicial, ou, mais precisamente, jurídico-dogmático, visa a descobrir o significado correto das proposições, o conteúdo que constitui uma ordem supostamente determinante na conduta de um grupo específico de pessoas; ou seja, tenta definir os fatos aos quais esta ordem se aplica e a forma pela qual ela se sustenta sobre eles. Por essa razão, o jurista, aceitando a validade empírica das proposições legais, examina cada uma delas e tenta determinar o seu significado logicamente correto de forma tal que todas possam ser combinadas em um sistema que seja logicamente coerente, ou seja, livre de contradições internas.

A sociologia econômica, por outro lado, contempla as interconexões de atividades humanas à medida que vão acontecendo e que são condicionadas e orientadas à "situação econômica dos fatos". Devemos, portanto, usar o termo "ordem econômica" para situações advindas da combinação de dois fatores: primeiro, a forma pela qual o poder factual é distribuído sobre produtos e serviços econômicos, à medida que eles emergem do processo de estabilização de interesses conflitantes; e, segundo, a forma pela qual esses produtos e serviços são realmente usados em virtude desse poder e das intenções subjacentes.

É óbvio que essas duas abordagens lidam com problemas inteiramente diferentes e que seus objetivos não podem entrar em contato direto entre si. A "ordem jurídica" ideal da teoria jurídica não está diretamente ligada com o mundo da conduta econômica real, pois ambas existem em níveis diferentes. Uma existe na esfera ideal do "dever", enquanto a outra, no mundo real do "ser". Se apesar disso for dito que uma ordem econômica e uma jurídica estão ligadas intimamente uma a outra, a última será entendida, não no sentido legal, mas no sentido sociológico, como sendo *empiricamente* válida. Neste contexto, a "ordem jurídica" tem um significado totalmente diferente. Não se refere ao um conjunto de normas que demonstram exatidão lógica, mas a um complexo de determinantes (*Bestimmungsgründe*) da verdadeira conduta humana. Esta questão requer elaboração adicional.

O fato de algumas pessoas agirem de certa forma porque as proposições legais assim prescrevem (*Rechtssaetze*) é, obviamente, um elemento essencial no surgimento e continuação de uma "ordem jurídica". Mas, como já vimos ao discutirmos o significado da "existência" de normas sociais, é totalmente desnecessário que todos, ou mesmo a maioria, daqueles engajados em tal conduta, ajam dessa maneira por este motivo. De fato, tal situação nunca ocorreu. A massa variada de participantes age de forma a corresponder a normas jurídicas, não por obediência a uma obrigação legal, mas porque o ambiente aprova essa conduta e desaprova o oposto, ou meramente como resultado do hábito da não reflexão em relação à regularidade da vida que se tornou um costume. Se essa obediência fosse universal, a lei não precisaria ser "subjetivamente" considerada como tal, apenas observada como um costume. Mesmo que exista uma pequena chance do "aparato coativo" [sentido definido em outra parte] forçar, em dada situação, a conformidade com essas normas, devemos continuar considerando-as como "direito". Nem é necessário, de acordo com o que foi dito acima, que todos aqueles que compartilham uma opinião sobre certas normas de comportamento sempre vivam realmente de acordo como as mesmas opiniões. Essa situação nunca aconteceu e nunca precisará acontecer, sendo que, de acordo com a nossa definição geral, ela representa a "direção" de uma ação para uma norma e não exatamente o "sucesso" dessa norma que é decisiva para sua validade. O "direito", da forma como o entendemos, é simplesmente um "sistema de ordem" provido pelas garantias específicas da probabilidade de sua validade empírica.

O termo "direito garantido" deve trazer consigo a ideia de que existe um "aparato coativo", ou seja, que há pessoas cuja tarefa especial é a de estarem prontas para usar meios de coação (coação legal) especialmente fornecidos com o propósito de cumprir a lei. Os meios de coação podem ser físicos ou psicológicos, diretos ou indiretos e, quando necessário, podem ser direcionados aos participantes de uma comunidade consensual (*Einverstaendnisgemeinschaft*) constituída por uma associação, corporação, ou instituição dentro das quais o sistema de ordem é empiricamente válido ou orientado a casos externos. Tais meios são as "normas jurídicas" da comunidade em questão.

Nem todas as normas consensualmente válidas em uma comunidade (como veremos mais tarde) são "normas jurídicas"; e nem são todas as funções oficiais das pessoas constituindo o aparato coativo de uma comunidade que esteja preocupada com a coação legal. Em vez disso, devemos considerar como coação legal apenas aquelas ações cuja intenção é a de aplicar conformidade a uma norma que está sendo formalmente aceita como obrigatória. Essa consideração não será aceita, entretanto, onde a conformidade da conduta aplicada a uma norma for criada por motivo de conveniência ou outras circunstâncias materiais. É evidente que a efetivação da validade de uma ordem pode, de fato, ser requerida pelos motivos mais variados. Contudo, devemos designá-la como "direito garantido" apenas em casos onde exista a probabilidade da coação legal ser aplicada "para o seu próprio bem". Como veremos oportunamente, nem todos os direitos são garantidos. Falaremos sobre direito (mesmo que considerado "indiretamente garantido" ou "não garantido") em todos os casos onde a validade de uma norma consiste no fato de que o modo de orientação de uma ação orientada a esse direito tenha alguma "consequência legal". Ou seja, onde existam outras normas que se associem ao "cumprimento da lei" ou "infração" da norma principal de uma ação consensual garantida por coação legal.

Esse caso, que ocorre em uma grande área da vida jurídica, será esclarecido mais adiante. Portanto, para evitarmos complicações, usaremos o termo "direito" sem ressalva significando "normas" que são diretamente garantidas por coação legal. Tal "direito garantido" não será de forma alguma, em todos os casos, garantido por "violência" no que se refere à possibilidade de coação física. Para nós, direito, incluindo o "direito garantido", não é caracterizado de forma sociológica por violência ou, menos ainda, por aquela técnica moderna que é usada para efetivar alegações do direito privado por meio de "processo judicial" em um "tribunal". A esfera do "direito público" (normas que regem a conduta de órgãos do Estado e as atividades realizadas dentro do sistema administrativo público) reconhece inúmeras normas jurídicas e direitos, quando da infração na qual um aparato coativo pode ser usado apenas por meio de "objeção" pelos membros de um grupo limitado de pessoas e, frequentemente, sem qualquer tipo de coação física. Segundo a sociologia, a existência ou não do direito garantido em tal situação depende da disponibilidade do aparato coativo para o exercício passivo da coação legal. Esse aparato deve também possuir força suficiente para que haja, de fato, uma probabilidade significativa de que a norma seja respeitada devido à possibilidade de recurso para tal coação legal.

  Hoje em dia, a coação legal por meio da violência é privilégio exclusivo do Estado. Todas as outras instituições que aplicam a coação legal por meio da violência são consideradas como heteronômicas ou heterocéfalas. Essa concepção é típica, entretanto, apenas em certos estágios de desenvolvimento. Falaremos sobre "direito estatal" (garantido pelo Estado) apenas quando, e até o ponto onde, a coação legal é exercida por intermédio de meios de coação, normalmente diretos ou *físicos*, da comunidade política. Sendo assim, a existência de uma "norma jurídica" em termos de "direito estatal" significa que a situação a seguir obtém: no caso de eventos específicos ocorrerem, há um acordo mútuo de que certos órgãos da comunidade devem entrar com uma ação oficial, e a expectativa gerada por tal ação será suficiente para induzir conformidade a ordens advindas da interpretação da norma jurídica que é geralmente aceita; ou, onde essa conformidade tenha se tornado inatingível, pelo menos no que se refere à reparação ou "indenização". O evento que induz a essa consequência, a coação legal do Estado, pode consistir em atos humanos específicos, por exemplo, término ou quebra de contrato, ou concessão de um ato ilícito. Entretanto, esse tipo de ocorrência constitui apenas um caso especial, visto que, tendo por base algumas proposições legais empiricamente válidas, os aparatos coativos das forças políticas em relação a pessoas e coisas também podem ser aplicados onde, por exemplo, um rio subiu acima do seu nível normal. Não é inerente, contudo, na validade de uma norma jurídica como é normalmente concebido, que aqueles que obedeçam à lei, normalmente ou de qualquer outra forma, façam-no por causa da existência desse aparato coativo como definido acima. Os motivos para a obediência de uma lei podem variar. Na maioria dos casos, eles são predominantemente aplicáveis ou éticos ou subjetivamente convencionais, ou seja, consistem do medo da desaprovação por parte do coletivo. A natureza desses motivos é muito relevante para determinarmos o tipo e o grau de validade da própria lei. Entretanto, partindo do ponto de vista do conceito sociológico formal do direito garantido, como pretendemos usar, esses fatos psicológicos são irrelevantes. Com relação a isso, nada importa exceto que há probabilidade suficiente de intervenção por parte de um grupo de pessoas especialmente designado, mesmo em casos onde houve apenas uma simples infração da norma.

A validade empírica de uma norma como uma norma jurídica afeta os interesses de um indivíduo em vários aspectos. Em particular, pode ajudar um indivíduo a calcular quais seriam as chances de se ter produtos econômicos à disposição ou de adquiri-los sob certas condições no futuro. Obviamente, a criação ou proteção de tais chances é um dos objetivos da efetivação de um direito por aqueles que concordam sobre uma norma ou que a impõem sobre outros. Uma "chance" pode ser considerada de duas formas. Considerada como um subproduto da validade empírica da norma: nesse caso, a norma não é *feita* para garantir a um indivíduo uma chance advinda do mero acaso. É também possível, no entanto, que a norma deva, especificamente, prover tal garantia ao indivíduo, ou, em outras palavras, garantir a ele um "direito". Segundo a sociologia, a alegação que alguém tem um direito em virtude da ordem jurídica do Estado quer, com frequência, dizer o seguinte: Ele possui uma chance, garantida pela interpretação consensual de uma norma jurídica, de invocar, a favor dos seus ideais ou interesses materiais, a ajuda de um "aparato coativo" que esteja preparado para esse propósito. Essa ajuda consiste, normalmente, na disponibilidade de certas pessoas correrem ao seu auxílio ao serem procuradas de forma adequada, e isto demonstra que recorrer a tal auxílio é-lhe garantido por uma "norma jurídica". Tal garantia é baseada simplesmente na "validade" de uma proposição jurídica, independentemente de conveniência, discrição, graça, ou prazer arbitrário.

Portanto, uma lei é válida sempre quando a ajuda legal pode ser obtida de forma relevante, mesmo sem que se recorra a meios coativos drásticos ou físicos. Uma lei também pode ser considerada válida, no caso do direito não garantido, se sua violação (por exemplo: de um direito eleitoral) induz, em termos práticos de uma norma empiricamente válida, consequências legais (por exemplo: a invalidação da eleição) para a sua execução por meio de uma agência com poderes coativos.

Com o propósito da simplificação, vamos ignorar as "chances" que são geradas como "subprodutos" do acaso. Um "direito", no contexto do "Estado", é garantido pelo poder coativo de autoridades políticas. Sempre quando os meios de coação que constituem a garantia de um "direito" pertencerem a uma autoridade que não seja a política, por exemplo, a hierarquia eclesiástica, falaremos de "direito extraestatal".

Uma discussão sobre as várias categorias de tal "direito extraestatal" estaria fora do contexto atual. Tudo que precisamos ter em mente é que existem meios de coação passivos que devem ter a mesma ou, sob certas condições, uma eficiência ainda maior do que os de coação violenta. Com frequência, e em grandes áreas, a ameaça de tais medidas como a exclusão de uma organização ou um boicote, ou o prospecto de vantagens ou desvantagens magicamente condicionadas neste mundo, ou de recompensa ou punição no próximo, estão mais inclinadas, sob certas condições culturais, a produzir determinados tipos de comportamento em vez de um aparato político, cuja função coativa nem sempre seria previsível. A coação legal exercida pelo aparato coativo da comunidade política tem sido frequentemente criticada em comparação a outros poderes coativos, como, por exemplo, de religiosos, de autoridades, etc. Em geral, o escopo atual da sua eficiência depende das circunstâncias de cada caso concreto. Dentro da esfera da realidade sociológica, a coação legal continuará a existir, contanto que alguns efeitos socialmente *relevantes* continuem a ser produzidos por sua máquina do poder.

2. Direito Estatal e Extraestatal. A concepção de que um Estado "existe" apenas quando os meios coativos da comunidade política são superiores a todos os outros é antissociológica. O "direito eclesiástico" continua sendo direito, mesmo quando entra em conflito com o direito "estatal", como já aconteceu várias vezes, e continuará acontecendo, em caso de relacionamento entre o Estado moderno e algumas igrejas, como, por exemplo, a Católica Romana. Na Áustria imperial, as comunidades rurais, chamadas *Zadruga* eslavas, não só eram desprovidas de qualquer tipo de garantia jurídica pelo Estado, como também algumas de suas normas eram diretamente contraditórias à lei oficial. A ação consensual que constitui uma *Zadruga* possui à sua disposição o próprio aparato coativo para o cumprimento de suas normas; essas normas serão consideradas como "direito". Apenas o Estado, se invocado, e por meio do seu poder coativo, poderia recusar e remover tal direito.

Fora da esfera do sistema jurídico do Continente Europeu, não é incomum que o direito estatal trate explicitamente como "válidas" as normas de outros grupos corporativos e examine suas decisões concretas. Entretanto, o direito americano protege a colocação da marca sindical em produtos e regulamenta as condições nas quais um candidato deve ser considerado como "validamente" nomeado por um partido. Juízes ingleses intervêm, em apelos, nos procedimentos judiciais de um clube. Até mesmo no continente, juízes alemães investigam, em processos de difamação, as informações exclusivas de rejeição do desafio de um duelo, embora duelar seja proibido por lei. Contudo, não vem ao caso discutirmos até que ponto tais normas se tornam "direitos estatais". Por todas as razões apontadas acima e, particularmente, para o bem da consistência terminológica, negamos categoricamente que o "direito" apenas exista quando a coação legal é garantida pela autoridade política. Não há razão prática para tal terminologia. Uma "ordem jurídica" deve ser reconhecida quando os meios coativos, físicos ou psicológicos estiverem disponíveis; ou seja, sempre que estiverem à disposição de uma ou mais pessoas que se consideram prontas para usá-los; em outras palavras, sempre que encontramos uma consociação especialmente dedicada ao propósito de "coação legal". A posse de tal aparato para o exercício da coação física nem sempre foi monopólio da comunidade política. Do ponto de vista da coação psicológica, não existe tal monopólio, como demonstrado pela importância do direito que é garantido apenas pela igreja.

A garantia direta do "direito" e dos "direitos" por um aparato coativo representa apenas um exemplo da existência deles. Mesmo dentro dessa esfera limitada, o aparato coativo pode assumir uma variedade de formas. Em casos marginais, pode consistir em uma chance consensual válida para intervenção coativa, por parte de todos os membros da comunidade, em caso de infração de uma norma válida. Entretanto, não se pode falar propriamente de um "aparato coativo" a menos que as condições pelas quais a participação nesse aparato sejam adequadamente predeterminadas. Nesses casos, quando a proteção dos direitos é garantida por órgãos da autoridade política, o aparato coativo poderá ser reforçado por grupos opressores: as regulamentações rígidas das associações dos credores e proprietários, especialmente suas listas negras de devedores ou locatários não confiáveis, frequentemente operam com mais eficiência do que a possibilidade de uma ação judicial. Não é necessário dizermos que esse tipo de coação pode ser aplicado a alegações não garantidas pelo Estado; contudo, tais alegações são baseadas em *direitos*, embora sejam garantidas por outras autoridades além do Estado. A lei do Estado frequentemente tenta obstruir os meios coativos de outras consociações; a Lei de Difamação Inglesa tenta impedir o uso da lista negra, excluindo a defesa da verdade. Entretanto, o Estado nem sempre consegue. Há grupos mais fortes que o Estado, como, por exemplo, grupos e associações, usualmente baseados em classes sociais, que dependem do "código de honra" do duelo como forma de resolver seus conflitos. Com tribunais e boicotes como meios coativos à sua disposição, eles normalmente conseguem, com ênfase, o cumprimento de obrigações como "dívidas de honra", como, por exemplo, dívidas de apostas ou o dever de duelar. Tais dívidas estão intrinsecamente conectadas com o propósito específico do grupo em questão, mas, do ponto de vista do Estado, não são reconhecidas ou já estão prescritas. O Estado foi forçado, pelos menos parcialmente, a se adaptar às circunstâncias.

Seria realmente uma impropriedade legal exigir que um delito específico, como um duelo, fosse classificado como "tentativa de assassinato" ou "agressão". Ainda assim, esses são tipos bem diferentes de crime. Na Alemanha, a disposição de se participar de um duelo continua sendo uma obrigação *legal* imposta pelo Estado sobre seus oficiais militares, embora o duelo seja expressamente proibido pelo código penal. O próprio Estado considerou como consequência legal o insucesso de um oficial em cumprir o código de honra. Fora da classe de oficiais militares, a situação é diferente. O meio típico de coação regulamentar aplicado por organizações "privadas" contra membros insubordinados é o da exclusão do quadro corporativo e de suas vantagens tangíveis e intangíveis. Em organizações profissionais de físicos e advogados, como também em clubes sociais ou políticos, é a *ultima ratio* (última alternativa a ser tomada). A organização política moderna se apropriou, em grande parte, da aplicação dessas medidas de coação. O recurso a elas foi negado aos físicos e advogados na Alemanha; na Inglaterra, os tribunais estatais concederam jurisdição para que as exclusões de clubes, sob recurso, fossem analisadas; e nos Estados Unidos, os tribunais têm poder sobre os partidos políticos e o direito de analisar, sob recurso, a legalidade da colocação da marca sindical em um produto.

O conflito entre os meios de coação de vários grupos corporativos é tão antigo como a própria lei. No passado, os meios coativos do corpo político nem sempre triunfaram, e até hoje nada mudou. Uma parte interessada, por exemplo, que violou o código do grupo, não tem recurso contra a tentativa sistemática do grupo em levá-la à falência. Da mesma forma, não há uma proteção contra a colocação de alguém na lista negra, que se beneficiou da alegação de ilegalidade de um contrato. Na Idade Média, as proibições, no estatuto de algumas companhias mercantes, impostas a quem recorresse a cortes eclesiásticas, eram claramente inválidas do ponto de vista do direito canônico e, mesmo assim, persistiram.

Até certo ponto, o Estado precisa tolerar o poder coativo das organizações, mesmo em casos em que o poder não seja apenas direcionado em oposição aos membros, mas também em oposição a estranhos aos quais a organização tenta impor suas próprias normas. Cartéis usam ilustrações para forçar estranhos a se tornarem membros, e associações de crédito tomam medidas contra devedores e inquilinos.

Um caso marginal importante de direito garantido por coação, em termos sociológicos, é representado por uma situação aparentemente contrária àquela apresentada pelas comunidades políticas modernas, como também por aquelas comunidades religiosas que aplicam as próprias leis. Nas comunidades modernas, a lei é garantida por um "juiz" ou algum outro "órgão", cuja função é de ser um mediador imparcial e desinteressado, e não por uma pessoa que seria caracterizada por uma relação especial com uma ou com outra das partes. Na situação que temos em mente, os meios de coação são fornecidos pelas mesmas pessoas que são associadas a uma parte interessada devido ao seu relacionamento pessoal; por exemplo, membros de um mesmo clã. Da mesma forma como a guerra sob o direito internacional moderno, a "vingança" e a "rixa" são as únicas formas, ou pelo menos, as normas, de cumprimento da lei. Neste caso, o "direito" do indivíduo consiste, como mostra a sociologia, na mera probabilidade que os membros de seu clã honrarão a sua obrigação de apoio à "vingança" e à "rixa" (uma obrigação inicialmente garantida pelo medo da ira das autoridades sobrenaturais) e que o grupo terá força suficiente para garantir o direito reclamado pelo indivíduo, embora não necessariamente para alcançar o seu triunfo final.

O termo "relação jurídica" será aplicado para designar uma situação na qual o conteúdo de um "direito" é constituído por uma relação, ou seja, as ações reais ou potenciais de pessoas a serem identificadas por critério concreto. Os direitos contidos em uma relação jurídica podem variar de acordo com as ações que estão atualmente ocorrendo. Neste sentido, um Estado pode ser designado como sendo uma relação jurídica, mesmo no caso marginal hipotético no qual apenas o administrador é reconhecido como provido de direitos (o direito de dar ordens) e onde, consequentemente, as oportunidades de todos os outros indivíduos serão reduzidas a reflexos de suas regulamentações.

SEÇÃO 2
DIREITO, CONVENÇÃO E USO

Importância do "Uso" na Formação do Direito
Mudança por meio de Instituição e Empatia
Linha Divisória entre Convenção, Uso, e Direito

Direito, convenção e uso pertencem ao mesmo *continuum*, com transições imperceptíveis de um a outro. Definiremos "uso" como uma atividade tipicamente uniforme que é mantida simplesmente porque os homens estão "acostumados" e persistem nela por imitação irrefletida. É uma forma coletiva de ação, uma perpetuação que nunca é "solicitada" individualmente por alguém.

A *convenção*, por outro lado, existe quando uma certa conduta pode ser induzida sem qualquer coação, física ou psicológica, e sob circunstâncias normais, sem qualquer reação direta exceto a expressão de aprovação ou desaprovação por parte das pessoas que constituem o ambiente do ator.

A "convenção" deve ser diferenciada do *direito costumeiro*. O nosso papel não é o de criticar esse conceito pouco útil. De acordo com a terminologia atual, a validade de uma norma, como direito costumeiro, consiste na pouca probabilidade de que um aparato coativo seja usado, mesmo que a sua validade advenha mais de um mero consenso do que de um decreto. A convenção, pelo contrário, é categorizada pela própria ausência de um aparato coativo, ou seja, por qualquer grupo relativamente limitado de pessoas que continuamente se considerariam prontas para a tarefa especial de coação física ou psicológica.

A existência de um mero uso, mesmo sem vir acompanhado da convenção, pode ser de uma importância econômica de difícil alcance. O nível da necessidade econômica, que constitui a base de toda "atividade econômica", está compreensivamente condicionada pelo mero "uso". O indivíduo pode se livrar do uso sem causar a mínima desaprovação. Entretanto, ele não consegue escapar do uso facilmente, pois este só muda quando gradualmente cede à imitação do uso diferente de outros grupos sociais.

Já vimos que a uniformidade do mero uso pode ser importante na formação de grupos de comunicação social e de casamentos mistos. Pode também, embora de forma intangível, acelerar a organização de sentimentos de identificação "étnica" e, dessa forma, contribuir para a criação da comunidade. De qualquer modo, a adesão a algo que se tornou habitual é o mais importante componente de todas as condutas e, por consequência, de todas as condutas coletivas, sendo que, quase sempre, a coação legal não contribui em nada para sua eficiência ao transformar um uso em uma obrigação legal (pela invocação do "usual"), ou falha em sua tentativa de influenciar a conduta habitual ao se opor ao "uso". A convenção é igualmente, ou ainda mais, eficaz. Em inúmeras situações, o indivíduo depende do seu ambiente para ter uma resposta espontânea, não garantida por qualquer autoridade, seja ela terrestre ou celestial. A existência de uma "convenção" pode, então, ser ainda mais determinante na conduta de um indivíduo do que a existência de um mecanismo jurídico de coação.

Obviamente, a linha divisória entre uso e convenção é flexível. À medida que recuamos na história, descobrimos que a conduta, principalmente a coletiva, é determinada, em uma esfera ainda maior, exclusivamente em termos habituais. Quanto mais isso acontece, ainda mais preocupantes são os efeitos causados por qualquer desvio do costumeiro. Tal desvio aparenta agir na mente do indivíduo comum como se fosse a interferência de uma função orgânica, como realmente parece ser.

A literatura etnológica atual não nos permite determinar claramente o ponto de transição desde o estágio do mero uso até, a princípio experienciado vagamente e indistintamente, o caráter "consensual" de ação conjunta, ou, em outras palavras, até a concepção da "obrigação" de certos tipos habituais de conduta. Menos ainda podemos delinear as mudanças do escopo de atividades nas quais esta transição aconteceu. Portanto, devemos contornar esse problema. É inteiramente uma questão de terminologia e conveniência definirmos em que ponto deste *continuum* devemos presumir a existência da concepção subjetiva de uma "obrigação legal". A chance concreta de ocorrência factual de uma reação violenta, em oposição a outros tipos de conduta, sempre esteve presente entre seres humanos como também entre animais. Seria ilógico, contudo, presumirmos, em cada caso, a existência de uma norma em comum válida, ou que a ação em questão seria conduzida com um propósito consciente claramente concebido. Talvez, uma concepção rudimentar de "obrigação" possa ser mais determinante no comportamento de alguns animais domésticos do que de um aborígine; isso se pudermos usar esse conceito ambíguo que traz a este contexto um sentido bem inteligível. Entretanto, não temos acesso às experiências "subjetivas" dos primeiros *homo sapiens* e a tais conceitos ditos primordiais; nem mesmo *a priori*, um caráter de direito ou de convenção são úteis à sociologia empírica. Não é devido à força compulsória presumida de alguma regra ou norma que a conduta de um homem primitivo manifesta regularidades factuais externas, especialmente em sua relação com outros indivíduos. Ao contrário, aquelas regularidades organicamente condicionadas que temos que aceitar como realidade psicofísica são primitivas. É delas que o conceito de "normas naturais" tem sua origem.

    A orientação psicológica interna para tais regularidades contém inibições muito tangíveis em oposição a "inovações", um fato que pode ser observado, mesmo hoje em dia, por um indivíduo durante sua experiência cotidiana, e que constitui um forte apoio à crença da "obrigação". Em vista dessa observação, devemos nos perguntar como algo novo pode surgir neste mundo, direcionado à validade regular e empírica. Não há dúvida que inovações são induzidas por forças externas, ou seja, por mudanças nas condições externas de vida. A resposta provocada pela mudança externa pode ser tanto a extinção da vida quanto o seu redirecionamento; não há como prever. Além disso, a mudança externa não é uma precondição necessária para a inovação: em alguns casos significativos, não tem sido um fator útil para o estabelecimento de uma nova ordem. A evidência da etnologia parece mostrar que a mais importante fonte de inovação é a influência de indivíduos que experienciaram certos tipos de estados "anormais" (que são frequentemente, mas nem sempre, considerados pela psiquiatria atual como patológicos) e que, como resultado dessas experiências, são capazes de exercer uma influência especial sobre outros. Não vamos discutir aqui a origem dessas experiências, que parecem ser "novas", como se fossem uma consequência de suas "anormalidades", mas apenas seus efeitos. Essas influências que superam a inércia do habitual podem ter como origem uma variedade de ocorrências psicológicas. Atribuímos a *Hellpach*14[a] a distinção entre duas categorias que, apesar da possibilidade de formas intermediárias, aparecem como tipos contrários. A primeira, a da inspiração, consiste no despertar repentino, por meios drásticos, da consciência que uma ação "deve" ser feita por alguém experiente. Na segunda, a da empatia ou identificação, a atitude de influenciar é empaticamente experienciada por uma ou mais pessoas. Os tipos de ação que são motivados por essas categorias podem variar consideravelmente. Quase sempre, uma ação coletiva é induzida e direcionada ao influenciador e a sua experiência, da qual certos tipos de consenso com conteúdos correspondentes podem ser desenvolvidos. Se forem "adaptados" ao ambiente externo, sobreviverão. Os efeitos da "empatia" e, mais ainda, da "inspiração" (normalmente se agregam sob o termo ambíguo "sugestão") constituem as principais fontes para a realização de inovações que, quando "estabelecidas" como uma regularidade, reforçarão o sentido de "obrigação" pelo qual possam ser acompanhadas. O sentimento de obrigação pode, sem dúvida, parecer algo primário e original, mesmo no caso de inovação, quando são apenas princípios de uma consciência ou um conceito objetivo de inovação. Particularmente no caso da "inspiração", a obrigação pode constituir um componente psicológico. É confuso, entretanto, quando a imitação de um novo tipo de conduta é considerada como um elemento básico e primordial para sua difusão. Sem dúvida, a imitação é de extraordinária importância, mas, por via de regra, é secundária e constitui apenas um caso especial. Se a conduta de um cachorro, o melhor amigo do homem, é "inspirada" pelo homem, tal conduta, obviamente, não pode ser descrita como uma "imitação de um homem feita por um cão". Em inúmeros casos, a relação entre influenciador e influenciado é exatamente desse tipo. Em alguns casos, pode gerar "empatia"; em outros, "imitação", condicionada pelo objetivo racional ou na forma de "psicologia de massa".

De qualquer forma, a inovação emergente pode produzir um consenso e, por fim, um direito, quando obtida por meio de uma forte inspiração ou de uma "identificação" intensiva. Nesses casos, uma convenção resultará, sob certas circunstâncias, em uma ação coativa consensual contra os infratores. Enquanto a fé religiosa for poderosa, a convenção, ou seja, a aprovação ou não pelo ambiente, engendra, como mostra a história, a esperança e a crença de que os poderes supernaturais recompensarão ou punirão as ações que forem aprovadas ou não neste mundo. A convenção, sob condições apropriadas, pode produzir a crença de que tanto o próprio ator quanto aqueles à sua volta sofrerão pela ira dos poderes sobrenaturais, e, portanto, a reação recairá sobre todos que agirem individualmente ou por meio de um "aparato coativo" de alguma organização. Em consequência da constante recorrência de um certo padrão ou conduta, pode surgir, nas mentes dos responsáveis por uma norma particular, a ideia de que não precisam mais se preocupar com o mero uso ou convenção, mas sim com uma obrigação legal que requer cumprimento. Uma norma que alcançou validade prática é chamada de direito consuetudinário. Eventualmente, os interesses envolvidos podem engendrar um desejo racional considerável para assegurar a convenção ou a obrigação do direito consuetudinário contra a subversão e colocá-la explicitamente sob a garantia de uma máquina de coação, ou seja, transformá-la em direito legalizado.

Em termos de distribuição interna de poder entre os órgãos de uma ordem institucional, a experiência mostra uma quantidade contínua de transições desde normas de conduta garantidas por mera convenção até aquelas consideradas compulsórias e garantidas por lei. Temos a Constituição Britânica como um ótimo exemplo disso.

Por último, qualquer revolta contra a convenção pode levar o ambiente a usar seus direitos coativamente garantidos de uma forma prejudicial ao rebelde; por exemplo, o anfitrião exerce seu direito, como dono da casa, sobre o convidado que infringiu as regras convencionais da etiqueta social; ou um líder militar exerce seu poder legal para dispensar um oficial que infringiu o código de honra. Nesses casos a regra convencional é, de fato, apoiada indiretamente por meios coativos. A situação é diferente daquela do direito "não garantido", se levarmos em consideração que o início das medidas coativas é uma consequência factual, mas não legal, da infração da convenção. O direito jurídico de expulsar alguém de sua casa pertence exclusivamente ao dono. Mas uma proposição jurídica não garantida diretamente baseia sua validade no fato de que a sua violação engendra, de alguma forma, consequências *via* uma norma jurídica garantida. Quando, por outro lado, uma norma jurídica faz referência aos "bons costumes" (*die guten Sitten*), ou seja, convenções dignas de aprovação, o cumprimento de obrigações convencionais também se torna uma obrigação legal e um caso de direito indiretamente garantido. Há numerosos exemplos de tipos intermediários, como os tribunais do amor dos Trovadores Provençais, que possuíam "jurisdição" sobre assuntos amorosos; ou o "juiz" em seu papel original como mediador buscando obter um acordo entre antagonistas, talvez proferindo um veredito, mas sem poderes coativos próprios; ou, finalmente, tribunais internacionais de arbitragem modernos. Nesses casos, a aprovação amorfa ou não do ambiente se cristalizou em um conjunto de comandos, proibições e permissões autoritariamente promulgadas; ou seja, um padrão de coação concretamente organizado. Exceto em situações de mero faz de conta (como, por exemplo, os tribunais do amor), tais casos podem ser classificados como "direito" se o julgamento for baseado em boicote por parte do grupo interessado (o Estado), ou qualquer outro grupo de pessoas cujo direito foi violado (como mostram os dois casos mencionados acima), e não pela opinião pessoal do juiz, pois ela é irrelevante. De acordo com a nossa definição, o fato de alguns tipos de conduta serem "aprovados" ou "desaprovados" por tantas pessoas é insuficiente para constituí-los como uma "convenção"; é essencial que tais atitudes sejam capazes de encontrar "expressão" em um ambiente específico. Isso não se refere, é claro, a qualquer sentido geográfico. Mas deve haver algum teste para que se possa definir quais os grupos de pessoas que constituem o ambiente da pessoa em questão. Não importa, neste contexto, se o teste é constituído por profissão, parentesco, vizinhança, situação econômica, raça, religião, aliança política, ou qualquer outra coisa. Nem que a sociedade seja inconstante ou instável. Para que exista uma convenção, não é necessário que o ambiente seja constituído por um grupo corporativo organizado. Normalmente ocorre o oposto. A validade do direito, presumindo, como já vimos, a existência de uma máquina coativa, é inevitavelmente o resultado de uma ação coletiva organizada. Não queremos insinuar, contudo, que o coletivo controla apenas a sua própria ação coletiva. A coletividade organizada deve ser reconhecida como o "sustentáculo" da lei.

Por outro lado, estamos muito longe de afirmar que as normas jurídicas, no sentido aqui usado, ofereceriam o único padrão de orientação para uma ação consensual, comunitária, corporativa ou institucional, que, quase sempre, devemos lembrar, é um segmento da conduta sociologicamente relevante. Se entendermos a "ordem coletiva" como sendo constituída por todas as regularidades determináveis da conduta, que são características do, ou indispensáveis ao, curso atual da ação comunitária (comunidade criada ou comunidade influenciada), esta ordem será apenas o resultado de uma orientação a normas jurídicas. Uma vez que sejam conscientemente orientadas a regras e que não nasçam do hábito irrefletido, as regras serão de natureza de "uso" e "convenção", ou, em parte, e frequentemente predominantes, elas são máximas racionais de ação intencional e de interesse pessoal dos indivíduos participantes, na operação da qual cada participante está contando com a sua própria conduta e, também, com a de todos os outros. Essa expectativa é justificada objetivamente, desde que a máxima, embora carente de garantias legais, frequentemente constitua o objeto de uma consociação ou consenso. A chance de coação legal, que até certo ponto, como já mencionado, motiva a conduta "legal", também é uma garantia fundamental para o curso atual da conduta orientada consensualmente.

Deve ficar claro que, do ponto de vista sociológico, as transições de mero uso à convenção, e da convenção ao direito, são flexíveis.

Mesmo do ponto de vista não sociológico é errado fazermos uma distinção entre direito e ética ao afirmarmos que as normas jurídicas regulamentam uma simples conduta externa, enquanto normas morais regulamentam apenas questões da consciência. A lei, a bem da verdade, nem sempre considera a intenção de uma ação como relevante e existem proposições legais e sistemas jurídicos nos quais as consequências legais, incluindo até mesmo as penas, são associadas exclusivamente com eventos externos. Entretanto, essa situação não é comum. Consequências legais estão associadas à *bona* ou *mala fides*, "intenção" ou torpeza moral, e muitos outros fatores subjetivos. Mandamentos morais, por outro lado, procuram superar, em condutas práticas e externas, aqueles impulsos antinormativos que fazem parte da "atitude mental".

Do ponto de vista normativo não devemos distinguir esses dois fenômenos como externo e subjetivo, mas como representantes de níveis diferentes de normatividade.

Do ponto de vista sociológico, entretanto, a validade ética é normalmente idêntica à validade "em fundamentos religiosos" ou "em virtude de convenção". Apenas um padrão abstrato de conduta, subjetivamente concebido como sendo oriundo de axiomas, poderia ser considerado como uma norma "exclusivamente" ética; desse modo, essa concepção obteria uma significância prática em termos de conduta. Tais conceitos têm, de fato, uma significância importante. E sempre que isso ocorre são um fruto relativamente tardio da reflexão filosófica. Tanto no passado como no futuro, os "mandamentos morais", ao contrário dos legais, são, segundo a sociologia, religiosos ou máximas de conduta, condicionados de forma convencional. Eles não são diferenciados do direito por meio de critérios rigorosos ou precipitados. Com o tempo um mandamento moral socialmente importante torna-se um comando legal.

De acordo com Stammler, a diferença entre convenção e norma jurídica, em que a realização da norma depende ou não do livre-arbítrio de um indivíduo, não tem qualquer aplicação. É incorreto dizer que a realização de "obrigações" convencionais, para exemplificar uma regra social de etiqueta, não é "imposta" ao indivíduo, e que a sua não realização simplesmente resultaria na, ou coincidiria com, a separação livre e voluntária de uma consociação voluntária. Podemos até admitir que há normas desse tipo, mas teremos que admitir que elas existam igualmente tanto na esfera da convenção quanto do direito. A *clausula rebus sic stantibus* apresenta-se para esse uso com frequência. De qualquer modo, a distinção entre regra convencional e norma jurídica, conforme a sociologia de Stammler, não é centrada nesse aspecto. Tanto a sociedade anárquica construída teoricamente – a "teoria" e a "crítica" que Stammler elaborou com a ajuda de seus conceitos escolásticos –, como também um número considerável de consociações existentes no mundo real dispensaram o caráter legal de suas normas convencionais. Isso foi feito ao se presumir que o simples fato da desaprovação social da infração da norma com as suas comumente realísticas consequências indiretas serão o suficiente para que sejam consideradas como uma sanção. Do ponto de vista sociológico a ordem jurídica e a convencional não constituem qualquer contraste básico sendo que, diferentemente de casos óbvios de transição, a convenção é amparada por coação psicológica e, pelo menos indiretamente, física. É apenas com respeito à *estrutura* sociológica da coação que elas diferem. A ordem convencional carece de pessoal especializado para a implementação da força coativa (máquina coativa: padres, juízes, policiais, militares, etc.).

Além do mais, Stammler confunde a validade ideal de uma norma com a validade presumida desta quanto à sua influência atual sobre a ação empírica. A validade ideal pode ser deduzida sistematicamente por teóricos legais e filósofos morais; a validade presumida, por sua vez, obriga-se a ser o sujeito da observação empírica. Stammler também confunde a regulamentação normativa da conduta, usando regras cuja "obrigação" é aceita de forma realística por um grande número de pessoas, com as regularidades factuais da conduta humana. Entretanto, esses dois conceitos devem ser rigorosamente separados.

É por meio de regras convencionais que regularidades factuais de ação, ou seja, de uso, são transformadas com frequência em normas obrigatórias garantidas principalmente pela coação psicológica. A tradição, portanto, gera uma convenção. O simples fato da recorrência regular de certos eventos confere a elas, de alguma forma, a dignidade da obrigação. Isso é verdade tanto com relação a eventos naturais quanto a ações condicionadas organicamente ou por imitação irrefletida das, ou adaptada às, condições externas da vida. Isso se aplica tanto ao curso normal das estrelas, como ordenado pelo poderes divinos, como também às cheias periódicas do rio Nilo ou à forma usual de se recompensar trabalhadores escravos, que, por lei, estão à mercê dos poderes de seus mestres.

Falaremos de "tradição" quando as regularidades da ação se tornarem convencionalizadas, ou seja, quando uma ação estaticamente frequente vier a ser consensualmente orientada (isso é, em nossos termos, o real significado deste desenvolvimento).

Não é demais enfatizarmos que a simples habituação a um modo de ação, o instinto de preservar esta habituação, e, mais ainda, a tradição, têm uma forte influência a favor de uma ordem jurídica habituada, mesmo que tal ordem se manifeste a partir de um decreto legal. A influência é mais poderosa do que qualquer reflexão em meios iminentes de coação ou outras consequências, considerando-se também que, pelo menos, os indivíduos que agem de acordo com as "normas" são totalmente inconscientes com relação a elas.

A transição existente entre a formação irrefletida de um hábito e a aceitação consciente da máxima que a ação deveria estar de acordo com uma norma é sempre flexível. A mera regularidade estatística de uma ação leva ao surgimento da moral e de convicções legais com seus respectivos conteúdos. A ameaça de coação física ou psicológica, por outro lado, impõe um modo de ação, causa habituação e, com isso, a regularidade da ação.

Direito e convenção estão interligados como causa e efeito em ações do homem, agindo a favor, contra ou lado a lado. É extremamente equivocado considerar direito e convenção como formas de conduta em contraposição à sua "substância", como é feito por Stammler. A crença na obrigação convencional ou legal de uma ação é, do ponto de vista sociológico, simplesmente um *superadditum* aumentando o grau de probabilidade com a qual uma pessoa atuante pode calcular algumas das *consequências* das suas ações. A teoria econômica, portanto, corretamente desconsidera a natureza das normas como um todo. Para o economista, o fato de alguém "possuir" algo simplesmente quer dizer que ele pode confiar que outras pessoas não irão interferir com a disposição desse objeto. Esse respeito mútuo do direto de disposição pode ter como base uma variedade de considerações. Pode derivar tanto do respeito quanto das normas jurídicas ou convencionais; ou, até mesmo, das considerações de interesse próprio por parte de cada participante. Seja qual for a razão, não desperta o interesse imediato da teoria econômica. O fato de uma pessoa "dever" alguma coisa para outra pode ser traduzido, de forma sociológica, como: um compromisso (promessa, injustiça ou outra causa); a expectativa que, no devido tempo, o devedor terá que se render ao direito de disposição do credor quanto à mercadoria em questão; a existência de uma chance da expectativa ser correspondida. Os motivos psicológicos que envolvem essa questão não despertam o interesse imediato do economista.

Uma troca de mercadorias significa: a transferência de um objeto, conforme um acordo, do controle factual de uma pessoa para outra, contanto que essa transferência seja baseada no pressuposto que outro objeto será transferido do controle factual da segunda pessoa para a primeira. Para aqueles que fazem parte de uma negociação entre devedor e credor ou de uma troca direta, cada um espera que o outro honre com o seu compromisso. Não é necessário, entretanto, considerar conceitualmente qualquer "ordem" externa ou superior às duas partes para garantir, controlar ou impingir obrigação por meio da máquina coativa ou pela desaprovação social. Nem considerar a crença subjetiva de ambas as partes em qualquer norma "obrigatória". Uma transação pode depender do *interesse egoísta* de uma das partes, no futuro, em continuar o acordo de troca; ou outros motivos semelhantes que o fazem repensar em quebrar a sua promessa, um fato que resulta provavelmente da chamada "troca silenciosa" entre negociações, tanto do passado como do presente, especialmente na bolsa de valores.

Presumindo a existência de uma racionalidade puramente eficiente, cada participante pode depender da probabilidade na qual, sob circunstâncias normais, a outra parte atuará "como se" aceitasse como "obrigação" a norma que determina o cumprimento de sua promessa. Conceitualmente isso já é o suficiente. Contudo, devemos dizer que não faz qualquer diferença se a expectativa de uma das partes, nesse caso, seja apoiada por pelo menos uma das garantias a seguir: 1. a crença factual subjetiva na validade objetiva de tal norma (consenso); 2. a criação de uma garantia convencional por meio da aprovação ou desaprovação social, ou de uma garantia jurídica por meio da máquina coativa.

Podemos dizer que um sistema econômico privado e estável do tipo moderno seria "inconcebível" sem garantias legais? De fato, na maioria das transações financeiras, ninguém pensa em uma ação legal. Acordos na bolsa de valores, por exemplo, acontecem entre operadores de várias formas e, na maior parte, excluem a "comprovação" em casos de má-fé: os contratos são apalavrados ou registrados no caderno de anotações do próprio operador. Todavia, uma disputa do ponto de vista prático nunca ocorre. Igualmente, há grupos corporativos com propósitos puramente econômicos, buscando regras que, apesar de tudo, prescindem quase inteiramente de proteção legal. Alguns "cartéis" exemplificaram esse tipo de organização. Acordos cumpridos e validados conforme o direito privado ficaram inoperantes por meio da dissolução da organização, pois não havia mais um querelante legítimo. Nesses casos, o grupo corporativo tinha seu próprio aparato coativo, pois o sistema de "lei" vigente era totalmente desprovido do poder da coação legal por meio da força. Tal coação estaria disponível apenas enquanto o grupo existisse. Como resultado da atitude subjetiva peculiar dos participantes, os contratos de cartéis não tinham com frequência qualquer garantia condicional eficaz. Essas consociações normalmente funcionam por um longo período de tempo e com grande eficiência em consequência dos interesses convergentes de todos os participantes.

A despeito de todos esses fatos, é óbvio que uma garantia jurídica por meio da força, especialmente quando exercida pelo Estado, é uma questão relevante para tais organizações. Hoje em dia, a transação econômica é predominantemente garantida pela ameaça de coação legal. A intenção normal em um ato de transação econômica é a de adquirir "direitos" subjetivos, ou seja, em termos sociológicos, a probabilidade do apoio ao poder de disposição de um indivíduo por meio do aparato coativo do Estado. Os bens econômicos são, ao mesmo tempo, *direitos adquiridos legitimamente*; constituem o universo da ordem econômica. Apesar de tudo, não estabelecem o âmbito total dos objetos de troca.

As oportunidades econômicas que não são garantidas pela ordem jurídica (ou a garantia que é rejeitada, com base na política, pela ordem jurídica) constituem objetos de transações de troca que são perfeitamente legítimos. Incluem, por exemplo, a transferência, em oposição à compensação, do fundo de comércio de uma negociação. Hoje em dia, a compra e venda de um fundo de comércio normalmente engendra alegações de direito privado do comprador em relação ao vendedor; ou seja, ele se absterá de certas ações e desempenhará certas ordens, como, por exemplo, "apresentar" o comprador aos clientes. Entretanto, a ordem jurídica não impinge alegações contra uma terceira parte. Mesmo assim, ainda há casos em que o aparato coativo da autoridade política está disponível para o exercício da coação direta a favor do proprietário ou comprador de um "mercado". Um exemplo está no caso de um monopólio corporativo ou outro tipo de monopólio legalmente protegido. *Fichte* considerava isso como uma característica essencial do desenvolvimento jurídico moderno que, ao contrário desses casos, o Estado moderno garante apenas alegações sobre mercadorias consumíveis concretas ou serviços de mão de obra. Além do mais, a chamada "competição livre" encontra sua expressão legal nesse próprio fato. Embora tais "oportunidades" permaneçam como objetos de intercâmbio econômico mesmo sem proteção legal contra terceiros, a ausência de garantias legais causa consequências econômicas extensas. Do ponto de vista econômico e sociológico, persiste o fato de que, pelo menos por princípio, a interferência de garantias legais simplesmente aumenta o nível de certeza com o qual uma ação economicamente relevante possa ser calculada com antecedência.

A regulamentação legal de uma questão nunca foi executada em todas as suas implicações. Haveria a necessidade da existência de uma agência humana que, em todos os casos semelhantes a este, seria considerada capaz de determinar, de acordo com alguma norma concebida, o que deveria ser feito "por lei". Não discutiremos aqui a interação entre consociação e ordem jurídica: como vimos anteriormente, qualquer consociação racional, e portanto, qualquer ordem de uma ação comunitária ou consensual é, nesse caso, posterior. Tampouco discutiremos a proposição na qual o desenvolvimento de uma ação comunitária ou consensual cria situações inteiramente novas e causa problemas que podem ser resolvidos por normas aceitas, ou pela lógica comum de jurisprudência ou, ainda, pelo raciocínio artificial (cf. nesse caso a tese do movimento "direito-livre").

Estamos preocupados com um problema mais básico: É fato que as questões mais "fundamentais" não são regulamentadas por lei com frequência; o mesmo acontece com as ordens jurídicas que são completamente racionalizadas. Exemplificaremos dois tipos específicos desse fenômeno:

1. Um monarca "constitucional" destitui seu ministro responsável e não o substitui para que não haja interferência em seus atos. O que a "lei" deve fazer nessa situação? Essa questão não é regulamentada em nenhuma constituição, em nenhum lugar do mundo. O que fica claro é que apenas determinados atos do governo não podem ser reconhecidos como "válidos".
2. A maioria das constituições igualmente omite considerações sobre a seguinte questão: O que deve ser feito quando as partes cujo acordo é necessário para a adoção do orçamento são incapazes de alcançar um entendimento?

O primeiro problema de "brecha constitucional" é descrito por Jellinek como "controverso" para todos os propósitos práticos. Ele está correto. O que nos interessa realmente é saber o motivo de ser "controverso". O segundo problema de "brecha constitucional", por outro lado, tornou-se muito prático. Se considerarmos a "constituição" (no sentido sociológico) como sendo o meio de distribuição de poder que determina a possibilidade de regulamentação de uma ação comunitária, poderemos nos arriscar a dizer que qualquer constituição comunitária (no sentido sociológico) é determinada pelos fatores "onde e como" a sua constituição (em termos jurídicos) contém tais "brechas", especialmente em relação às questões básicas. Essas brechas, como descrito no segundo problema, podem ter sido intencionalmente abandonadas quando uma constituição foi racionalmente legalizada por consenso ou imposição. Isso foi feito simplesmente porque a parte interessada que exerceu influência decisiva durante a elaboração da constituição em questão acreditava ter o poder suficiente para controlar, de acordo com os próprios interesses, tal ação comunitária que, mesmo desprovida de base em qualquer norma legalizada, tinha que ser executada. De volta ao nosso exemplo: eles esperavam governar sem um orçamento.

As brechas, como descrito no primeiro problema, por outro lado, normalmente ficam em aberto por outras razões: A experiência parece ensinar de maneira convincente que o interesse próprio de uma parte (como no exemplo do monarca) será sempre suficiente para condicionar o seu modo de agir, fazendo com que a situação "absurda", embora possivelmente legal (como no exemplo do ministro responsável), nunca ocorra. Apesar da "brecha", o consenso geral considera que o monarca tem a "obrigação" inquestionável de apontar um ministro. Como há consequências legais associadas a essa obrigação, ela será considerada como uma "obrigação legal indiretamente garantida". Essas consequências legais são: a impossibilidade de executar determinados atos de um modo válido, ou seja, conquistar a possibilidade de que sejam garantidas por meio do aparato coativo. O resto, contudo, não está estabelecido, nem por direito ou convenção, o que deve ser feito para a continuidade administrativa do Estado se o governante não cumprir suas obrigações; e sendo que esse caso nunca ocorreu, não há "uso" que pudesse dar origem a uma decisão. Essa situação constitui um exemplo significativo de que o direito, a convenção e o uso não são as únicas forças que podem garantir a conduta de outra pessoa como esperado ou prometido. Além dessa, não há outra força que possa ser considerada em relação ao interesse próprio de outra pessoa em cumprir o que foi acordado. A aquiescência do monarca com as suas obrigações assumidas pode ser antecipada apenas em grau. Basta retornarmos ao nosso exemplo anterior e veremos que uma das partes de uma troca influencia (e no caso de uma transação regular, pode continuar influenciando) a conduta da outra parte para que esta corresponda às suas próprias expectativas. Essa certeza existe mesmo se a transação em questão careça de qualquer regulamentação normativa ou garantia coativa.

O que é relevante aqui é simplesmente a observação de que tanto a regulamentação legal como a convencional de uma ação consensual ou social pode ser, por princípio, incompleta e, sob certas circunstâncias, inteiramente consciente. Enquanto a orientação de uma ação comunitária a uma norma constitui consociação em todos os casos, o aparato coativo não possui essa função em relação à totalidade de todas as ações corporativas estáveis e institucionalmente organizadas. Se o caso absurdo do exemplo nº 1 (1) ocorresse, teríamos o início imediato de uma especulação legal e, talvez, até a criação de uma regulamentação convencional, ou mesmo legal. Entretanto, o problema seria resolvido provisoriamente por meio de alguma ação consensual ou comunitária, cujos detalhes dependeriam da natureza da situação concreta. A regulamentação normativa é um componente causal importante da ação consensual, mas não é, como alegado por Stammler, sua "forma" universal.

SEÇÃO 3
IMPORTÂNCIA E LIMITES DA COAÇÃO LEGAL NA VIDA ECONÔMICA

A sociologia é uma disciplina que busca regularidades e tipos empíricos. Tem interesse especial nas garantias legais e nos conceitos normativos dos quais dependem e que consideram como responsáveis por sua criação, interpretação e aplicação. Seus interesses serão considerados como consequências e, ademais, como causas ou causas concomitantes de certas regularidades. Estas podem ser regularidades da ação humana que são diretamente relevantes à sociologia, ou regularidades de ocorrências naturais engendradas pela ação humana, e, portanto, indiretamente relevantes à sociologia.

As regularidades factuais *de* conduta ("usos") podem, como já vimos, tornarem-se uma fonte de regras *para* a conduta ("convenções", "direito"). O inverso, contudo, pode ser igualmente verdadeiro. As regularidades podem ser produzidas por normas jurídicas, agindo sozinhas ou em combinação com outros fatores. Isso se aplica tanto a regularidades que diretamente compreendem o conteúdo da norma jurídica em questão, quanto àquelas de teor diferente. O fato de um funcionário público, por exemplo, ir ao escritório regularmente todos os dias é uma consequência direta da ordem contida em uma norma jurídica, que é aceita na prática como "válida". Por outro lado, o fato de o vendedor de uma fábrica visitar os varejistas anualmente para a solicitação de pedidos é apenas um efeito indireto das normas jurídicas, ou seja, aquelas que permitem a competição como forma de angariar novos clientes. O fato de que poucas crianças em período de amamentação morrem quando as mães não vão ao trabalho, apoiadas por uma "norma" jurídica ou convencional, é, com certeza uma consequência da validade desta. Onde quer que tenha sido considerada como uma norma jurídica legalizada, foi concebida de modo racional por seus criadores; no entanto, é óbvio que eles podem apenas decretar a ausência do trabalho e não a taxa baixa de mortalidade. Mesmo com respeito a uma conduta proibida ou controlada diretamente, a eficiência prática da validade de uma norma coativa é certamente problemática. A observação é um fator preponderante na "adequação" de uma medida, mas nunca sem exceção. Interesses poderosos podem realmente induzir a situação em que uma norma jurídica é violada, sem resultar em punição, tanto em ocorrências isoladas quanto em permanentes e predominantes, a despeito do aparato coativo no qual a "validade" da norma foi estabelecida. Quando essa situação se estabiliza e quando, em consequência, a prática prevalecente (em vez da pretensão da lei escrita) se torna uma normativa de conduta na convicção dos participantes, o poder coativo garantido cessará o ato de compelir a conduta para que esta se enquadre com a norma. Nesse caso, o teórico legal fala sobre a "derrogação por meio do direito consuetudinário."

Normas jurídicas "válidas", que são garantidas pelo aparato coativo da autoridade política, e regras convencionais podem também coexistir, entretanto, em um Estado de conflito crônico. Observamos essa situação nos casos de duelo, em que o direito privado foi transformado por convenção. Se por um lado não é comum que as normas jurídicas sejam racionalmente legalizadas com o propósito de mudar "usos" e convenções existentes, o desenvolvimento normal é, por outro lado, mais comum: uma ordem jurídica é empiricamente "válida" não apenas devido à disponibilidade das garantias coativas, mas também para a sua habituação como "uso" e pela sua transformação em "rotina". Além disso, devemos incluir a pressão da convenção que, em muitos casos, desaprova qualquer desvio ofensivo da conduta correspondente àquela ordem.

Para o teórico jurídico a validade (ideológica) de uma norma jurídica é, de forma conceitual, o *prius*. A conduta que não for diretamente regulada por lei é considerada por ele como legalmente "permitida" e igualmente afetada pela ordem jurídica, pelo menos de forma ideológica. Para o sociólogo, por outro lado, a regulamentação da conduta, legalizada racional e legalmente, é, de modo empírico, apenas um dos fatores que motivam a ação comunitária; além disso, é um fator que normalmente aparece mais tarde na história e cuja eficiência varia enormemente. O início da regularidade e do "uso" reais, envoltos pela escuridão, é atribuído pelos sociólogos, como já vimos, à habituação instintiva e impulsiva de um padrão de conduta que foi "adaptado" às necessidades dadas. Pelo menos no início, esse padrão de conduta não foi condicionado ou mudado por uma norma legalizada. A intervenção crescente de normas legalizadas é, a nosso ver, apenas um dos componentes, embora típico, do processo de racionalização e consociação, cuja infiltração crescente em todas as esferas da ação comunitária devemos investigar como sendo o fator mais dinâmico e essencial em desenvolvimento.

Essa discussão foi restrita a uma consideração das relações vastas entre direito e atividade econômica. Resumindo, podemos fazer agora as seguintes afirmações:

1. O direito (do ponto de vista da sociologia) garante não apenas os interesses econômicos, mas também interesses variados, desde o mais elementar, como a proteção da segurança pessoal, até aqueles bens puramente ideais, como honra pessoal

ou honra dos poderes divinos. Acima de tudo, garante posições de autoridade como a política, a eclesiástica e a familiar, bem como posições de preeminência social que podem ser economicamente condicionadas ou economicamente relevantes nas mais variadas formas, mas que não são econômicas ou para fins econômicos.

2. Sob certas circunstâncias, uma "ordem jurídica" pode permanecer inalterada enquanto as relações econômicas estão passando por uma transformação radical. Em teoria, um sistema socialista de produção pode ser conduzido sem a mudança de um único parágrafo das nossas leis, simplesmente pela aquisição contratual livre e gradual por parte da autoridade política. Esse exemplo é extremo; mas, para o propósito de especulação teórica, exemplos extremos são mais úteis. Caso tal situação ocorra, o que é muito improvável, embora teoricamente possível, a ordem jurídica continuaria obrigada a aplicar sua máquina coativa se a sua ajuda fosse necessária para o cumprimento dessas obrigações que são características de um sistema produtivo baseado em propriedade privada. Na verdade, esse caso nunca ocorreria de fato.

3. A situação legal de uma questão pode ser basicamente diferente de acordo com o ponto de vista do sistema jurídico do qual faz parte. Tais diferenças (de classificação legal) não precisam ter quaisquer consequências econômicas relevantes se, apenas em pontos economicamente relevantes, os *efeitos práticos* forem os mesmos para as partes interessadas. Isso não é apenas possível, mas acontece regularmente; contudo, devemos considerar que qualquer variação da classificação legal pode engendrar consequências econômicas em outra parte. Assim, formas de ação totalmente diferentes seriam aplicáveis em Roma se a *"concessão"* de uma mina fosse considerada em termos legais como um aluguel (no sentido estrito da palavra) ou como uma compra. Entretanto, os efeitos práticos dessas diferenças na vida econômica seriam certamente muito modestos.

4. Obviamente, qualquer garantia jurídica é amplamente direcionada a serviço dos interesses econômicos. Mesmo onde parece não ser, ou realmente não é, o caso, os interesses econômicos

estão entre os mais fortes fatores que influenciam a criação do direito. Para que uma autoridade possa garantir uma ordem jurídica, dependerá (de certa forma) da ação consensual dos grupos sociais constitutivos; e a formação desses grupos sociais dependerá de constelações de interesses materiais.

5. Pouco sucesso pode ser obtido por meio da ameaça de coação que apoia a ordem jurídica. Isso se aplica especialmente à esfera econômica devido a um número de circunstâncias externas e a sua própria natureza peculiar. Seria evasivo, contudo, afirmar que o direito não pode "impingir" qualquer conduta econômica em particular, pois teríamos que dizer, considerando todos os seus meios de coação, *coactus tamen voluit*. Pois isso é verdade, sem exceção, para todas as coações que não ameaçam a pessoa a quem coagem simplesmente como sendo um objeto inanimado. Mesmo os meios mais drásticos de coação e punição são passíveis de falha quando aqueles que são sujeitos a eles permanecem relutantes. Em uma grande massa, tal situação significaria que seus membros não foram educados à aquiescência. Tal educação, à aquiescência na lei do tempo e do espaço, aumentou, de modo geral, com o crescimento da pacificação. Portanto, parece claro que as chances de impingir uma conduta econômica também cresceram. Mesmo assim, o poder do direito sobre a conduta econômica vem, em vários aspectos, diminuindo se comparado com as condições do passado. A eficácia de regulamentações de preço máximo, por exemplo, sempre foi precária; mas sob as condições presentes, há uma chance ainda menor de sucesso.

Portanto, o cálculo de uma possível influência na atividade econômica não é simplesmente uma função do nível geral de aquiescência em relação à coação legal. Os limites do sucesso de uma coação legal na esfera econômica nascem, de certa forma, de duas fontes principais. Uma é constituída pelas limitações da capacidade econômica das pessoas afetadas. Há limites ao próprio estoque das mercadorias disponíveis e, também, à forma com a qual esse estoque possa ser usado. Isso porque os padrões de uso e de relacionamento entre várias unidades econômicas são determinados pelo hábito; e podem ser ajustados a normas heteronômicas, se possível, apenas pela reorientação de todos os dispositivos econômicos, raramente sem perdas, e nunca sem divergências. Essas divergências aumentam com o grau de desenvolvimento e universalidade de uma forma particular de ação consensual, ou, em outras palavras, com a interdependência das unidades econômicas individuais no mercado, e, consequentemente, a dependência de cada um na conduta de outros. A segunda fonte de limitação de uma coação legal bem-sucedida na esfera econômica depende, por um lado, da proporção relativa da força dos interesses econômicos privados; e, por outro, dos interesses que estimulam a conformidade às regras do direito. A tendência de se privar de uma oportunidade econômica simplesmente para agir legalmente é obviamente pequena, a menos que uma evasão da lei formal seja desaprovada com veemência por uma convenção poderosa; é improvável que essa situação ocorra onde os interesses afetados por uma inovação legal sejam predominantes. Além disso, não é difícil camuflar a evasão de uma lei na esfera econômica. Os efeitos que têm origem direta nas forças supremas da ação econômica, como a experiência já mostrou, são insensíveis à influência legal, tais como a avaliação do valor econômico e a disposição dos preços. Isso se aplica, em particular, a situações em que os determinantes da produção e consumo não se restringem a um sistema diretamente controlável e claramente compreensível da conduta consensual. Aqueles que continuamente participam de transações comerciais com seus próprios interesses econômicos têm um conhecimento racional muito maior do mercado e de situações de interesse do que aqueles que administram as leis, cujo interesse é apenas ideal. Em uma economia baseada na total interdependência do mercado, as repercussões possíveis e não intencionais de uma medida legal devem escapar da percepção do legislador simplesmente porque dependem das partes privadas interessadas. São as partes privadas interessadas que estão em posição de distorcer o significado pretendido de uma norma jurídica a ponto de torná-la o oposto, como já ocorreu muito no passado. Em vista dessas dificuldades, a extensão do impacto factual de uma lei na conduta econômica não pode ser determinada de forma geral, mas deve ser calculada conforme cada caso específico. Pertence, assim, ao campo de estudo da economia social. No geral, nada mais pode ser afirmado do que, de um ponto de vista puramente teórico, a completa monopolização de um mercado, que exige uma maior lucidez da situação, facilita tecnicamente o controle por intermédio da lei daquele setor específico da economia. Se, apesar disso, essa monopolização nem sempre aumentar as oportunidades para esse controle, será devido a um particularismo legal oriundo da existência de associações políticas concorrentes, ou à força de interesses privados influenciáveis ao controle de monopólio e resistentes ao cumprimento da lei.

Do ponto de vista puramente teórico, a garantia jurídica *pelo Estado* não é indispensável a qualquer fenômeno econômico básico. A proteção da propriedade, por exemplo, pode ser provida pelo sistema mútuo de ajuda de clãs. Os direitos dos credores são, às vezes, protegidos com mais eficiência por meio de ameaças de excomunhão advindas das comunidades religiosas do que do corpo político. O "dinheiro" existia também em todas as suas formas, sem a garantia do Estado quanto à sua aceitação como forma de pagamento. Até mesmo o dinheiro "cartal", ou seja, o dinheiro que obtém o seu caráter como forma de pagamento a partir da existência de partes e não devido ao seu conteúdo sólido, é concebido sem a garantia do Estado. Ocasionalmente, o dinheiro cartal de origem não estatuída era usado mesmo com a existência de um aparato de coação do Estado: os antigos babilônicos, por exemplo, não usavam "moedas" como forma de pagamento que constituísse uma "moeda corrente" por proclamação da autoridade política; aparentemente, usavam contratos sob os quais os pagamentos eram feitos em partes de um quinto de uma moeda de prata (*shekel*), denominado como tal pelo selo de uma certa "firma" (como diríamos). Esses contratos, contudo, careciam de alguma garantia "proclamada" pelo Estado; a unidade de valor escolhida era procedente de um contrato privado. Ainda assim, o método de pagamento era "cartal" em caráter e o Estado garantia coativamente a negociação.

De forma "conceitual", o Estado não é indispensável a qualquer atividade econômica. Todavia, um sistema econômico, especialmente o moderno, poderia certamente não existir sem uma ordem jurídica com características muito especiais; características essas que poderiam apenas ser desenvolvidas tendo como referência uma ordem jurídica "estatuída". A vida econômica atual depende inteiramente das oportunidades adquiridas por meio de contratos. Ainda são consideráveis os interesses privados nas obrigações contratuais e o interesse comum de todos os detentores de bens na proteção mútua de seus bens. E os indivíduos continuam influenciados por convenções e usos. Apesar disso, a influência desses fatores diminuiu devido à desintegração da tradição, ou seja, dos relacionamentos determinados tanto por tradição quanto por crença em sua santidade. Além do mais, os interesses das classes divergem mais do que nunca. A rapidez da comunicação empresarial moderna requer um sistema jurídico que funcione de forma esperada e imediata, isto é, que seja garantido pelo poder coativo mais forte. Finalmente, a vida econômica moderna, por sua própria natureza, destruiu as outras associações que costumavam ser o berço do direito e, dessa forma, de garantias legais. Este é o resultado do desenvolvimento do mercado. A predominância universal da consociação requer, por um lado, um sistema jurídico cuja função seja calculada de acordo com as regras racionais. E, por outro lado, a expansão constante da consociação favorece a monopolização e regulamentação de todo poder coativo "legítimo" por meio de uma instituição coativa universal que anula todas as condições predeterminadas e outras estruturas coativas que dependam inteiramente do monopólio econômico.

Capítulo III

ÁREAS DO DIREITO SUBSTANTIVO

1. Direito Público e Direito Privado. Uma das mais importantes distinções na teoria jurídica moderna, bem como na prática, é aquela entre direito "público" e "privado". No entanto, os critérios exatos dessa distinção são controversos.

a. De acordo com a sociologia, podemos definir direito público como o corpo total das normas que regulamentam as atividades do Estado, ou seja, aquelas atividades que o Estado, em um sistema jurídico, está legalmente autorizado a perseguir. Nesse caso, queremos dizer "atividades do Estado", ou melhor, atividades que são primordiais para a manutenção, desenvolvimento e cumprimento direto dos objetivos do Estado; entretanto, tais objetivos devem ser válidos em virtude de legalização, ou em virtude de consenso por parte dos envolvidos. Igualmente, o direito privado seria definido como a totalidade, mas não das normas que dizem respeito ao Estado, e sim das normas que, mesmo oriundas do Estado, regulamentam a conduta, e não a atividade estatal. Essa definição é de cunho não técnico e, portanto, difícil de ser aplicada. Entretanto, parece constituir a base de quase todas as outras imprecisas distinções das duas maiores seções da lei.

b. A distinção mencionada acima frequentemente entrelaça um direito ao outro e vice-versa. O direito público pode ser considerado idêntico ao corpo total das "regulamentações", isto é, àquelas normas que apenas carreguem instruções aos representantes do Estado em relação às suas obrigações; mas, em oposição ao que pode ser chamado de "normas de reivindicação", não estabelece quaisquer "direitos" aos indivíduos. Essa distinção, contudo, precisa ser compreendida corretamente, pois as normas do direito público podem resultar em direitos aos indivíduos; por exemplo, o direito ao voto como estabelecido em uma lei em época de eleição presidencial. Tal lei, todavia, pertence ao domínio do direito público.

Hoje em dia, um "direito público" que pertença a um indivíduo não é considerado como um direito adquirido no mesmo sentido que o direito de propriedade, que o próprio legislador reconhece como um princípio inviolável. Do ponto de vista legal, o direito público dos indivíduos abrange as esferas da atividade em que ele atua como um agente do Estado com propósitos especificamente delimitados. Assim, a despeito do fato de formalmente aparecer como um direito, o direito público pode continuar sendo considerado como um "reflexo" de uma "regulamentação" e não como o resultado de uma "norma de reivindicação". Além disso, todas as reivindicações que existem em um sistema jurídico e que pertencem ao direito privado, como previamente definido, são direitos adquiridos.

Até mesmo os incidentes de propriedade, que são reconhecidos inteiramente com o passar do tempo, podem ser considerados como reflexos da ordem jurídica. De fato, quando perguntamos se um direito concedido é um "direito garantido legalmente", na verdade queremos saber se ele é ou não passível de exploração sem que haja compensação. Portanto, poderíamos definir que todo direito público é (em termos legais) nada mais do que um corpo de regulamentações, sem afirmar, no entanto, que essas regulamentações existem exclusivamente na esfera do direito público. Entretanto, nem mesmo essa definição estaria correta: em alguns sistemas jurídicos, o próprio poder governamental pode ser considerado como sendo um direito de propriedade adquirido e pertencente ao monarca; e, em outros, direitos constitucionais do cidadão podem ser considerados como sendo inalienáveis, ou seja, direitos garantidos legalmente.

    c. Por último, o direito privado poderia ser comparado com o direito público como sendo a lei da coordenação em oposição à da subordinação. Dessa forma, o direito privado estaria relacionado a questões jurídicas nas quais várias partes disputam entre si para que a lei as considere como sendo coordenadas; e que as esferas legais que as envolvem sejam "adequadamente" definidas pela legislação, pelo judiciário ou por meio de transações legais entre as próprias partes. No domínio do direito público, todavia, o portador do poder supremo, que possui poder autoritário de comando, confronta indivíduos que são seus subordinados em virtude do significado legal da norma. No entanto, nem todo funcionário do Estado tem autoridade de comando e nem todas as atividades dos órgãos do Estado, que são regulamentados pelo direito público, são comandos. Além disso, a regulamentação das relações entre vários órgãos públicos, ou seja, entre portadores de poder com a mesma condição, pertence à esfera apropriada do "direito público". Devemos incluir, na área do direito público, não apenas as relações entre os órgãos do Estado e aqueles que são submetidos a eles, mas também aquelas atividades dos submetidos pelas quais eles criam e controlam esses órgãos. Uma vez que isso é admitido, a definição discutida aqui nos leva àquela previamente apresentada e que não diz respeito à área do direito público: cada regulamentação do poder em exercer autoridade ou as relações entre aqueles que exercem autoridade e aqueles que são submetidos a ela. Por exemplo, o exercício de poder de um empregador seria obviamente executado porque se origina de um contrato entre partes com situação legal semelhante. Novamente, a autoridade de um pai de família será considerada como pertencente à esfera do direito privado, pelo fato de que o direito público está apenas preocupado com atividades, em um sistema jurídico, que sejam orientadas tanto à manutenção do Estado quanto à realização dos objetivos do Estado, que são sua principal preocupação. Certamente, quando perguntamos quais deveriam ser esses objetivos, a resposta pode variar até mesmo hoje em dia. Concluindo, determinadas atividades públicas podem ser regulamentadas intencionalmente para que, em respeito à mesma questão, os direitos adquiridos por indivíduos e poderes conferidos a agências estaduais possam coexistir e competir entre si.

Como já vimos anteriormente, a delimitação das esferas dos direitos privado e público não está, até hoje, inteiramente livre de complicações. Essa delimitação era ainda menos clara no passado, e ainda havia a situação na qual nem mesmo uma distinção era estabelecida. Tal era o caso quando todas as leis, jurisdições e, em particular, todos os poderes da autoridade em exercício eram privilégios pessoais, como, por exemplo, as "prerrogativas" do chefe de Estado. Nesse caso, a autoridade de julgar, recrutar pessoas para o serviço militar ou exigir obediência era um direito adquirido da mesma forma que a autoridade de se usar um pedaço de terra, o que constituiria uma questão de transmissão de propriedade ou herança. Sob esse sistema de "patrimonialismo", a autoridade política não era organizada em um molde institucionalizado, mas sim representado pela consociação de detentores individuais de poder, ou por pessoas que reivindicassem poderes, e pelos acordos firmados entre elas. Era um tipo de autoridade política que não era essencialmente diferente do pai de família, de um proprietário territorial ou de um senhor de servos. Tal situação nunca existiu como um sistema completo, mas tudo que caracterizamos legalmente como dentro da esfera do "direito público" constituía o conteúdo dos direitos privados de um detentor individual de poder, e era, nesse sentido, semelhante a um "direito" no direito privado.

2. Direito de Concessão e Regulamentação. Um sistema jurídico pode também assumir uma natureza exatamente oposta à descrita acima; ou seja, o "direito privado", do tipo definido anteriormente, pode ser ausente em vastas áreas da vida social, da qual hoje faria parte. Isso ocorre quando não existem normas com a natureza dos direitos de concessão. Nessa situação, o corpo total das normas consiste exclusivamente de "regulamentações". Em outras palavras, todos os interesses privados gozam de proteção, não como direitos garantidos, mas apenas como o aspecto reverso da eficiência dessas regulamentações. Essa situação também nunca prevaleceu em sua forma pura; entretanto, todas as formas de direito são absorvidas pela "administração" e tornam-se partes do "governo".

3. Governo e Administração. A "administração" não é um conceito exclusivo do direito público. Devemos reconhecer a existência da administração privada, como no caso de um pai de família ou de uma empresa comercial, bem como o tipo de administração conduzida em ambos pelo Estado ou por outras instituições públicas que podem ser: órgãos institucionais do próprio Estado, instituições heteronômicas advindas do poder do Estado ou agências coativas estabelecidas pelo Estado para finalidades pessoais (essas últimas agências são organizações públicas coativas heteronômicas).

No seu sentido mais vasto, a expressão "administração pública" inclui legislação, adjudicação e também outras atividades residuais que normalmente chamamos de "governo". O "governo" pode ser vinculado a normas jurídicas e limitado por direitos adquiridos. Por esse motivo, assemelha-se à legislação e adjudicação. Contudo, há dois aspectos distintos. Em primeiro lugar, pelo lado positivo, o governo precisa ter uma base legítima para sua própria jurisdição; um governo moderno exerce suas funções como sendo de jurisdição "legítima", o que quer dizer legalmente que é considerado dependente da autorização das normas constitucionais do Estado. Em segundo, pelo lado negativo, as limitações no poder do Estado, por lei ou direitos adquiridos, criam restrições em sua liberdade de ação para a qual precisa se ajustar. Uma característica específica de governo, entretanto, reside no fato que objetiva reconhecer e cumprir a lei simplesmente porque a lei existe e constitui a base do direito adquirido e também porque persegue outros objetivos concretos de natureza política, étnica, prática, etc. Para o governo, os indivíduos e seus interesses são, em termos legais, mais objetos do que portadores de direitos.

No Estado moderno, é verdade, existe uma tendência formal de incorporar a adjudicação à "administração" (em termos de "governo"). Um juiz é frequentemente instruído, tanto pelo direito positivo quanto pela teoria jurídica, a emitir sua decisão tendo por base a ética, a justiça ou a conveniência. Na área administrativa, por outro lado, o Estado moderno proveu ao cidadão, a quem, em princípio, suas atividades são orientadas, a possibilidade de proteger seus interesses por meio de soluções jurídicas que são formalmente idênticas àquelas que existem na área da administração da justiça, ou seja, o direito de recorrer a tribunais administrativos. Entretanto, nenhuma dessas garantias pode eliminar a contradição básica entre adjudicação e "governo". A criação do direito, também, é aproximada pelo governo quando este promulga normas gerais que envolvem situações típicas em vez de simplesmente interferir em casos específicos, e, até certo ponto, mesmo quando não há vínculo entre eles. Apesar disso, a observância de normas pelo governo é considerada como um procedimento normal; já a desconsideração total dessas normas seria, de forma geral, reprovada como uma conduta "arbitrária".

A forma primitiva de "administração" é representada pelo poder do patriarca, isto é, do chefe de família. Na sua forma primitiva, a autoridade do chefe de família é ilimitada. Aqueles que são subordinados ao seu poder não têm direitos, e as normas que regulamentam o seu comportamento existem apenas como efeitos indiretos do controle heteronômico religioso da sua conduta. Por um lado, estamos em face da coexistência do poder administrativo e teoricamente ilimitado do chefe de família; e, por outro, em face dos procedimentos de arbitragem, resultantes de acordos entre clãs e relacionados à prova e reparação da suposta ofensa. Apenas nos procedimentos de arbitragem estão as "reivindicações", isto é, os direitos em questão, e os vereditos proferidos; e, apenas nas relações entre clãs, podemos estabelecer formalidades, limitações quanto a tempo, regras de prova, etc., ou seja, o início do "processo judicial". Nenhum deles existe na esfera do poder patriarcal, que representa a forma primitiva de "governo", da mesma forma que os acordos entre grupos representam a forma primitiva de adjudicação. As duas são diferentes também em relação a suas esferas. Mesmo a administração da justiça da Roma Antiga freou diante da questão doméstica. Veremos mais tarde como a autoridade doméstica se difundiu além da sua esfera inicial e como se infiltrou em determinadas formas de poder político (monarquia patrimonial) e, consequentemente, na administração da justiça.

Sempre que isso ocorria, as distinções entre legislação, adjudicação e governo eram confundidas. As consequências foram as seguintes:

Inicialmente, a adjudicação assumiu o papel da "administração", tanto de maneira formal como material, e foi conduzida simplesmente por meio de decretos ou comandos emitidos pelo soberano a seus súditos de acordo com conveniência ou equidade, sem normas predeterminadas e em tempos de arbitrariedade. Essa situação, entretanto, nunca alcançou força total, exceto em casos limitados; entretanto, em certos processos "investigativos" e em outros, em que a conduta do julgamento e a prova eram de domínio do juiz, chegou bem perto disso. Outra consequência possível da difusão do padrão da autoridade doméstica na esfera extrafamiliar acontece quando a "administração assume a forma de processo judicial; como acontecia muito e continua acontecendo hoje em dia na Inglaterra. O Parlamento lida com "projetos de lei privados", isto é, com atos puramente administrativos como concessões, etc., exatamente da mesma forma que trata de projetos de lei públicos. O insucesso de distinguir entre os dois tipos de legislação foi uma característica do procedimento parlamentar antigo; para o Parlamento Inglês foi, realmente, um fator decisivo para o seu posicionamento. O Parlamento surgiu inicialmente como um corpo judicial, e, na França, tornou-se assim ao excluir todas as outras atividades. Essa confusão entre as funções do legislativo e do judiciário era condicionada por circunstâncias políticas. O orçamento, puramente administrativo, é considerado um ato legislativo, conforme o padrão estabelecido na Inglaterra e por razões políticas.

A diferença entre "administração" e "direito privado" se torna flexível quando as ações dos órgãos oficiais assumem a mesma forma dos acordos entre indivíduos. Isso ocorre quando funcionários no curso de suas obrigações fazem acordos contratuais para a troca de mercadorias ou de serviços com membros da organização ou outros indivíduos. Com frequência, essas relações são retiradas das normas de direito privado e organizadas diferentemente das normas jurídicas gerais, para que substanciem ou moldem a sua aplicação; e, portanto, são consideradas pertencentes à esfera da "administração". Enquanto as reivindicações, tratadas dessa forma, forem garantidas por alguma possibilidade de cumprimento, não deixam de ser "direitos", e a sua distinção será apenas de teor técnico. Contudo, essa distinção pode ser de grande significância prática. A organização estrutural do direito privado na Roma Antiga é completamente incompreendida se considerarmos como pertencentes a sua esfera, apenas as reivindicações que foram impingidas por um júri comum e com base em uma lei (*lex*), e se excluirmos dela todos os direitos que foram aplicados unicamente pelo "*cognitio*" do magistrado e que, às vezes, foram de significância econômica decisiva.

4. Direito Penal e Direito Privado. A autoridade de magos, profetas e poderes sacerdotais (sob certas condições) pode, quando sua fonte é a revelação concreta, ser ilimitada pelos direitos e normas, da mesma forma que os poderes primários de um chefe de família. A crença em mágica também é uma das fontes de origem do direito penal, em oposição ao "direito privado". A visão moderna da justiça criminal, de modo geral, é que a preocupação pública com a moralidade ou conveniência demanda reparação mediante a violação de uma norma; essa preocupação se manifesta na imposição de uma punição ao infrator por meio dos agentes do Estado, mesmo quando o infrator desfrute da proteção de um processo regular. A reparação da violação de direitos privados, por outro lado, é deixada para a parte prejudicada que, ao entrar com uma ação de reparação, terá os seus direitos garantidos por lei. Mesmo hoje em dia, essa distinção não é aplicada com muita clareza. Era certamente desconhecida nos primórdios da administração de justiça. Mesmos nos estágios menos complexos do desenvolvimento jurídico, cada ação era vista como ilícita e a noções de "contrato" e *obligatio* eram completamente desconhecidas. O direito chinês ainda manifesta alguns traços dessa situação que, na história da civilização, vem sendo de grande importância para o desenvolvimento jurídico. Toda a infração cometida por um intruso sobre um membro de um clã ou sua propriedade é passível de vingança ou reparação, que ficará a cargo da parte prejudicada, apoiada pelo grupo.

O processo de obtenção da reparação mostra uma mínima, ou quase nenhuma, distinção entre um crime que urge por vingança e um ato ilícito que requer uma simples restituição. Além disso, a ausência de uma diferença entre as ações as quais chamamos de reparação "civil" e ação criminal orientada à punição, e a denominação de ambos os fenômenos com uma única expressão de satisfação por danos sofridos, estão associadas a duas particularidades do direito primário e do processo. Há uma grande indiferença com respeito à noção de culpa, e, consequentemente, com quaisquer de seus níveis, refletindo motivações internas e atitudes psicológicas. Aquele que tem sede de vingança não está interessado nos motivos, a sua única preocupação é alcançar seu objetivo. A sua raiva se expressa igualmente em objetos inanimados e animais, com os quais se acidentou e contra seres humanos que o prejudicaram de forma acidental, intencional ou por negligência. Essa, por exemplo, foi a ideia original da *actio de paiperie* romana (um animal se comportou de forma imprópria) ou da *noxae datio* (a rendição do animal para fins de vingança). Todo dano causado é, portanto, um ato "ilícito" que requer reparação e vice-versa.

A falta de distinção primitiva entre um crime e um ato ilícito também se manifestou nas formas pelas quais "sentenças" eram "executadas". O processo jurídico era o mesmo tanto quando se tratava de um terreno, quanto de um homicídio. Até mesmo quando se alcançou um estágio mais digno de reparação, faltava ainda um aparato "oficial" que executasse as sentenças. Acreditava-se que uma sentença que advinha da interpretação dos oráculos ou outros mecanismos mágicos, ou pela invocação de poderes mágicos ou divinos, possuía autoridade suficiente para ser executada; portanto, sua desobediência constituía uma blasfêmia grave. Quando, como resultado de determinados episódios militares (a serem citados mais tarde), o julgamento não ocorria com a participação de todos os membros da comunidade (como, por exemplo, foi registrado na história antiga germânica), pode ser esperado que, como consequência de tal cooperação no estabelecimento da sentença, nenhum dos membros se oponha à sua execução, contanto que esta não tenha sido questionada em assembleia. Apesar disso, o litigante vitorioso pôde depender apenas da mera passividade por parte do intruso. Foi inteiramente incumbido a ele, por autoajuda, impingir a sentença com a assistência de parentes, a menos que, é claro, a parte infratora obedecesse a sentença. Em Roma e entre as tribos germânicas, essa autoajuda consistia normalmente em capturar o condenado e mantê-lo como refém para que ele pagasse a indenização; a quantia era predeterminada pelo próprio juiz ou acordada entre os litigantes. Essa autoajuda não se alternava entre os diferentes tipos de litigantes: a autoajuda ocorria tanto em casos de propriedade quanto em casos de homicídio. Um aparato oficial para a execução de sentenças não se tornou disponível até que príncipes ou magistrados viram a necessidade, por razões políticas e interesses de ordem pública, de usar o império contra as pessoas que interferiam com a execução de uma sentença e de ameaçá-las com sanções legais, especialmente com a condenação. Isso, entretanto, aconteceu sem qualquer distinção entre os procedimentos civis ou criminais. Nos sistemas jurídicos em que, sob a influência de determinados *honoratiores* jurídicos, ainda existia alguma continuidade com as formas antigas de justiça reparatória, e onde havia um grau menor de "burocracia", isto é, em Roma e na Inglaterra, esse Estado original de não diferenciação continuou a mostrar-se na rejeição de sentenças específicas para a restauração de objetos concretos. Mesmo em uma ação referente a um título de concessão de terreno, a sentença foi proferida ordinariamente em termos financeiros. Isso não foi devido a um mercado econômico altamente avançado, que avaliaria tudo em termos monetários. Foi, sim, uma consequência do princípio primário de que todos os danos causados, incluindo a apropriação ilícita de propriedade, exigem compensação, e que essa responsabilidade é do próprio acusado. No continente europeu, sentenças específicas surgiram relativamente cedo, no início da Idade Média, devido ao poder crescente do *imperium* principesco. O processo jurídico inglês, por outro lado, mesmo recentemente, precisou recorrer à ficção para garantir a possibilidade de se impingir sentenças específicas em ações referentes a propriedades não fictícias. Em Roma, a perseverança em condenações de indenização financeira, em vez de uma sentença específica, era resultado de uma tendência geral com o intuito de manter atividades oficiais a um mínimo, que, por sua vez, era devido ao sistema de normas dos *honoratiores*.

5. Ato Ilícito e Crime. O direito substantivo também foi profundamente influenciado pela percepção de que o litígio implicava uma infração cometida pelo acusado e não apenas pela existência de um Estado de coisas objetivamente considerado ilegal. Inicialmente, todas as "obrigações" eram, sem exceção, obrigações *ex delicto*; portanto, como veremos mais tarde, concebidas como sendo oriundas de um ato ilícito. Na Inglaterra, até a Idade Média, uma ação contratual estava oficialmente associada a um ato *ilícito fictício*. O abatimento das dívidas quando da morte do devedor ocorria por causa da ausência de qualquer noção do "direito das sucessões". A responsabilidade dos herdeiros sobre contratos de débito foi, como veremos mais tarde, desenvolvida em detalhes por meio da responsabilidade conjunta para atos ilícitos, primeiro dos parentes consanguíneos e mais tarde dos membros mais afastados da família, ou dos participantes em uma relação de poder como subordinados ou superiores. Até mesmo o princípio de proteção a compradores autênticos (*bona fide*), um princípio supostamente indispensável ao comércio moderno, originou-se da antiga ideia de que todas as ações judiciais poderiam ser do tipo *ex delicto* em relação a um ladrão e seu cúmplice. Apenas mais tarde, em consequência do desenvolvimento de ações *ex contractu* e da distinção entre ações "materiais" e "pessoais", a norma antiga passou por mudanças divergentes em vários sistemas jurídicos. Portanto, deu lugar a ações de proprietários contra aquele que tomou posse (*rei vindicatio*), na Roma Antiga e no direito inglês, bem como no hindu (que, em oposição ao chinês, era muito racionalizado). Assim mesmo, a proteção ao comprador autêntico foi novamente restaurada para compradores do mercado público, no direito inglês e hindu, com o intuito racional de fornecer segurança às negociações. A ausência de uma proteção geral a compradores autênticos no direito inglês e romano, em comparação ao direito alemão, é outro exemplo de adaptação do interesse comercial aos mais diversos sistemas do direito substantivo. Isso mostra o alto grau de independência que caracteriza o desenvolvimento do direito. Talvez outro exemplo desse conceito culposo de obrigação legal possa ser encontrado na expressão *malo ordine tene*s que ocorre nas fórmulas francas com respeito à restituição de terra, embora a interpretação correta dessas palavras seja uma questão para debate.

É possível, entretanto, que ideias diferentes estivessem em desenvolvimento em instituições jurídicas como o *vindicatio* bilateral romano, a *diadikasia* dos gregos, ou as ações germânicas por terra. Nesses casos, podemos concluir que todas são consideradas como sendo *actiones de recursu*, isto é, ações que tendem a certificar a sociedade de um membro em uma comunidade, tendo por base sua concessão a um terreno. Além do mais, *fenites* quer dizer "companheiros" e *Kleros* quer dizer "a parte do companheiro". Inicialmente, a instauração de um processo *ex officio* para um delito era tão inexistente quanto a execução oficial de uma sentença. Na esfera familiar, a punição severa advinha da autoridade do patriarca sobre seus familiares. Disputas entre membros de um grupo consanguíneo eram resolvidas pelos anciões. Entretanto, em todas essas situações, a decisão se a punição deveria ser distribuída ou não, e em que forma e grau, era uma questão inteiramente opcional, pois não havia o "direito penal". Uma forma primitiva de direito penal não se desenvolveu fora do limite familiar, especialmente em situações nas quais a conduta de um indivíduo colocava em perigo todos os membros vizinhos, de parentesco ou associações políticas. Essas situações poderiam ocorrer devido a dois tipos de comportamento impróprio: blasfêmia ou desobediência militar. O grupo era posto em perigo quando uma norma mágica, por exemplo, um tabu, era desrespeitada e, em consequência, a ira das forças mágicas, espíritos ou divindades, ameaçava amaldiçoar não apenas o blasfemo (ou criminoso), mas também toda a comunidade que o tinha em seu meio. Estimulados por magos ou padres, os membros da comunidade declaravam o culpado como sendo um criminoso ou o linchavam, da mesma forma como os judeus faziam ao apedrejar os culpados, por exemplo. Ou, ainda, conduziam julgamentos religiosos reparatórios. Atos de blasfêmia eram, contudo, a principal fonte do que chamavam de "punição interna", em oposição à expressão "vingança interna". A segunda fonte de punição era política, ou, inicialmente, militar. Alguém que colocasse em risco a segurança das forças de combate por traição, covardia ou desobediência (antes do estabelecimento dos códigos de disciplina militar), teria que se submeter às reações punitivas do líder ou do exército. E embora, é claro, o comportamento militar impróprio precisasse ser estabelecido como fato, o processo para descobrir esse fato era realmente muito resumido.

6. *IMPERIUM*. Podemos traçar uma linha direta de desenvolvimento desde a predominância da vingança até a formação de um processo criminal rígido e oficial. Como já visto, as ações punitivas do chefe de um grupo doméstico, ou das autoridades religiosas ou militares, eram normalmente eximidas de formalidade ou norma processual. É verdade que os poderes punitivos do chefe de família se tornaram, de certa forma, restritos pela intervenção dos anciões ou das autoridades religiosas ou militares responsáveis pelo relacionamento interno do grupo; contudo, o chefe continuava ditando as suas leis e só era limitado por normas jurídicas em casos especiais.

Existia, entretanto, uma pequena rejeição às normas dos poderes primários não domésticos, isto é, os poderes não domésticos exercidos pela monarquia patrimonial nos relacionamentos eram bem diferentes daqueles de um chefe de família, ou, em outras palavras, aqueles poderes que estão contidos no conceito de *imperium*. Não discutiremos aqui as origens do processo que estabeleceu normas definitivas. Nem se o detentor do *imperium* as impôs por interesse próprio, ou se foi obrigado para não ultrapassar o limite da possível obediência, ou, ainda, se foram impostas a ele por outros poderes. Todas essas questões serão analisadas no capítulo sobre dominação. O *Imperium* sempre incluiu, tanto no passado quanto no presente, o poder de punir e, especialmente, de esmagar a desobediência por meio da aplicação direta de força e de ameaça. O poder da punição poderia ser direcionado contra "funcionários" subordinados que exerciam o *imperium* (*poder disciplinar*) ou contra aqueles que eram sujeitos ao seu poder (*poder de infligir punição*). Nesse contexto, o "direito público" está diretamente associado ao direito penal; e podemos afirmar que o direito penal e o processo criminal não serão tratados sistematicamente enquanto não houver pelo menos algumas normas que sejam reconhecidas como obrigatórias de fato.

7. Limitação de Poder e Separação dos Poderes. Tais normas, mencionadas acima, sempre atuam como restrições sobre o *imperium*. Por outro lado, nem toda restrição é de caráter "normativo". Há dois tipos de restrição: (1) limitações de poder e (2) separação de poderes. A limitação do poder existe onde, conforme tradição religiosa ou decreto, um *imperium* específico é restrito pelo direito de seus indivíduos. O detentor do poder pode expedir apenas um tipo específico de ordem, ou todos os tipos, exceto em alguns casos ou sob condições específicas. Para verificarmos se essas limitações possuem um *status* "legal", "convencional", ou meramente "costumeiro", precisamos apurar se a manutenção das limitações é garantida por uma organização coativa (cujos meios coativos podem ser mais ou menos eficientes) ou se são mantidas apenas por desaprovação convencional, ou mesmo se não houve limitação alguma acordada. O outro tipo de restrição ("separação de poderes") existe quando um *imperium* entra em conflito com outro ou em termos de igualdade ou superioridade e sua validade legitima é reconhecida como um limitador da sua autoridade. Tanto as limitações de poder quanto a separação de poderes podem coexistir; e é essa coexistência que caracteriza, de forma distinta, o Estado moderno com a sua distribuição de competência entre seus vários órgãos. Esse Estado moderno é caracterizado essencialmente pelos critérios a seguir: É uma consociação de detentores de *imperia* específicos; tais detentores são selecionados segundo regras predeterminadas, delimitadas por regras

gerais de divisão de poderes e reconhecidas internamente pela legitimidade de seu poder de mando que é definido por um conjunto de normas de limitação de poder.

Tanto a separação de poder quanto a limitação podem assumir formas estruturais bem diferentes daquelas do Estado moderno. Isso vale especialmente para a separação de poderes. A sua estrutura era diferente na esfera do direito romano de intercessão da *par majorve potestas*, e nos Estados de natureza patrimonial, corporativa e feudal. Apesar disso, existe verdade na afirmação de Montesquieu de que somente por meio da separação de poderes torna-se possível a concepção do direito público. É necessário compreendermos que essa separação de poderes não precisa necessariamente ser da mesma natureza da que ele acreditava ter encontrado na Inglaterra. Por outro lado, nem toda forma de separação de poderes dá origem à ideia de um direito público, mas somente aquela que reconhece o Estado como uma instituição racional. A única razão pela qual uma teoria sistemática de direito público foi desenvolvida apenas no Ocidente deve-se ao fato de que, somente nele, a organização política tomou a forma de uma instituição, com competências racionalmente articuladas e com separação de poderes. Na Antiguidade, até onde se sabe, havia uma teoria estatal sistemática, em que os poderes eram separados de forma racional: a doutrina dos *imperia* de vários magistrados romanos era elaborada de forma sistemática. Todo o resto era essencialmente filosofia política e não direito constitucional. Na Idade Média, a separação dos poderes surgiu apenas em decorrência da competição entre privilégios, reivindicações feudais e outros direitos; em consequência, o direito constitucional não era tratado de forma diferenciada. O que existia nesse sentido encontrava-se dentro do "direito feudal" e de "serviço". Os conceitos jurídicos do direito público moderno devem sua origem, em grande parte, à combinação peculiar de vários fatores. Como mostra a história, devem sua origem à consociação racional e formal de pessoas privilegiadas por corporações públicas do Estado, que combinavam, de maneira crescente, a limitação e a separação de poderes com uma estrutura institucional. Em termos de teoria jurídica, devem sua origem ao conceito romano de corporação, às ideias do direito natural e, por fim, à teoria jurídica francesa. Analisaremos o desenvolvimento do direito público no capítulo sobre autoridade. Nas próximas seções, trataremos principalmente da legislação e do veredito nas áreas de importância econômica que hoje caem no domínio do "direito privado" e do "processo civil".

8. Direito Substantivo e Procedimento. De acordo com nossas concepções jurídicas contemporâneas, a atividade de organizações políticas, em relação ao direito, ramificam-se em duas categorias: "criação" e "aplicação" da lei, cuja "execução" é puramente técnica. Hoje, consideramos a legislação como o estabelecimento de normas gerais, que, na linguagem dos juristas, assume a forma de normas racionais do direito. A aplicação significa, para nós, a "utilização" das normas e preposições jurídicas estabelecidas que foram deduzidas pelo pensamento jurídico e concretizadas em "fatos", que já se encontram "incluídos" nessas normas. Entretanto, essa prática de pensamento não foi comum a todos os períodos da história. A diferença entre criação da lei como criação de normas gerais e aplicação como aplicação dessas normas em casos específicos não existe quando a adjudicação nada mais é que uma "administração" livre, que decide caso a caso. Nesta situação, tanto a norma jurídica, quanto a ideia do direito de uma das partes em ver essa norma aplicada ao seu caso, estão ausentes. O mesmo é válido quando o direito aparece com "privilégio" e quando não há intenção de considerar normas legais como base para uma reivindicação legal. Novamente, a diferença entre criação e aplicação da lei se torna ausente quando a sentença não é considerada como uma aplicação das normas gerais em casos concretos. Em outras palavras, essa ausência não ocorre apenas em todos os casos de adjudicação irracional, que não são apenas uma forma primitiva de adjudicação (como veremos adiante), mas também prevalecem, em sua forma pura ou modificada, por toda a história em todas as partes do mundo, exceto naquelas onde prevalecia o direito romano. Também a distinção entre as normas do direito (a ser aplicado mediante decisões jurídicas) e as normas que regulam estas decisões nem sempre foi tão clara quanto a diferença que temos hoje entre o direito substantivo e o direito processual. Por exemplo, onde o procedimento jurídico se baseia na influência do *imperium* sobre a instrução do processo, como ocorre no direito romano mais antigo e, de forma tecnicamente muito diferente, no direito inglês há a tendência de se considerar idênticos as reivindicações substantivas e o direito à utilização de formas processuais de ação: a *actio* romana ou o *writ* inglês. Na doutrina jurídica da Roma Antiga, não havia uma linha divisória entre direito privado e o processual, como temos hoje em dia. Por razões totalmente diferentes, uma mistura semelhante de problemas, que chamaremos respectivamente de processuais e substantivos, acontecia quando a adjudicação se fundamentava em modelos irracionais de prova; por exemplo, o juramento ou apoio à lei em obediência à magia. Portanto, o direito ou a obrigação de recorrer, ou ser submetido, a atos de magia, era um componente jurídico da reivindicação substantiva. Não obstante, uma diferença básica entre as normas processuais e as substantivas foi encontrada na Idade Média entre *Richtsteige*, por um lado, e "espelhos da lei", por outro. Embora tenha sido feita de forma diferente, essa distinção não é tão clara como aquela feita na Roma Antiga sobre sistematização.

Capítulo IV

AS CATEGORIAS DO PENSAMENTO JURÍDICO

Como já mostramos, o modelo usado para diferenciar os conceitos básicos das várias áreas de direito baseou-se, em grande parte, em fatores técnico-jurídicos e também em organizações políticas. Fatores econômicos, no entanto, foram apenas responsáveis por uma influência indireta. As influências econômicas desempenham seu papel, à medida que: racionalizações de comportamento econômico (baseadas no mercado econômico, na liberdade de contratos, na conscientização e na complexidade cada vez maior dos conflitos de interesses a serem resolvidos por um aparato jurídico) influenciaram a sistematização da lei ou intensificaram a institucionalização da sociedade política, como reiteradamente veremos. Todas as demais influências puramente econômicas ocorrem como situações concretas e, por isso, não podem ser expressas em normas gerais. Por outro lado, veremos também que os aspectos do direito, condicionados por fatores políticos e pela estrutura interna das concepções jurídicas, exerceram uma forte influência em organizações econômicas. Em seguida, exporemos, de forma resumida, as condições mais importantes pelas quais as características formais do direito, criação e aplicação, foram influenciadas. O nosso interesse maior recai sobre o grau e a natureza da racionalidade da lei, sobretudo, da parte relevante da vida econômica, ou seja, o direito privado.

Um corpo legal pode ser "racional" em sentido muito diverso, dependendo do rumo que o pensamento jurídico toma em direção à racionalização. Vamos começar com o processo de pensamento mais elementar, ou seja, a generalização. Isso significa, nesse caso, a redução das razões relevantes que determinam a decisão de casos individuais concretos de um ou mais "princípios", isto é, as "preposições jurídicas". Esta redução está geralmente condicionada a uma análise prévia ou paralela dos fatos, que visa a encontrar elementos relevantes à avaliação jurídica. Por outro lado, o aprimoramento mais amplo das "proposições jurídicas" reflete na determinação e delimitação das características potencialmente singulares dos fatos. Esse processo tanto promove quanto depende do fator casuístico. Entretanto, nem todo método bem desenvolvido do fator casuístico resultou no, ou ocorreu em paralelo ao, desenvolvimento das "preposições jurídicas de sublimação altamente lógica". Casuísticas jurídicas abrangentes cresceram sob as bases de uma mera analogia associativa de elementos externos. Em nosso sistema jurídico, o processo analítico das "preposições jurídicas" e a decisão de casos específicos estão associados com o trabalho sintético da "construção jurídica" de "relações" e de "instituições jurídicas"; isto é, a determinação da qual aspectos de uma ação consensual ou comunitária são considerados *juridicamente* relevantes; e na qual, de modo lógico e consistente, esses componentes relevantes devem ser considerados como sendo coordenados *juridicamente* ("relação jurídica"). No entanto, por mais íntima que seja a ligação entre esse processo e os anteriores, é possível que um alto nível de sublimação em uma análise seja associado com um baixo nível de conceituação construtiva e interpretativa das relações sociais juridicamente relevantes. Por outro lado, a síntese de uma "relação jurídica" pode ser alcançada de uma forma relativamente satisfatória, apesar do seu baixo nível de análise, ou, ocasionalmente, por seu processamento limitado. Essa contradição ocorre porque uma análise resulta em outra tarefa lógica, que, apesar de ser em princípio compatível com o trabalho sintético de "construção", entra muitas vezes em conflito com ele na prática. Referimo-nos à "sistematização", que havia aparecido apenas nos últimos estágios das formas jurídicas do pensamento. O "direito" primitivo não a conhece. De acordo com as formas atuais do pensamento, a sistematização representa uma integração de todas as preposições jurídicas obtidas mediante análise, de tal modo que formem entre si um sistema de normas logicamente claro, internamente consistente e, sobretudo, em princípio, sem falhas. Nesse sistema, todas as situações factuais concebidas devem ser capazes de incluir uma garantia efetiva. Mesmo hoje em dia, nem todo corpo legal (por exemplo, o direito inglês) alega possuir as características de um sistema como o descrito acima. De fato, essa alegação era ainda menos frequente no passado, onde o nível de abstração lógica era extremamente baixo. De forma geral, o "sistema" é predominantemente um método externo usado para a coleta de dados jurídicos e, portanto, de pouca significância tanto para o processo analítico das "preposições jurídicas" quanto para a construção de relações jurídicas. A forma moderna de sistematização, oriunda do direito romano, origina-se da análise lógica do significado das preposições jurídicas e das ações sociais. As "relações jurídicas" e casuísticas, por outro lado, frequentemente resistem a esse tipo de manipulação, pois carecem de características factuais concretas.

Em conjunto com as diversidades discutidas até agora, devemos considerar todos as diferenças existentes entre os aparatos técnicos da prática jurídica. Essas diferenças estão, até certo ponto, associadas ou sobrepostas àquelas discutidas anteriormente. Daí resultam as seguintes situações:

A criação e a aplicação da lei podem ser racionais ou irracionais. São "formalmente irracionais" quando aplicamos a eles meios que não podem ser controlados pelo intelecto, por exemplo, oráculos ou substitutos semelhantes. A criação e a aplicação são "materialmente irracionais"; por outro lado, uma decisão é influenciada por fatores concretos, à medida que é avaliada em termos políticos, emocionais ou éticos, e não por normas gerais. Uma criação ou uma aplicação da lei "racional" pode ser do tipo formal ou substantivo. Todo direito "formal" é, pelo menos do ponto de vista formal, relativamente racional. Entretanto, o direito só é formal quando as questões processuais e substantivas (apenas as características ambíguas dos fatos) são levadas em consideração. Esse formalismo também pode ser de dois tipos diferentes. É possível que as características juridicamente relevantes sejam de uma natureza tangível, isto é, sejam perceptíveis como os "sense-data" (dados dos sentidos). Essa adesão a características externas dos fatos, por exemplo, a expressão de determinadas palavras, a execução de uma assinatura ou o desempenho de determinados atos simbólicos com um significado fixo, representa a forma mais rigorosa do formalismo jurídico. O outro tipo de direito formal pode ser encontrado onde as características juridicamente relevantes dos fatos são reveladas por meio da análise lógica do significado; e onde, consequentemente, conceitos jurídicos fixos, na forma de normas extremamente abstratas, são formulados e aplicados. Esse processo de "racionalidade lógica" diminui a significância de elementos externos e, portanto, suaviza a rigidez do formalismo concreto. A diferença entre a "racionalidade lógica" e a "racionalidade substantiva" se torna mais enfática quando esta última sugere que a decisão sobre problemas jurídicos é influenciada por normas diferentes daquelas obtidas mediante a generalização lógica de interpretações abstratas de significado. As normas às quais a racionalidade subjetiva corresponde em predominância incluem tanto as normas éticas, imperativas, utilitárias, convenientes, quanto as máximas políticas, que rompem o formalismo das "características externas" e da abstração lógica. Contudo, uma abordagem profissional, jurídica e abstrata do direito, em termos modernos, é possível apenas quando a lei tem caráter formal. Se o formalismo absoluto da classificação prevalecer, mesmo estando de acordo com as "características dos "sense-data", estará limitado à casuística. Somente o método abstrato que emprega a interpretação lógica do significado permite a execução de uma tarefa sistemática especifica, ou seja, a coordenação e racionalização, com os meios da lógica, de todas as normas reconhecidas como legalmente válidas em um sistema internamente consistente de preposições jurídicas abstratas.

    A nossa tarefa agora é descobrir como as influências na formação da lei afetam o desenvolvimento das suas qualidades formais. A ciência jurídica atual, pelo menos nas formas que alcançaram os mais altos graus da racionalidade lógico-metódica, isto é, a forma desenvolvida por meio da ciência jurídica do Direito Civil Pandectista, parte das seguintes colocações: 1. toda decisão jurídica concreta é a "aplicação" de uma preposição jurídica abstrata a uma "situação factual" concreta; é possível, em todo caso concreto, extrair a decisão das preposições jurídicas abstratas por intermédio da lógica jurídica; 3. a lei deve, virtual ou realmente, constituir um sistema de preposições jurídicas "sem falhas", ou deve, pelo menos, ser tratada como tal; [4] 4. do ponto de vista jurídico, tudo que não pode ser "construído" de modo racional é irrelevante; 5. toda ação social dos seres humanos deve ser sempre interpretada como "aplicação" ou "execução" de preposições jurídicas, ou como um "infração" desta. Entretanto, neste momento, não devemos nos preocupar com essas colocações teóricas. Em vez disso, vamos investigar as qualidades formais da lei que são importantes para o seu funcionamento.

---

[4] Esta conclusão foi tirada principalmente por Stammler, embora de forma implícita. Ele alega que um sistema jurídico "sem falhas" deve resultar em uma "disposição jurídica" sem falhas de toda conduta social.

Capítulo V

SURGIMENTO E CRIAÇÃO DE NORMAS JURÍDICAS

1. O Surgimento de Normas Jurídicas – Teorias do Direito Consuetudinário (Insuficientes como explicação). Como surgem as normas jurídicas? Hoje em dia, as normas jurídicas surgem por intermédio da legislação, ou seja, por uma legislação humana consciente em conformidade com os requisitos formais e constitucionais, sejam eles consuetudinários ou "feitos" por uma sociedade política. Sem dúvida, esse tipo de legislação não é primitiva nem normal, mesmo em sociedades avançadas em termos econômicos ou sociais. Na Inglaterra, um "direito comum" é considerado o inverso do direito "feito". Na Alemanha, um direito não legalizado é normalmente chamado de "direito consuetudinário". Mas este é um conceito relativamente muito moderno; em Roma, surgiu somente mais tarde; e na Alemanha, foi produto do preceito civil. Tal teoria acadêmica foi desenvolvida na Alemanha, onde um costume, para que se tornasse um direito, deveria primeiro ser observado, considerado uma obrigação e racionalizado. As outras definições que são usadas hoje em dia também são consideradas construções teóricas. Por razões legais dogmáticas, o conceito do direito consuetudinário é ainda indispensável; contudo, precisa ser usado do mesmo modo refinado como os formulados por Zitelmann ou Gierke. Caso contrário, teríamos que confinar o nosso conceito de direito a duas formas: direito estatuído e direito feito pelo juiz. A incansável luta dos sociólogos (especialmente, Lambert e Ehrlich) contra o conceito do direito consuetudinário é desprovida de qualquer fundamento e representa uma confusão entre os métodos sociológicos e jurídicos da análise.

Todavia, agora estamos preocupados com outro problema, isto é, descobrir em qual processo empírico as normas não objetivas são consideradas como direitos consuetudinários válidos. As doutrinas tradicionais falam muito pouco, ou quase nada, sobre isso. Na verdade, elas estão até incorretas ao tentarem explicar o desenvolvimento do direito no passado, especialmente em períodos onde havia poucos direitos ou até mesmo nenhum. Porém, é verdade que essas doutrinas encontraram respaldo em conceitos romanos e medievais (tanto continentais quanto ingleses) sobre a significação e a pressuposição da *consuetudo* como fonte de direito. O problema maior foi encontrar um ponto de equilíbrio entre direitos racionais universalmente válidos e sistemas de leis que realmente prevaleceram. No final do império romano, o conflito era entre o direito imperial e as leis das províncias; na Inglaterra, entre a lei da terra (*lex terrae*), Direito Comum e as leis locais; e, na Europa Continental, entre o direito romano "recebido" e os corpos legais. Apenas específicos corpos legais foram classificados pelos juristas como "direito consuetudinário"; e, para conferir a ele reconhecimento, os juristas inventaram testes de validade. Esse foi um passo necessário porque o direito universal reivindicava legitimidade exclusiva. Mas ninguém pensou em qualificar o direito comum inglês, que, com toda certeza, não era um "direito estatuído", como sendo um direito consuetudinário. Igualmente, a definição do idioma islâmico *Idjmã* como sendo *tacitus consensus omnium* não tem nada a ver com "direito consuetudinário", simplesmente porque tinha por objetivo ser um direito "sagrado".

2. O Papel dos Partidos Políticos no Surgimento e Desenvolvimento das Normas Jurídicas. Teoricamente, a origem das normais jurídicas pode, como já vimos, ser imaginada do modo mais simples: Os "fatores" psicológicos, que surgem quando nos habituamos a uma ação, causam uma conduta específica. Essa conduta que, em princípio, constitui um simples hábito, será sentida como uma obrigação mais tarde. Sendo assim, com a conscientização da sua difusão entre alguns indivíduos, essa conduta será incorporada como um "consenso", e, portanto, afetará as "expectativas" conscientes ou semiconscientes de outros indivíduos, fazendo com que eles sintam a mesma obrigação. Esses "entendimentos consensuais" são diferenciados das meras "convenções" por meio de um aparato coativo que as garante. Mesmo desse ponto de vista puramente teórico, imaginamos como alguma coisa poderia mudar em uma massa inerte de costumes canonizados, e que, já por serem considerados "obrigações", não parecem poder produzir, por si mesmos, nada de novo. A Escola Histórica de Direito tendia a aceitar a hipótese que impulsos evolucionários de um "espírito popular" eram ocasionados por uma entidade orgânica supraindividual definida. Karl Knies também compartilhava dessa concepção que, em termos científicos, se mostrou inútil. Sem dúvida, normas de conduta empiricamente válidas, incluindo normas jurídicas, surgem até hoje de forma "inconsciente", isto é, sem serem consideradas pelos participantes como normas criadas recentemente. Esse surgimento inconsciente ocorreu, pela primeira vez, na forma de mudanças imperceptíveis, e devido também à crença de que situações factuais novas não apresentam elementos novos relevantes para uma avaliação jurídica. Outra forma de surgimento "inconsciente" ocorre também quando se aplica um direito recentemente criado a situações antigas ou um pouco diferentes, acreditando que este tenha sempre estado em vigor e sido aplicado dessa forma. Contudo, existe paralelamente um grande número de casos em que as situações e as normas aplicadas são consideradas "novas", embora sejam diferentes em grau e sentido.

Qual é a origem dessa inovação? Poderíamos dizer que essas inovações são causadas por *mudanças nas condições externas* da vida social que trouxeram consigo modificações nos "entendimentos consensuais" empiricamente prevalecentes. Mas a simples mudança das condições externas não é nem suficiente nem necessária para explicar as mudanças nos "entendimentos consensuais". O elemento-chave sempre foi o desenvolvimento de um novo tipo de conduta que resultasse na mudança do significado das normas da lei ou na criação de novas normas. Vários tipos de pessoas contribuem para essas transformações. Em primeiro lugar, devemos mencionar os indivíduos que estão interessados em uma ação comunitária concreta. Esses indivíduos podem mudar seu comportamento, especialmente em ações comunitárias, para proteger seus interesses sob condições externas novas ou, simplesmente, para promovê-las com mais eficiência sob as condições existentes. Como consequência disso, surgem "novos" entendimentos consensuais e, às vezes, novas formas de associação racional providas de sentidos substancialmente novos, que, por sua vez, fazem surgir novos hábitos comportamentais.

Entretanto, pode ser também que, sem essa reorientação do comportamento individual, a estrutura da ação consuetudinária mude em virtude das mudanças nas condições externas. Entre os vários tipos de ação, possivelmente todos sejam compatíveis com as condições existentes. No entanto, quando as condições mudam, uma delas pode vir a ser mais compatível com os interesses sociais e econômicos das partes envolvidas; durante o processo de seleção, apenas a ação dita compatível sobrevive e, eventualmente, torna-se uma conduta comum. Em sua forma pura, tal condição pode ser de cunho teórico, mas algo desse tipo não acontece no processo de seleção entre grupos étnicos ou religiosos que sejam muito apegados a seus costumes. Mais frequente, no entanto, é a injeção de um contexto novo em ações comunitárias e em associações racionais, o que ocorre devido à invenção social e sua subsequente difusão por intermédio da imitação e da seleção. Essa última condição vem sendo importante como fonte de reorientação econômica, tanto para o sistema moderno, quanto para todos os sistemas em que o estilo de vida alcançou, pelo menos, um certo grau de racionalização. Os partidos envolvidos nesses novos acordos, com frequência, não se preocupam se seus respectivos posicionamentos são carentes de legalidade. Eles consideram a legalidade conferida pelo Estado como sendo desnecessária ou evidente; e, com maior frequência, recorrem aos interesses ou à lealdade de seus colegas partidários e ao peso da convenção. Antes da existência de qualquer aparato coativo e da execução regulamentada de normas (oriundas da obrigação de um membro de participar em ato de vingança), a garantia "jurídica" de uma norma era atribuída, sem dúvida, pela convenção geral, àquele que estivesse "em seu direito" de encontrar apoio contra o infrator. E, quando algumas garantias especiais pareciam desejáveis, a automaldição mágica (o juramento) as anulava completamente, independentemente das condições diferenciadas, das partes interessadas ou de qualquer outra garantia, até mesmo da garantia da coação jurídica já existente. Em quase todas as épocas, a maior parte da ordem consensual, incluindo assuntos econômicos, se realizava dessa forma e sem preocupação quanto à existência do poder jurídico coativo do Estado ou de qualquer outro tipo. Instituições como a Zadruga (comunidade doméstica) iugoslava, que são sempre citadas com exemplos de dispensabilidade da coação jurídica, dispensavam apenas o poder jurídico coativo do Estado. Entretanto, durante o período de sua difusão universal, aproveitaram da proteção coativa das autoridades da aldeia. Formas de ação consensual, uma vez firmadas em uso, podem perdurar séculos, mesmo sem recorrer ao poder coativo do Estado. Embora a Zadruga não fosse reconhecida pela lei australiana, sendo até mesmo contrária a várias de suas normas, ainda assim dominava a vida do proletariado. Mas exemplos semelhantes não devem ser generalizados ou tomados como base.

Quando vários sistemas jurídicos, religiosos e legítimos, coexistem em paralelo e carregam os mesmos fundamentos (legitimidade religiosa e liberdade de escolha), o fato de um deles ser apoiado pela sanção religiosa e pelo poder coativo do Estado pode contribuir para que haja rivalidade entre eles, embora tanto a vida econômica como a pública sejam dominadas pelo tradicionalismo. No Islamismo, o mesmo *status* é oficialmente compartilhado pelas quatro escolas jurídicas ortodoxas. A sua aplicação aos indivíduos é determinada pelo princípio da personalidade, da mesma forma como a aplicação que várias leis tribais foram determinadas durante o império franco. Essas quatro escolas também estão representadas na Universidade do Cairo. No entanto, o sistema hanifita foi adotado pelos sultões osmânicos e, em consequência, suas normas começaram a compartilhar as sanções do aparato coativo feitas pelos funcionários materialistas e pelas cortes. E apesar da ausência de quaisquer outros fatores negativos, isso condenou o sistema malikita à extinção. Na área dos negócios, ou seja, em contratos mercantis, é considerável a preocupação das partes interessadas quanto à disponibilidade de um poder coativo por parte do Estado. Nesta área, iniciou-se o desenvolvimento de novas formas de associação. Esse desenvolvimento continua ocorrendo por meio da estimativa exata da probabilidade de coação que é exercida pelos tribunais, enquanto órgãos de autoridade política. Contratos que ainda não foram finalizados estão sendo adaptados a essa estimativa, e a criação de novas formas contratuais também levam essas estimativas em consideração.

Enquanto as mudanças no significado da lei vigente são iniciadas pelas partes, ou por seus conselheiros profissionais, elas são adaptadas de forma consciente e racional às reações esperadas do sistema judiciário. De fato, esse tipo de atividade, chamado *cavere* romano, consiste no mais antigo tipo de atividade realizada por advogados "profissionais" que se baseiam no uso da lógica ou do raciocínio. Entre as condições para o desenvolvimento de uma economia de mercado, temos o cálculo do funcionamento do aparato coativo. Esse cálculo constitui tanto um pré-requisito técnico quanto um incentivo para a genialidade inventiva dos juristas precavidos (*Kautelarjuristen*), que consideramos como sendo um elemento jurídico inovador, resultante da iniciativa privada, mas de forma mais desenvolvida e mais perceptível no direito romano e no inglês.

Por outro lado, há a difusão de acordos racionais e consensuais, naturalmente por uma influência sobre a probabilidade de seus poderes coativos pela lei. Em condições normais, apenas os casos especiais carecem de garantia coativa. Uma vez que os hábitos estabelecidos e os acordos estipulados compartilhem da difusão universal, não podem ser persistentemente ignorados, exceto quando: a) existe a necessidade irrefutável de se fazer algumas considerações; b) da criação de poderes autoritários; c) as agências coativas não têm contato com o mundo dos negócios, como em casos onde são impostos por uma autoridade externa de caráter ético ou político; d) os órgãos coativos, em virtude de sua extrema especialização profissional, são removidos das negociações pessoais, como acontece ocasionalmente sob condições de diferenciação social acentuada. O significado pretendido em um acordo pode ser discutível ou constituir uma inovação ainda instável. Em condições como essa, o juiz (agência jurídica coativa *a potiori*) é considerado uma segunda autoridade autônoma. Até mesmo em casos comuns, o juiz faz mais do que meramente sancionar normas que já estariam vinculadas por meio de acordo ou entendimento consensual. As suas decisões em casos individuais sempre geram consequências que, atuando fora do alcance do caso, influenciam na escolha das normas que precisam se firmar como direitos. Logo veremos que as fontes de decisões "judiciais" não são inicialmente constituídas por normas gerais de "decisão". Essas normas seriam simplesmente "aplicadas" a casos concretos, exceto quando se tratar de questões formais que sejam anteriores à decisão do próprio caso. A condição seria diferente se o juiz permitisse que o aparato coativo fosse usado em um determinado caso por razões concretas. Ele tornaria, sob certas circunstâncias, a validade empírica de uma normal geral em um "direito", simplesmente porque a sua "máxima" possui um valor que vai além do caso em questão.

3. O Surgimento do direito feito pelo juiz. Esse fenômeno não é algo primitivo ou universal. Certamente não existe uma decisão primitiva apoiada nos meios mágicos de revelação da lei. Tampouco em outras adjudicações que ainda não foram formalmente racionalizadas de forma jurídica; nem mesmo depois de terem superado o estágio de juízo divino, pois a influência da irracionalidade do caso individual é ainda muito forte. Nenhuma "norma jurídica" é aplicada, nem vale a máxima da decisão concreta, desde que exista, se torne consciente e prevaleça como uma norma de decisão, incluindo, até mesmo, as sentenças eclesiásticas. Nas "suras" do Corão, Maomé repetidamente rejeitou suas próprias diretrizes, independentemente da sua origem divina. Até mesmo Jeová se "arrepende" de algumas de suas decisões, incluindo as de caráter jurídico. Por intermédio de um oráculo, Jeová regulamentou o direito de sucessão das filhas (Num. 27); no entanto, devido ao protesto das partes interessadas, a decisão do oráculo foi corrigida (Num. 36). Até mesmo um *"weisturm"* comum é instável. E quando o caso individual for decidido por sorteio,[5] combate (ou outro juízo divino) ou oráculo, será impossível encontrarmos qualquer "orientação normativa" em uma decisão, seja em sua criação ou aplicação. As decisões de juízes iniciantes também requerem um desenvolvimento cuidadoso e muito trabalho para que alcancem a ideia de que representam "nor-

---

[5] Como entre os judeus pelas joias "Urim and Thummim".

mas" que vão além dos casos individuais.⁶ De fato, ao analisarmos se uma decisão deve ou não ser tomada por "juízes iniciantes", precisamos levar em consideração as pessoas envolvidas e a situação concreta dos fatos. Certo grau de estabilização e estereotipagem, em direção à formação de normas, surge inevitavelmente quando a decisão se torna objeto de uma discussão ou quando fundamentos racionais para essa decisão estão sendo procurados ou pressupostos. Em outras palavras, a formação normativa acontece quando há um enfraquecimento do caráter original e puro da decisão. Entretanto, dentro de certos limites, foi apenas o caráter mágico da lei primitiva da evidência que se orientou a uma formação normativa racional; isso, porque necessitava formular "corretamente" a pergunta a ser feita.

Existe também outro elemento essencial. Certamente, é muito difícil, e frequentemente impossível, para um juiz, evitar a suspeita de parcialidade. Essa suspeita é levantada quando o juiz desconsidera uma norma consciente ou um poder coativo usado por ele em casos semelhantes; e o mesmo ocorre com os juízes que o sucederem. Quanto mais estável a tradição, maior será a dependência dos juízes nas máximas que guiaram seus predecessores. Somente assim, cada decisão, independentemente de como foi tomada, aparecerá como sendo uma tradição verdadeira e exclusiva, e tentará se tornar permanentemente válida. Nesse sentido, a convicção subjetiva de que se esteja aplicando apenas normas já válidas é, de fato, uma característica de cada tipo de adjudicação criada em uma era profética.

As novas normas jurídicas possuem duas fontes primárias: a primeira é a padronização de certos entendimentos consensuais, especialmente acordos intencionais, que são deliberados por indivíduos que, com a ajuda de "advogados", limitam suas respectivas esferas de interesses; e a segunda é o precedente judicial. Dessa forma, nasceu o direito comum inglês. Com a colaboração intensa de "advogados" e juízes experientes e qualificados, que se dedicaram "profissionalmente" em suas tarefas, foi possível estabelecer credibilidade aos direitos criados, "direito de juristas".

---

[6] Como visto, por exemplo, pelas pesquisas de Vladimirski-Budanov; veja sua história jurídica (Obzor Istorii Russkago Prava, 1907) 59, 88.

Não se nega, com isso, a participação de fatores puramente "emocionais" na criação da lei, como, por exemplo, o chamado "sentimento de justiça". A experiência ensina, entretanto, que o "sentimento de justiça" é extremamente instável, a menos que esteja sendo guiado pela "*pragma*" de interesses objetivos ou subjetivos. Como se pode ver facilmente ainda hoje, o sentimento de justiça é capaz de causar mudanças repentinas e só pode ser descrito por intermédio de algumas máximas puramente formais. Nenhuma peculiaridade jurídica pública pode ser resultante de qualquer diferença no funcionamento do "sentimento de justiça", pelo menos até onde sabemos atualmente. Do ponto de vista emocional, o "sentimento" não é adequado para a manutenção de normas estáveis; em vez disso, constitui uma das diversas causas da adjudicação irracional. Somente tomando isso por base, podemos nos perguntar até que ponto as atitudes "populares", ou seja, que foram difundidas por aqueles realmente interessados no direito, podem prevalecer contra o "direito de juristas" (advogados e juízes), profissionais que estão continuamente engajados em adjudicação e na criação de contratos. A resposta para essa pergunta depende, como veremos, do tipo de processo adjudicatório que prevalece em uma determinada situação.

4. Criação de Novos Direitos por meio da Imposição. Deixando de lado a influência, e mais ainda, a confluência dos fatores *citados acima*, a inovação nas normas legais pode ocorrer também por meio da imposição deliberada desses fatores. Com certeza, isso aconteceu no passado de forma bem diferente do que nós conhecemos nos dias de hoje. Inicialmente, havia a completa falta de noção de que as normas de conduta que estavam processando o caráter do "direito" (isto é, garantidas pela "coação jurídica") pudessem ser criadas intencionalmente como "leis". Como vimos anteriormente, as decisões jurídicas não continham inicialmente qualquer elemento normativo. Hoje em dia, aceitamos com naturalidade que as decisões jurídicas constituam a "aplicação" de normas fixas e estáveis; contudo, no passado, elas não eram vistas dessa forma. Até mesmo onde surgiu a ideia de que leis eram "válidas" para situações comportamentais e obrigatórias para a resolução de disputas, elas não foram concebidas como produtos nem objetos possíveis da lei dos homens. Ao contrário, sua "legitimidade" se fundamentava na santidade de determinados hábitos e qualquer desvio poderia resultar em magias diabólicas (como a inquietação dos espíritos) ou a ira dos deuses. Como "tradições", pelo menos em teoria, as decisões jurídicas eram imutáveis e, em consequência disso, deviam ser corretamente conhecidas e interpretadas de acordo com o uso estabelecido, entretanto, nunca criadas. A interpretação cabia àqueles que há mais tempo as conheciam, ou seja, aos fisicamente mais velhos ou aos anciões do clã (frequentemente feiticeiros e sacerdotes), porque somente eles, em virtude de seu conhecimento de magia, dominavam as técnicas de evocação dos poderes sobrenaturais.

Apesar disso, novas normas também surgiram por meio de imposições explícitas. No entanto, isto só aconteceria de uma única maneira, isto é, por uma nova revelação carismática que poderia assumir duas formas: a) indicar o que era correto em um caso individual, ou b) indicar uma lei geral para todos os casos semelhantes no futuro. Tal revelação da lei constitui o primeiro elemento revolucionário que enfraquece a estabilidade da tradição e é o princípio de todo "decreto-lei". A revelação era realmente uma revelação no sentido literal da palavra; as novas leis encontravam suas fontes na inspiração e nos impulsos, tanto reais quanto aparentes, da pessoa qualificada carismaticamente e sem serem solicitadas pelas novas condições externas. No entanto, as revelações faziam parte de um processo artificial. Vários aparatos mágicos eram usados para a obtenção de novas normas. Isso ocorria quando uma mudança nas condições econômicas ou sociais criava problemas novos e não resolvidos. Normalmente, eram os magos, os profetas e os sacerdotes que usavam esse método primitivo de adaptar regras antigas a situações novas. A linha de transição entre a interpretação da tradição antiga e a revelação de novas leis é incerta. Portanto, essa transição deve ocorrer uma vez que a sabedoria interpretativa dos sacerdotes ou anciões tenha se mostrado inadequada. Uma necessidade similar também pode surgir para a determinação de fatos polêmicos.

O que nos interessa agora é a maneira pela qual esses modos de intervenção, descobrimento e criação afetam as características formais dos direitos. A presença do elemento mágico na resolução de disputas e na criação de novas leis resulta em um formalismo rigoroso que é tão peculiar a todos os processos jurídicos primitivos. Porém, essa técnica mágica não pode encontrar a resposta certa, a menos que a pergunta tenha sido feita de uma maneira formal e correta. Além disso, perguntas entre o certo e o errado não podem ser resolvidas por métodos mágicos que foram selecionados de modo indiscriminado ou arbitrário; cada problema legal tem a sua técnica particular e apropriada. Agora podemos compreender a característica fundamental de todos os processos primitivos, uma vez que se tornaram regulamentados por normas fixas; ou seja, até mesmo o menor erro de uma das partes, quando do pronunciamento em uma solenidade, pode resultar na perda do recurso ou até mesmo do caso em questão; como, por exemplo, no processo romano pela *legis actio* ou na lei medieval. O ato processual, entretanto, era o tipo mais antigo de "transação legal", pois era baseado em uma ação, isto é, na ação de reparação. Assim sendo, encontramos o princípio correspondente nas transações solenes da alta Idade Média e nas *negotia stricti juris* romanas. Até mesmo o menor desvio dessa fórmula mágica e eficaz pode anular a transação. Em especial, encontramos, nesse formalismo processual, a "lei da evidência", que não foi, de forma alguma, criada para regulamentar a prova judicial como conhecemos hoje. Nenhuma prova foi apresentada para demonstrar se a alegação de um "fato" era "falsa" ou "verdadeira". A questão era saber qual das partes deveria receber a permissão, ou ser chamada, para perguntar, aos poderes mágicos, se estava com razão ou não. O caráter formal do processo, portanto, é totalmente oposto ao caráter perfeitamente irracional da técnica de decisão. A "lei" que descobriu a expressão nessas decisões era inteiramente flexível e continuaria assim, a menos que as leis rigorosamente tradicionais fossem reconhecidas. Fundamentos lógicos ou racionais para uma decisão concreta eram inteiramente carentes quando: a) as decisões eram proferidas por uma divindade ou descobertas por meio de provas mágicas; b) consistiam no veredito de um sábio carismaticamente qualificado; c) um ancião estivesse imerso em tradição; d) um mediador fosse selecionado temporariamente; e) um pronunciador de lei vitalício (que fala em nome da lei, "*lag saga*") fosse eleito; ou f) um juiz fosse nomeado por um governante político. Essa decisão concreta, isto é, o veredito, precisava expressar que o problema em questão estava sob controle; ou que uma divindade havia decretado que o problema deveria ser tratado de outra forma, neste caso específico, e em todos os casos semelhantes no futuro. Também foi da mesma natureza a inovação feita pelo rei Henrique II, que se tornou a origem de todos os julgamentos por júri. A *assisa novae disseisinae*, que era concedida pela *writ* real a pedido do peticionário, substituía os modelos irracionais de prova (apoio à lei ou combate) mediante o interrogatório de doze vizinhos que, sob juramento, contavam o que sabiam sobre a propriedade em questão. O "júri" era chamado quando as partes envolvidas, voluntariamente ou sob pressão, concordavam, em casos litigiosos de todos os tipos, em aceitar o veredito dos doze jurados, em vez de serem pronunciados culpados com base nos antigos modelos irracionais de julgamento. Mesmo substituindo o oráculo, o júri se assemelhava a ele, pois suas decisões não indicavam fundamentos racionais. Entre o "juiz" e o júri, houve a distribuição de funções. Com toda certeza, é errônea a suposição popular de que apenas questões que envolvam a apresentação de provas são decididas pelo júri, enquanto questões relacionadas à aplicação da lei são da alçada maior do juiz. Os advogados apreciam o júri (particularmente em causas civis) porque ele também decide, sem criar "precedentes", certas questões concretas da "lei" que possam ficar vinculadas no futuro; em outras palavras, por causa da extrema "irracionalidade" usada pelo júri para decidir questões relacionadas à aplicação da lei propriamente dita. Sem dúvida, é esse aspecto da função do júri civil que explica a transição lenta, no direito inglês, de algumas normas práticas válidas para o *status* de normas legais totalmente reconhecidas. Quando os veredidos misturavam questões relacionadas à aplicação da lei com questões que envolviam a apresentação de provas, os juízes extraíam o que era estritamente legal das partes factuais de um veredito; os princípios legais extraídos desses veredidos poderiam se tornar, mais tarde, parte integrante do crescente corpo legal. Foi dessa forma que a maior parte do direito comercial foi formulada por Lord Mansfield, no curso de sua carreira judicial. Ele favorecia, com a dignidade das preposições jurídicas, o que até então havia sido, exceto quando os jurados, em "busca de justiça", decidiam sobre problemas de ordem jurídica, sem fazer a distinção entre direito e fato. Ao contrário do que se esperava muitas vezes, o júri realizava suas tarefas muito bem, ou, pelo menos, quando era composto por homens experientes. O mesmo ocorria na vida jurídica romana: a função criativa dos "juristas respondentes" surgiu de seu aconselhamento aos jurados civis; no entanto, neste caso, os problemas legais foram analisados fora dos tribunais por uma agência independente e competente. Isso, com o tempo, passaria as tarefas dos jurados aos juristas respondentes e promoveria, em Roma, a extração de preposições racionais da lei das máximas éticas que eram vagamente sentidas; e como já havia acontecido na Inglaterra, essa tentativa de passar funções do juiz ao júri produzia, com frequência, o efeito oposto. Por causa do júri, a irracionalidade primitiva do processo de decisão, ou seja, da própria lei, sobrevive na Inglaterra, até os dias de hoje.

À medida que as formas de julgamento de situações factuais típicas se desenvolviam a partir das interações entre práticas privadas de comércio e precedentes judiciais, elas careciam do caráter racional das "preposições jurídicas", pelo menos, da forma como foi desenvolvida pela ciência jurídica moderna. As situações factuais juridicamente relevantes eram diferenciadas de uma forma empírica e de acordo com suas características objetivas; mas nunca de acordo com seus significados, como exposto pela lógica jurídica formal. Distinções foram feitas em alguns casos, apenas para determinar qual pergunta deveria ser feita aos deuses ou às autoridades carismáticas, de que forma essa pergunta deveria ser colocada e, finalmente, qual das partes envolvidas deveria ter a incumbência de aplicar os meios de prova apropriados. Conforme a coação jurídica, pelo mesmo motivo, tornava-se rigorosamente formal e consistente, era sempre conduzida ao "julgamento provisório". A uma das partes era conferido o direito, ou dever, de fornecer provas, sendo que o sucesso do caso, implícita ou explicitamente, dependia das provas apresentadas por ele. Embora diferente em vários aspectos técnicos, a dicotomia processual, tanto do processo de formulação pretoriano de Roma, quanto do processo inglês de *writ* com júri, era associada a esse fenômeno básico.

A dúvida sobre qual pergunta deveria ser feita aos poderes mágicos constituía um primeiro estágio para o desenvolvimento de conceitos jurídicos técnicos. Contudo, ainda não há uma distinção entre: a) as questões que envolvem a apresentação de provas e aquelas relacionadas à aplicação da lei; b) as normas objetivas e as "reivindicações" subjetivas dos indivíduos, que são garantidos por elas; c) a reivindicação para o cumprimento de uma obrigação e a exigência por vingança devido a um dano sofrido;[7] d) o direito público e o privado; e) a criação e a aplicação da lei; ou f) "Direito", com o significado de reivindicações

---

7 Inicialmente, tudo que constituísse a base de um ato judicial era errado.

normativas de determinados indivíduos, e "Administração", com o significado de decretos puramente técnicos que indiretamente qualificam pessoas específicas para a obtenção de determinadas oportunidades. Certamente, todas essas distinções existem de forma primitiva, tanto em seu aspecto inarticulado como no "latente". Porque, quando visto do nosso ponto de vista, os tipos diferentes de coação ou autoridades coativas, até certo ponto, correspondem a essas distinções. Sendo assim, a distinção entre a justiça religiosa do linchamento (aplicada pela comunidade que se sente ameaçada, pelo poder da magia, devido à conduta de um de seus membros) e os procedimentos de reparação entre os clãs corresponde, de certa forma, à distinção atual entre o processo penal *ex officio* e os procedimentos civis iniciados por partes privadas. Assim, chegamos a conhecer o berço da "administração" quanto à arbitragem de disputas pelo chefe da família, livre de restrições formais ou princípios; e diferenciamos esse tipo de "administração" dos primeiros passos dados em direção a uma "administração de justiça" organizada que envolvia disputas entre clãs por meio de processo rigoroso e formal de reparação e sua tendência rígida de aplicar apenas normas existentes. Além disso, onde surgisse um *imperium* (uma autoridade cujas funções são especialmente detalhadas e diferenciadas da autoridade doméstica ilimitada), encontraríamos o início da distinção entre o comando "legítimo" e as leis que o "legitimam". Tanto a tradição sagrada quanto o carisma concediam a um comando uma legitimidade pessoal ou impessoal, dependendo do caso, e também indicavam os limites de sua "legalidade". Mas, a partir do momento que o *imperium* concedia ao seu detentor uma "qualidade legal" específica em vez de uma jurisdição impessoal, não havia uma distinção clara entre a legitimidade do comando (a reivindicação legítima) e a lei pela qual ambas eram legitimadas. Portanto, era um tanto vago, o que separava a tradição imutável do *imperium*. O motivo é que o detentor do *imperium* não tomava decisões importantes, por mais poder que sua reivindicação tivesse, sem antes recorrer ao método de obtenção de uma revelação da lei.

5. Abordagens à Legislação.

a. Mesmo dentro do contexto da "tradição", a lei que é realmente aplicada não permanece estável. Pelo menos, enquanto a tradição não tiver caído no domínio de um grupo de "preservadores" especialmente treinados (a princípio, magos e sacerdotes desenvolvendo normas de ação empiricamente fixas), será relativamente instável em vastas áreas da vida social. Considera-se um "direito" válido aquilo que já foi "aplicado" como tal. As decisões das assembleias africanas (*palavers*) são passadas de geração a geração e tratadas como "direito válido". Munzinger relata que o mesmo fenômeno ocorre com relação aos "julgamentos" (*buthas*) do leste africano. A "jurisprudência" é a forma mais antiga para se mudar um "direito consuetudinário". Com relação a esse tema, vimos que o desenvolvimento jurídico, a princípio, está limitado aos aparatos já testados da arte da consulta mágica. À medida que a importância da magia declinava, a tradição adquiria seu caráter; por exemplo, na Idade Média, sob a qual a existência de um uso legalmente válido poderia, da mesma forma que um fato, tornar-se o tema da prova pela parte interessada.

b. O caminho mais curto de desenvolvimento partia da revelação de novos mandamentos sobre o *imperium*, até a criação consciente do direito por meio de decretos impostos ou pactos. Os chefes dos clãs ou líderes locais foram os primeiros a adotar os pactos. Então, além das aldeias e dos clãs, outras sociedades surgiram, por alguma razão política ou econômica. Seus negócios eram conduzidos por intermédio de reuniões regulares ou improvisadas (*ad hoc*). Os pactos criados eram de natureza puramente técnica e econômica, ou seja, suas preocupações, do ponto de vista atual, giravam em torno da mera "administração" ou de acordos privados. No entanto, esses pactos se estenderam a setores mais diversos. As autoridades reunidas podem ser levadas a incluir, às suas proclamações comuns, uma maior autoridade em relação à interpretação da tradição sagrada. Sob certas circunstâncias, elas podem, até mesmo, ousar interferir, pela interpretação, fazendo uso de instituições sancionadas magicamente (por exemplo, a exogamia). Esse processo seria iniciado principalmente por um mago ou sábio carismaticamente qualificado, que apresentaria à assembleia a revelação da nova lei que lhe foi concedida em um momento de êxtase ou em um sonho; então, os participantes, por reconhecerem a sua qualificação carismática, aceitariam e apresentariam essa revelação para seus grupos como sendo uma nova lei a ser cumprida. Contudo, os limites entre o decreto técnico, a interpretação da tradição pela decisão individual, e a revelação de novas normas eram vagos e o prestígio dos magos, instável. Sendo assim, a criação da lei poderia, como na Austrália, ser progressivamente secularizada e a revelação completamente excluída ou aplicada apenas como uma legalização *ex post facto* dos pactos. Como resultado, vastas áreas, onde a legislação era apenas possível por meio da revelação, tornaram-se sujeitas à regulamentação pelo simples consenso das autoridades reunidas. A ideia de um "decreto-lei" é frequentemente considerada como completamente desenvolvida, até mesmo entre as tribos africanas, embora os anciões e os *honoratiores* nem sempre são capazes de impor a suas tribos as novas leis com as quais concordaram. Na costa da Guiné, Menrad descobriu que os acordos dos *honoratiores* são impostos aos economicamente fracos mediante a ameaça de multa; e que as novas leis são desconsideradas pelos indivíduos mais ricos e eminentes, a menos que sejam aprovadas por eles, com a mesma analogia feita ao comportamento dos "great of the realm" (os maiorais do reino) durante a Idade Média. Por outro lado, Ahentas e Dahomey costumavam, periodica ou casualmente, revisar seus estatutos vigentes e decidir novos. Essa condição, entretanto, não pode mais ser chamada de primitiva.

c. Via de regra, a promulgação de estatutos era totalmente inexistente, ou, quando existia, a carência de qualquer distinção entre a criação e a aplicação da lei normalmente impedia o surgimento das ideias de criação de um ato legislativo para ser "expedido" pelo juiz. A sentença simplesmente carregava a autoridade de um precedente. Este tipo de estágio intermediário, entre a interpretação de um direito já vigente e a criação de um direito novo, precisa ainda ser encontrado nos *customals* germânicos (*Weistümer*), que são pronunciamentos relativos a problemas legais concretos ou abstratos, emitidos por uma autoridade legitimada por seu carisma pessoal, idade, conhecimento, linhagem ou ocupação. Esse estágio também é exemplificado pela recitação das leis nórdicas (*lag saga*). As fontes germânicas acima não fazem distinção entre leis e direitos, ou entre decretos estatuídos e decisões judiciais, ou entre direito público ou privado, ou, até mesmo, entre decreto administrativo ou regra normativa. Dependendo do caso, alternavam de um para outro. Até mesmo as decisões parlamentares inglesas conservaram seu caráter ambíguo até quase o início da modernidade. Como indicado pelo termo *assisa*, não só na época dos Plantagenets, mas também no século XVII, uma decisão parlamentar tinha o mesmo caráter do que qualquer outra sentença. O próprio rei não se considerava restrito incondicionalmente a seu *assisae*. Valendo-se de vários meios, o parlamento buscava derrubar essa tendência. A manutenção de registros e "anotações" de vários tipos serviam com o propósito de conferir o *status* de precedente a decisões parlamentares reconhecidas pelo rei. Em consequência disso, as decisões parlamentares conservam, mesmo até hoje, o caráter de emendas da lei existente, em oposição ao caráter de codificação da lei legislativa continental moderna, que sempre objetiva constituir uma regulamentação completa do tema em questão. Assim, o princípio de que a lei antiga é completamente anulada por uma nova lei ainda não foi totalmente aceito na Inglaterra, mesmo hoje em dia.

d. O conceito de estatuto, propagado na Inglaterra pelo racionalismo dos puritanos e, mais tarde, dos Whigs, origina-se no direito romano, que, por sua vez, tinha o *ius honorarium* como sua fonte, ou seja, no *imperium militar dos magistrados*. A *lex rogata* era aquele decreto do magistrado que, mediante a aprovação da milícia, se tornava obrigatório aos cidadãos e, também, ao sucessor do magistrado. A fonte original do conceito moderno do estatuto era, portanto, a disciplina militar romana e a natureza peculiar das suas comunidades militares. Na Europa continental da Idade Média, Frederico I de Hohenstaufen foi o primeiro a utilizar o conceito de estatuto romano, com exceção feita aos Carolíngios, que consideravam esse conceito superficial. Mas até mesmo o conceito medieval primitivo do estatuto inglês, como sendo uma emenda à lei, não foi desenvolvido rapidamente.

e. As características da época carismática da criação e aplicação da lei estendem-se a várias instituições do período dos decretos racionais e da aplicação da lei; há vestígios, até hoje, da sua existência. O escritor Blackstone chamava os juízes ingleses de uma espécie de oráculo vivo; e, de fato, o papel desempenhado pela "decisão", como sendo uma forma específica indispensável, da qual o direito comum é encarnado, corresponde à função do oráculo no direito antigo. O que antes era incerto (a existência do princípio jurídico específico) tornou-se agora, por meio da decisão, uma norma permanente. A decisão não pode ser negligenciada, a menos que seja evidentemente "absurda" ou "contrária à razão", e, portanto, carente de qualquer qualidade carismática. A única distinção entre o oráculo autêntico e o precedente inglês deve-se ao fato de que o oráculo não estabelece fundamentos racionais, mas compartilha sua característica peculiar com o veredito do júri. Historicamente, porém, os jurados não são os sucessores dos profetas carismáticos; muito pelo contrário, eles podem representar a remoção dos meios de prova irracionais na aplicação da justiça por intermédio de assembleias públicas, pelo testemunho de membros da corte, especialmente em relação a situações de posse. O júri é, portanto, um produto do racionalismo monárquico. Por outro lado, a declaração carismática do direito é a fonte das relações entre os conselheiros germânicos (*scabini, schepen, schoeffen*) e o "juiz", como também as instituições nórdicas da *lag saga*.

6. O Papel dos Profetas da lei e a Justiça Popular da Assembleia Germânica. Um princípio, em especial, foi de grande influência sobre o desenvolvimento da autonomia corporativa e estamental no Ocidente medieval:

a. Esse princípio, que foi adotado por razões políticas e diversas, solicitava que o lorde da corte ou seu representante não participasse da decisão do caso e que apenas ocupasse seu posto e mantivesse a ordem. A decisão deveria ser obtida por intermédio de "orientadores" carismáticos da lei ou, mais tarde, por conselheiros escolhidos pelas comunidades, das quais a decisão se tornaria lei. O juiz, que, em virtude de seu cargo, convoca o tribunal e o preside, não pode interferir na sentença, simplesmente porque, do ponto de vista carismático, seu cargo não lhe atribui a qualidade carismática da sabedoria jurídica. Seu dever estará cumprido depois que convencerem as partes a preferir a reparação à vingança e a paz concedida pelo tribunal à iniciativa própria; e também quando convencerem as partes a se submeterem àquelas formalidades que as obrigam a respeitar o acordo processual e que, ao mesmo tempo, constituem a forma mais correta e eficaz de fazer uma pergunta aos deuses ou aos sábios carismaticamente qualificados. Estes sábios eram homens magicamente qualificados, aos quais se recorria em virtude de sua autoridade carismática; ou eram sacerdotes, como os brehons na Irlanda, e os druidas entre os gauleses; ou *honoratiores* jurídicos reconhecidos como autoridades por eleição, como os pronunciadores da lei entre os germanos do Norte, ou os *rachimburgos* entre os francos. O carismático pronunciador da lei se tornou, mais tarde, um funcionário legitimado por eleições periódicas e, eventualmente, por nomeação efetiva; e no lugar dos *rachimburgos* apareceram os conselheiros, como sendo *honoratiores* jurídicos nomeados pelo rei. Porém, sobreviveu o princípio de que a lei não poderia ser expedida pelo próprio lorde, mas apenas por pessoas qualificadas pelo carisma. Graças ao seu *status* carismático, muitos pronunciadores da lei nórdicos ou conselheiros germânicos eram representantes politicamente influentes de seus distritos contra o poder das autoridades, sobretudo na Suécia. Esses homens eram sempre membros de famílias distintas e, naturalmente, seus cargos eram vinculados à linhagem de uma família considerada carismaticamente qualificada. Os indícios mostram que desde o século X nenhum pronunciador da lei foi um "juiz". Ele nada tinha a ver com a execução de uma sentença e não possuía originalmente nenhum poder coativo; mais tarde, porém, na Noruega, adquiriu poder coativo limitado. O poder coativo, à medida que existia em assuntos jurídicos, estava nas mãos dos funcionários políticos. De aplicador da lei, chamado caso a caso, o pronunciador da lei transformou-se num funcionário permanente, e, junto com a necessidade racional da previsibilidade e do caráter regular da lei, tornou-se responsável por pronunciar, uma vez por ano, diante da comunidade reunida, aquelas normas segundo as quais aplicava a lei. A finalidade era tornar essas normas conhecidas por toda a comunidade e mantê-las vivas na memória dos próprios pronunciadores da lei. Apesar de todas as divergências, ressaltou-se com razão a semelhança com a publicação anual do edital do pretor. O sucessor do pronunciador (*lag saga*) não estava obrigado a seguir a saga de seu antecessor, pois, em virtude de seu carisma, cada pronunciador da lei podia "criar" uma nova lei. Ele poderia levar em consideração sugestões e resoluções da assembleia pública, porém não era obrigado a fazê-lo, e essas resoluções não tomavam a força de lei antes de estarem incluídas na *lag saga*. O direito podia apenas ser revelado; este princípio fundamental e suas implicações, em relação à criação e aplicação do direito, tornaram-se bem óbvias. Sinais de instituições semelhantes podem ser encontrados em quase todos os sistemas jurídicos germânicos, especialmente na Frísia, onde encontramos a chamada *asega*. O turíngio parece ser a única exceção. Os "redatores" mencionados no preâmbulo para a *Lex Salica* foram provavelmente profetas da lei. Portanto, podemos corretamente presumir que a origem das *Capitula legibus addenda francas* estão, de certa forma, associadas com a incorporação desse profetismo na organização do Estado.

b. Sinais de desenvolvimentos semelhantes podem ser encontrados quase por toda parte. O método primitivo de decidir disputas mediante a consulta a um oráculo era frequente em civilizações altamente estruturadas, tanto política quanto economicamente, como o Egito (o oráculo de Amon) ou a Babilônia. Sem dúvida, a prática contribuía também para o poder dos oráculos helênicos. As instituições jurídicas israelitas desempenhavam funções semelhantes. De fato, a autoridade da profecia jurídica parece ter sido um fenômeno universal. Por toda parte, o poder dos sacerdotes baseava-se, principalmente, em sua função de dispensadores de oráculos ou "diretores" do processo nos juízos divinos. Seus poderes aumentam consideravelmente com a crescente pacificação da sociedade, devido à substituição da vingança, primeiro pela reparação e, eventualmente, por procedimentos de queixa. Na África, a significação dos meios de prova irracionais tem sido bem reduzida pela "chefia tribal"; apesar disso, o poder terrível dos sacerdotes fetichistas se fundamenta na sobrevivência parcial da prática antiga da feitiçaria e do juízo divino, que, estando sob sua direção lhes permitia, mediante a acusação de feitiçaria, desprover os bens e a vida de qualquer um que incorresse em seu desprazer. Até mesmo formas de administrações de justiça puramente seculares, sob certas circunstâncias, conservaram traços importantes dos antigos métodos carismáticos de adjudicação. Os *tesmotetas* de Atenas eram considerados como sendo um grupo de profetas carismáticos que, por meio um processo de formalização, passaram a ser um conselho eleito de funcionários. Entretanto, não podemos comprovar até que ponto a participação dos *pontífices* romanos na justiça estava originalmente regulamentada de uma forma semelhante às outras profecias jurídicas. O princípio da separação entre a direção formal do ato processual e sentença aplicava-se também em Roma, embora os detalhes técnicos fossem diferentes daqueles do direito germânico. Quanto ao edital de *praetor* e *aediles*, seu parentesco com as *lag sagas* também se manifesta no fato de que seu efeito obrigatório sobre o próprio funcionário era precedido por um estágio, no qual ele recebia amplos poderes arbitrários. O princípio de que o *praetor* deveria ser restrito ao seu próprio edital apenas evoluiu como uma norma jurídica na época imperial; e devemos presumir que tanto a aplicação pontifical do direito, originalmente baseada em um corpo esotérico de normas técnicas, quanto às instruções processuais do *praetor*, eram inicialmente irracionais. Na historiografia tradicional, a exigência da plebs, quanto à codificação e publicação da lei, é apresentada como sendo resultante da sua própria oposição ao direito esotérico e ao poder do magistrado.

c. A separação entre aplicação da lei e coação é, quase sempre, considerada uma característica peculiar do direito alemão e a fonte do poder especial de seus soldados (*Genossenschaften*). Entretanto, não é nada mais do que uma peculiaridade. O conselho municipal alemão veio simplesmente ocupar o lugar dos antigos profetas carismáticos. A inigualável característica do desenvolvimento jurídico alemão pode ser encontrada tanto na manutenção da separação entre aplicação da lei e coação, como na sua associação com outras peculiaridades importantes do direito alemão. Com relação ao que foi mencionado acima, devemos citar, particularmente, a importância contínua dos chamados *Umstand*, ou seja, a participação de membros da comunidade jurídica que não fossem *honoratiores*, cuja cooperação era indispensável na ratificação do veredito encontrado pelos "criadores da lei", em oposição a qualquer um que pudesse, por meio dos *Urteilsschelte*, desafiar o veredito proposto. A participação em adjudicações, por intermédio da cooperação, também pode ser encontrada fora do âmbito do direito germânico. Portanto, podemos pressupor, por exemplo, que elementos dessa prática podem ser encontrados na descrição homérica das práticas processuais, como descrito no escudo de Aquiles, no julgamento de Jeremias ou em outros casos. O direito de todo homem livre de contestar a decisão dos criadores da lei, dos chamados *Urteilsschelte*, é uma característica peculiar do direito germânico. Nem por isso devemos considerá-lo enraizado nas tradições germânicas primitivas; parece ser mais um produto de desenvolvimento especial, de natureza amplamente assertiva.

1. Dos diversos poderes que fomentavam a secularização do pensamento sobre o que deveria ser válido como uma norma, e especialmente sua emancipação das tradições magicamente garantidas, estavam a guerra e seus efeitos. Embora o *imperium* do líder militar conquistador fosse inevitavelmente muito vasto, ele não podia usá-lo em casos importantes, sem o consentimento do exército. Por sua natureza, esse *imperium* era, na maioria dos casos, orientado à regulamentação de condições que, em épocas de paz, poderiam ser controladas mediante normas reveladas, mas que, em épocas de guerra, demandavam que novas normas fossem criadas por decreto imposto ou consensual. O líder e seu exército controlavam os prisioneiros, o espólio e, sobretudo, o território conquistado; dessa maneira, criavam novos direitos e, sob certas circunstâncias, uma nova lei. Por outro lado, o líder, tanto no interesse da segurança quanto na prevenção da indisciplina e da desordem doméstica, precisava ter mais poderes do que um "juiz" em épocas de paz. Essas circunstâncias já eram suficientes para aumentar o *imperium* à custa da tradição. A guerra também desestabilizou a ordem econômica e social, ficando evidente que o habitual não é eternamente sagrado. Por isso, a guerra e sua expansão estiveram, com frequência, em todos os seus estágios históricos de desenvolvimento, associadas a uma fixação sistemática da lei, tanto a antiga como a nova. Nessa situação, a necessidade de proteção contra inimigos internos e externos induz a uma racionalização crescente da criação e aplicação da lei. Além disso, esses elementos sociais, pelos quais o processo jurídico é conduzido e presidido, envolvem-se em novas relações mútuas. Da mesma forma, à medida que a associação política assume um caráter militar permanente, por causa da guerra, a força militar aumenta sua influência sobre a resolução de disputas entre seus membros e o desenvolvimento da lei. Em consequência, o prestígio dos anciões e da magia começam a diminuir. No entanto, muitas soluções diferentes seriam encontradas para ajustar as inúmeras reivindicações de divisão na criação de novas leis, feitas pelos líderes militares, guardiões seculares e religiosos da tradição sagrada e pelo exército, relativamente independente das restrições da tradição.

    Sendo assim, o tipo de organização militar é um fator muito importante. A *thing* germânica do distrito assim como a *gemot* (*Landsgemeinde*) da comunidade política como um todo eram associações de membros e donos de terra aptos para o serviço militar. Do mesmo modo, o *populus* romano consistia de proprietários de terras reunidos em seus destacamentos táticos. Durante a época das profundas mudanças de migração de tribos germânicas, as associações das comunidades políticas germânicas parecem ter conquistado, contra o líder, o direito de participar na criação de novos direitos. A alegação de Sohm, que todo direito estatuído era direito do rei, é muito improvável. Na verdade, o detentor do *imperium* não parece ter participação decisiva nesse tipo de criação da lei. Entre os povos mais sedentários, o poder dos sábios jurídicos carismáticos continuava intocável; e entre os povos que se deparavam com novas situações bélicas, especialmente os francos e longobardos, a sensação de poder da comunidade militar aumentava. Eles reivindicavam e exercitavam o direto de participar ativamente no estabelecimento de decretos e sentenças judiciais.

Por outro lado, na alta Idade Média europeia, a Igreja Cristã, com seu exemplo do poder dos bispos, encorajava a interferência dos príncipes na criação e aplicação da lei. A igreja frequentemente instigava essa interferência tanto em benefício próprio como em prol da ética que ensinava. As capitulares dos reis francos aparecem paralelamente ao desenvolvimento dos tribunais semiteocráticos das justiças itinerantes. E na Rússia, logo após a introdução do cristianismo, a segunda redação da *Russkaya Pravda* serve como evidência da intervenção do príncipe na adjudicação e criação da lei que faltava na primeira redação; o resultado foi um novo corpo de direito substantivo, tendo como fonte os príncipes. Mas essa tendência do *imperium* colidiu, no Ocidente, com a firme estrutura da justiça carismática e corporativa da comunidade militar. Por outro lado, o *populus* romano podia apenas, de acordo com o desenvolvimento da disciplina do exército de hoplitas, aceitar ou rejeitar o que lhe era proposto pelo detentor do *imperium*, isto é, com exceção do processo legislativo, podia somente participar de decisões em casos de pena capital trazidos pelo *provocatio*. Na comunidade germânica *thing*, uma sentença válida exigia a aclamação dos ouvintes (*Umstand*). O *populus* romano, ao contrário, não estava preocupado com qualquer pena capital pronunciada pelo magistrado. O direito de cada membro da assembleia germânica *thing* de desafiar a decisão proposta (*Urteilsschelte*) era devido a sua pouca disciplina militar. A qualidade carismática da adjudicação não era de posse exclusiva de um grupo ocupacional especial; todos os membros da comunidade *thing* podiam expressar seu conhecimento superior e tentar que ele prevalecesse sobre a sentença proposta. Inicialmente, a decisão entre eles podia apenas ser concebida mediante um juízo divino, frequentemente com sanções penais para quem cometesse um ato de blasfêmia contra as divindades protetoras do direito. Na prática, o murmúrio de aprovação ou desaprovação por parte da comunidade, cuja voz era a "voz de Deus", sempre carregava um peso considerável. A disciplina rígida dos romanos encontrou expressão no direito exclusivo do magistrado de guiar o curso do ato processual e no direito exclusivo da iniciativa (*agere cum populo*) dos diversos magistrados que estavam competindo entre si.

A dicotomia germânica entre criação e aplicação da lei constitui um tipo de separação de poderes na administração da justiça; outra é representada pelo sistema romano de poderes rivais de vários magistrados designados a "interferir" um contra o outro e dividir as funções de um ato processual entre magistrado e *judex*. A separação de poderes na aplicação da justiça também era garantida pela necessidade da colaboração entre magistrados, *honoratiores* jurídicos e a assembleia militar e política da comunidade. É tomando isso como base que o caráter formalista da lei e sua aplicação foram preservados.

2. Ao contrário, onde as autoridades "oficiais" (isto é, o *imperium* do príncipe e seus funcionários, ou o poder dos sacerdotes, como guardiões oficiais da lei) conseguiram eliminar os portadores carismáticos independentes do saber jurídico de um lado, e a participação da assembleia popular ou de seus representantes do outro, o desenvolvimento do direito assumiu um caráter teocrático-patrimonial e trouxe consequências peculiares aos aspectos formais da lei. Os efeitos sobre as qualidades da lei eram semelhantes, mesmo quando um rumo diferente era tomado. Por exemplo, na democracia helênica, uma assembleia política onipotente removeu completamente todos os agentes carismáticos e magistrais da adjudicação e tomou seu lugar como sendo a única autoridade suprema na criação e aplicação da lei. Falaremos sobre "aplicação da lei" pela "assembleia popular" (*dinggenossenschaftliche Rechsfindung*) quando sua participação na adjudicação não possuir autoridade suprema sobre ela, permitindo que esta possa aceitar ou rejeitar a decisão recomendada pelo portador carismático ou oficial do saber jurídico e, também, influenciar a decisão de uma forma específica; por exemplo, por meio da contestação da sentença proposta. Como exemplos dessa condição, temos as comunidades germânicas e, modificada racionalmente, a comunidade militar de Roma. Entretanto, o tipo não é apenas caracterizado pela simples participação da assembleia popular na adjudicação, por exemplo, entre os negros do Togo ou os russos da época da primeira redação pré-cristã da *Russkaya Pravda*. Em ambos os casos, podemos encontrar um pequeno grupo de "aplicadores de sentenças" (doze, entre os russos), semelhante ao conselho municipal alemão. Entre os negros do Togo, os membros desse grupo são compostos por anciões do clã ou grupos de aldeias; podemos presumir uma base semelhante para a origem do conselho dos aplicadores de sentenças. Na *Russkaya Pravda*, não havia qualquer participação do príncipe; entre os negros do Togo, no entanto, era o príncipe que presidia as deliberações, e a sentença era elaborada por meio da aliança secreta entre ele e os anciões. Porém, em nenhum dos casos a participação das pessoas concebe qualquer caráter carismático ao processo de decisão da sentença. Na África e em outras partes, são raros os casos em que a participação pública tem esse caráter.

3. Onde há a participação da comunidade popular, o caráter formal da lei e da sua aplicação é bem preservado, pois a aplicação da lei é o produto da revelação dos sábios jurídicos, e não um capricho ou enunciação emocional daqueles para os quais a lei é válida, para os quais não quer "servir", apenas dominar. Por outro lado, o carisma do sábio, como qualquer outro carisma autêntico, precisa "provar" sua qualificação mediante a sua própria força persuasiva e convincente. Indiretamente, o sentimento de justiça e a experiência cotidiana dos membros da comunidade jurídica podem fazer com que eles se sintam poderosos. Mas, formalmente, a lei é um "direito de juristas" porque, sem conhecimento jurídico e habilidade, não pode assumir a forma de uma norma racional. Entretanto, em termos de conteúdo, é, ao mesmo tempo, um "direito público". É bem provável que a origem dos "provérbios jurídicos" seja creditada às épocas da aplicação da justiça pela assembleia popular. Devemos perceber, no entanto, que as "assembleias populares" não eram um fenômeno, se usarmos esse termo no sentido preciso de uma variedade peculiar de possibilidades de divisão de poder entre a autoridade de carisma jurídico e a ratificação pela comunidade popular e militar. A característica específica do provérbio jurídico é, normalmente, uma combinação de normas formais e jurídicas que possuem uma razão popular e concreta; por exemplo, em dizeres como estes: "Se você perdeu a sua fé, deve encontrá-la novamente" ou "Da sua mão tirei, a ela devolvi". Estes são oriundos do caráter popular da lei, da participação da comunidade e do conhecimento considerável que esta tem da lei. Os provérbios também deram origem a algumas máximas formuladas por indivíduos, que, como observadores interessados ou especialistas do assunto, consideraram as características comuns de decisões frequentemente repetidas. Os profetas jurídicos devem ter inventado muitas máximas desse mesmo modo. Resumindo, provérbios jurídicos são preposições jurídicas incompletas e expressas como *slogans*.

7. O Papel dos Especialistas da Lei. Ainda assim, o direito formalmente elaborado, constituído de um conjunto de máximas conscientemente aplicadas em decisões, nunca existiu sem a cooperação decisiva de especialistas. Já conhecemos suas categorias distintas. A camada de "praticantes da lei" preocupados com adjudicação inclui, além dos administradores da justiça, os *honoratiores* jurídicos, ou seja, os pronunciadores de lei, os *rachimburgos*, os conselheiros e, ocasionalmente, os sacerdotes. Como a administração da justiça exige muita experiência e conhecimento especializado, devemos considerar, mais à frente, a categoria de advogados e conselheiros particulares, cuja influência na formação da lei, por intermédio da "invenção jurídica", é considerável. As condições sob as quais esse grupo se desenvolveu será tratada mais tarde em detalhes. O aumento necessário de conhecimento jurídico especializado deu origem ao advogado profissional. Sendo assim, tanto o crescimento da demanda por profissionais especializados, quanto o estímulo ao crescimento da racionalização da lei, eram praticamente oriundos do aumento significante do comércio e daqueles que dele participavam. Para a solução de novos problemas especificamente criados (ou seja, racionais), o treinamento é um requisito inevitável. O nosso interesse está centrado nas formas e consequências da "racionalização" da lei, ou seja, no desenvolvimento das qualidades "jurídicas" que são características da lei atualmente. Veremos que um corpo legal pode ser "racionalizado" de vários modos ou meios que forem necessários para garantir o desenvolvimento das suas qualidades "jurídicas". O rumo que essas qualidades formais escolhem para o seu desenvolvimento está, no entanto, direcionado a condições "intrajurídicas": o caráter particular dos indivíduos que podem influenciar "profissionalmente" a forma como a lei é modelada. Esse desenvolvimento pode ser influenciado apenas, e de forma indireta, por condições econômicas e sociais. O tipo predominante de educação jurídica, isto é, o modo de treinamento dos "praticantes da lei" são mais importantes do que qualquer outro fator.

Capítulo VI

FORMAS DE CRIAÇÃO DOS DIREITOS

SEÇÃO 1
Categorias Lógicas de "Proposições Jurídicas" – Liberdades e Poderes – Liberdade de Contrato

A fusão de todas estas organizações que respectivamente haviam engendrado suas próprias substâncias jurídicas na abrangente organização do Estado, agora clamando ser a única fonte de todo o direito "legítimo", está caracterizada na reflexão do modo formal no qual a lei serve seus interesses, especialmente os interesses econômicos, das partes envolvidas. Definimos, anteriormente, a existência de um direito como sendo não mais do que um aumento da probabilidade de certa expectativa daquele a quem a lei concede o direito não seja desapontada. Devemos continuar a considerar a criação de um direito como o método normal para aumentar tal probabilidade, mas devemos igualmente reconhecer que, sob o prisma de uma análise sociológica, há apenas a transição gradual deste caso normal para a situação em que o interesse juridicamente garantido de uma parte é apenas o "reflexo" de uma "circunscrição" e em que a parte não possui um "direito" no sentido estrito.

À pessoa que realmente se encontra em posse do poder de controlar um objeto ou uma pessoa, a garantia jurídica dá uma certeza específica quanto à durabilidade de tal poder. À pessoa à qual se prometeu algo, a garantia jurídica dá um maior grau de certeza de que a promessa será mantida. Em verdade, estes são os laços mais elementares entre o direito e a vida econômica. No entanto, não são os únicos possíveis. O direito também pode funcionar de tal maneira que, em termos sociológicos, as normas em vigência para o controle da operação do aparato coativo tenham uma estrutura para induzir, por sua vez, o aparecimento de certas relações econômicas que podem ser certa ordem de controle econômico ou certo acordo baseado nas expectativas econômicas. Isto ocorre quando o direito é expressamente criado para um propósito particular. Tal situação pressupõe, naturalmente, um estágio específico de desenvolvimento jurídico sobre o qual algumas observações apropriadas devem ser feitas.

Do ponto de vista jurídico, o direito moderno consiste em "proposições jurídicas", ou seja, normas abstratas cujo conteúdo afirma que certa situação factual deve ter certas consequências legais. A classificação mais comum de proposições jurídicas faz distinção, como no caso de todas as normas, entre proposições prescritivas, proibitivas e complacentes; respectivamente, tais proposições contemplam os direitos dos indivíduos para prescrever ou proibir ou permitir uma ação *vis-à-vis* de outra pessoa. Sociologicamente esse poder juridicamente garantido e limitado sobre a ação de outrem corresponde à expectativa de que outras pessoas irão participar ou se abster de certa conduta ou que alguém pode participar ou não de certa conduta sem a interferência de uma terceira parte. As primeiras duas expectativas correspondem a reivindicações, e a última, a um privilégio. Cada direito é, portanto, uma fonte de poder que uma pessoa, até então sem poder, tem a possibilidade de vir a possuir. Desta forma, a pessoa torna-se uma fonte de situações completamente inéditas dentro da comunidade. No entanto, não estamos, neste momento, preocupados com este fenômeno, mas desejamos lidar com o efeito qualitativo de proposições jurídicas de *um* tipo devido por afetarem o poder de controle de um indivíduo. Este tipo que iremos abordar é constituído pelo terceiro tipo de expectativas juridicamente garantidas que mencionamos anteriormente, ou seja, os *privilégios*. No desenvolvimento da ordem econômica vigente, tais privilégios são particularmente de grande importância. Há duas espécies de privilégios: A *primeira* abrange as chamadas liberdades que são situações de proteção simples contra certos tipos de interferência exercidos por terceiros, principalmente funcionários do Estado agindo dentro da esfera de supostas condutas juridicamente permitidas; os exemplos são a liberdade de ir e vir, a liberdade de consciência ou a liberdade de dispor sobre uma propriedade. A *segunda* espécie de privilégio é aquela que concede a um indivíduo *a autonomia para delinear suas relações com outrem* de acordo com suas próprias transações. A liberdade de contrato, por exemplo, existe precisamente na medida em que tal autoridade é reconhecida pela ordem jurídica. Há, naturalmente, uma ligação bem estreita entre a expansão do mercado e a medida de liberdade contratual em expansão, ou, em outras palavras, o escopo dos arranjos que são tidos como válidos pela ordem jurídica, ou, novamente em termos diferentes, a importância relativa dentro da ordem jurídica total daquelas regras que autorizam tais disposições transacionais. Numa economia onde a autossuficiência prevalece e falta permuta, a função da lei, naturalmente, será diferente: ela irá, principalmente, definir e delimitar as relações não econômicas de uma pessoa e os privilégios em relação a outras pessoas em conformidade, não com considerações econômicas, mas com a origem, o nível educacional ou o *status* social da pessoa.

SEÇÃO 2
Desenvolvimento de Liberdade de Contrato – "Contratos de *Status*" e "Contratos de Propósito" – A Origem Histórica dos Contratos de Propósito

1. "Liberdade" no sentido legal significa a posse de direitos reais e potenciais, que, no entanto, numa comunidade sem mercado, naturalmente, não têm embasamento predominante sobre transações legais, mas um embasamento direto sobre proposições prescritivas e proibitivas da lei em si. A permuta, por outro lado, é, dentro da estrutura da ordem jurídica, uma "transação legal", como, por exemplo, a aquisição, a transferência, a desistência ou a execução de uma reivindicação legal. Com cada segmento do mercado, estas transações legais tornam-se mais numerosas e complexas. No entanto, em qualquer ordem jurídica, a liberdade de contrato não é ilimitada, no sentido que a lei colocaria sua garantia de coação à disposição de todos ou cada acordo a despeito de seus termos. Uma ordem jurídica pode realmente ser caracterizada pelos acordos que ela aplica ou não. Neste quesito, grupos de diferentes interesses exercem uma influência decisiva que varia de acordo com as diferenças na estrutura econômica. Num mercado em franca expansão, aqueles que têm interesses em jogo formam o grupo mais importante. Sua influência predomina quando da determinação de quais transações legais a lei deve regular por meio de normas de concessão de poder.

Essa liberdade contratual extensa, geralmente obtida nos dias de hoje, nem sempre existiu, naturalmente; e mesmo onde a liberdade de contrato existiu, ela nem sempre prevaleceu nas esferas em que prevalece atualmente. A liberdade de contrato existiu, outrora, nas esferas em que não mais prevalece ou nas esferas em que não prevalece como era costumeiro. Vamos examinar os principais estágios de desenvolvimento no breve resumo que se segue.

Diferente da lei antiga, a característica mais importante da lei moderna, principalmente no direito privado, é o significado cada vez maior das *transações* legais, em particular dos *contratos*, como fonte de reivindicações garantidas pela coação legal. Tal característica do direito privado é tão acentuada que se pode, *dentre a parte principal*, designar o tipo de sociedade contemporânea, até o ponto em que o direito privado se torne um direito "contratual".

a. Do ponto de vista legal, a posição jurídico-econômica do indivíduo, ou seja, a totalidade de seus direitos legitimamente adquiridos e obrigações básicas é determinada, por um lado, pela *herança* que tenha por base um relacionamento familiar juridicamente reconhecido, e, por outro lado, direta ou indiretamente, pelos contratos concluídos por ele mesmo ou em seu nome. A lei da herança constitui, na sociedade contemporânea, a mais importante sobrevivência daquele modo de aquisição de direitos legítimos que foi, certa vez, especialmente na esfera econômica, o modo exclusivo ou quase exclusivo. No caso da herança, os fatos operacionais geralmente ocorrem independentemente da conduta do próprio indivíduo interessado. Tais fatos constituem o início para suas demais atividades juridicamente relevantes. Mas a participação de uma pessoa nesse grupo como sendo da família tem como base o relacionamento natural, sócio e economicamente aceito como uma qualidade especial e intrínseca, e é atribuído a tal pessoa pela lei, independente de seus próprios atos de aproximação amigável.

Obviamente, o contraste é apenas relativo, pois as reivindicações de herança podem também ser baseadas em contrato; e na sucessão testamentária a base legal para aquisição não está na relação de sangue, casamento, adoção ou parentesco, mas na disposição unilateral do testamenteiro. No entanto, os contratos, para serem transmitidos ou dados por herança, são esporádicos atualmente. O normal e único caso possível em vários sistemas jurídicos como, por exemplo, no austríaco, é o acordo advindo do casamento. Na maior parte dos casos, tal acordo é feito antes do casamento, com a finalidade de fazer cumprir os direitos de sucessão pós-morte e, simultaneamente, os direitos de propriedade advindos de casamento *inter vivos*. Em outras palavras, o contrato regula os incidentes com propriedades que podem ser criados dentro do círculo familiar. Em relação aos testamentos, atualmente a esmagadora maioria objetiva, além de generosidade como sinal de obrigação e decência, o equilíbrio dos interesses entre os familiares, tendo em vista as necessidades econômicas específicas criadas pela natureza das propriedades ou por circunstâncias peculiares às pessoas envolvidas, restringe-os. Ademais, pelo menos fora da área do direito anglo-americano, a liberdade testamentária é estritamente limitada pelos direitos de certos parentes próximos a partes que não podem ser anuladas. O significado da liberdade testamentária mais ampla em alguns sistemas legais antigos e modernos e o maior significado correspondente no passado, bem como as causas de sua queda, são discutidos em outra parte. Atualmente, as transações legais com conteúdos livremente escolhidos e concluídas de acordo com o livre-arbítrio das partes são de grande importância na esfera do direito da família e da herança.

b. No *direito público*, o papel das transações contratuais é quantitativamente relevante. Cada anotação de um tabelião é feita no contrato, e muitos fenômenos importantes referentes à constituição governamental, especialmente certas determinações sobre o orçamento, pressupõem na substância, ainda que não formalmente, um acordo livre entre um número de órgãos independentes do Estado, sendo que nenhum pode juridicamente exercer coação sobre o outro. Entretanto, no sentido legal, as obrigações fixas do tabelião público não estão estabelecidas num contrato de compromisso, como aconteceria no caso de um contrato de direito privado que fosse livremente feito, mas tais obrigações são aquelas às quais ele está submisso na qualidade de funcionário público. De forma semelhante, um acordo amigável antes do orçamento não é tratado como um "contrato"; nem é tal acordo tratado como um evento legalmente fundamental. Isto porque, por boas razões jurídicas, aceita-se a "soberania" como o atributo essencial do Estado moderno, concebido como uma "unidade", enquanto os atos de seus órgãos são considerados como exemplos do exercício das obrigações públicas. Portanto, na esfera do direito público, o domínio do contrato livre é basicamente encontrado no direito internacional. Tal concepção, no entanto, nem sempre prevaleceu historicamente e não expressaria de forma precisa as verdadeiras relações de organização política no passado. Antigamente, a posição do tabelião era menos baseada num contrato livre do que é hoje em dia; em verdade, ele devia obedecer estritamente a um senhor. Mas outros atos políticos, por exemplo, aqueles que objetivavam encontrar meios para os propósitos públicos, bem como muitos outros atos administrativos, eram, sob as condições da estrutura política organizada de forma corporativa, os contratos entre o príncipe e as propriedades, que, como donas de seus poderes e prerrogativas em sua totalidade, constituíam a comunidade política. Do ponto de vista legal, suas ações conjuntas eram encaradas precisamente desta maneira. O vínculo feudal ficava, igualmente, na sua essência menos visível em relação ao contrato e a expressão "pactus" era aplicada rigorosamente ao compêndio das leis existentes como as *leges barbarorum*, que, na época atual, chamaríamos de codificações estatutárias. Na realidade, até mesmo as verdadeiras inovações na lei podiam apenas ser feitas mediante um acordo livre entre as autoridades constituídas e a totalidade da comunidade envolvida na "coisa".

O último exemplo que podemos oferecer sobre o uso do conceito de contrato é constituído pelas associações políticas primitivas que, a qualquer preço dentro de sua forma legal, tomavam por base acordos concluídos amistosamente entre grupos autônomos, como, por exemplo, as "casas" dos índios iroqueses. Igualmente as chamadas "casas dos homens" eram, inicialmente, associações voluntárias que pretendiam, no entanto, durar para sempre, e que, neste respeito, distinguiam-se daquelas mais antigas associações voluntárias devido ao propósito de aventura e que eram totalmente embasadas no livre acordo. O fenômeno do livre acordo também aparece em níveis bem primitivos no campo da *adjudicação*. Em verdade, tal fenômeno marca os primeiros passos da adjudicação. O acordo sob mediação, que provém do acordo para composição entre grupos familiares, ou seja, a submissão voluntária a um veredito ou a uma corte, não é a única fonte de todo o procedimento judicial, mas também o ponto de partida que pode levar, em termos gerais, aos mais antigos contratos do direito privado. Ademais, a maioria dos avanços de procedimentos técnicos importantes são, pelo menos formalmente, produtos de acordos voluntários entre as partes. Portanto, a intervenção das autoridades soberanas, como a de um prefeito ou de um magistrado, toma a forma bem característica de obrigar as partes a chegarem a acordos que facilitem o progresso da causa. Estes são, assim, exemplos do "contrato compulsório" (*Rechtszwang zum Kontrahieren*); da mesma forma, a tomada de um quinhão de terra como pagamento de tarifas desempenhava um papel considerável na esfera da lei política feudal.

2. O "contrato", no sentido de acordo voluntário constituindo um precedente legal para reivindicações e obrigações, vinha, assim, sendo amplamente disseminado mesmo nos períodos e estágios mais antigos da história do direito. Além disso, pode também ser encontrado nas esferas do direito em que o significado de acordo voluntário desapareceu completamente ou diminuiu bastante, como no direito público, no direito processual, no direito de família e no direito das propriedades de descendentes. Por outro lado, no entanto, quanto mais investigamos a história do direito, menos significado tem o contrato como um recurso de aquisição econômica em áreas que não sejam as de família e de herança. A situação é bem diferente hoje. O significado atual do contrato é basicamente o resultado do alto grau ao qual o nosso sistema econômico está orientado para o mercado e o papel desempenhado pelo dinheiro. A importância crescente do contrato de direito privado, em geral, é, portanto, o reflexo da orientação do mercado em nossa economia. Todavia, os contratos característicos de uma economia de mercado são completamente diferentes daqueles contratos que, nas esferas do direito público e da família, chegaram a desempenhar um maior papel do que o fazem atualmente. De acordo com esta transformação fundamental do caráter geral do acordo voluntário, chamemos o tipo de contrato mais primitivo de "contrato de *status*" e aquele que é peculiar à troca ou à economia de mercado de "contrato proposicional".

A distinção baseia-se no fato de que todos aqueles contratos primitivos em que associações políticas ou pessoais, permanentes ou temporárias, ou mesmo onde relações familiares são criadas, envolvem, substancialmente, uma mudança que pode ser considerada a total situação legal (a posição universal) e o *status* social das pessoas envolvidas. Para ter tal efeito, estes contratos eram originalmente ações mágicas diretas ou, pelo menos, ações possuidoras de um significado mágico. Por muito tempo seu simbolismo reteve traços desse caráter e a maioria desses contratos é constituída pelos chamados "contratos fraternos". Por meio de tal contrato, uma pessoa devia tornar-se filho de alguém, pai, esposa, irmão, patrão, escravo, parente, protetor, cliente, seguidor, vassalo, súdito, amigo, ou, geralmente, colega, companheiro, compadre. "Criar laços fraternos" com outra pessoa, no entanto, não significava que o contrato, ainda que para contribuir para a obtenção de um objetivo específico, gerasse garantia de reciprocidade. Também não significava que uma promessa feita a uma pessoa desencadearia uma nova orientação no vínculo entre as partes. O contrato, na verdade, fazia com que a pessoa "se tornasse" diferente em qualidade (ou *status*) em relação à qualidade que antes possuía. Afinal, a menos que a pessoa voluntariamente assumisse a tal nova qualidade, sua conduta futura em sua nova função o deixaria vulnerável à descrença. Cada parte deve, portanto, fazer com que uma nova "alma" entre em seu corpo. Num estágio ainda mais remoto, o simbolismo requeria que se mesclasse e bebesse sangue ou que se cuspisse, ou, ainda, que uma nova alma fosse criada por meio de algum processo animista ou de algum outro tipo de ritual mágico.

Alguém cujo pensamento seja fixo em magia não consegue imaginar qualquer outra garantia que não seja a magia para que o acordo entre as partes corresponda, em nível comportamental, à intenção da "fraternidade" contratada. Mas, conforme a noção de divindade substitui o animismo, é necessário colocar cada parte sob o domínio de um poder sobrenatural, um poder que não só constitui proteção coletiva, mas, também, que ameaça seriamente as partes em caso de conduta não fraterna. O *juramento*, que originalmente aparece como uma condição para que a pessoa se submeta às forças mágicas do mal, subsequentemente assume o caráter de uma condição em que se joga uma maldição em si próprio, clamando à ira divina que proceda à tortura. Assim sendo, o juramento se mantém, mesmo em outras épocas, como uma das formas mais universais de todos os pactos de fraternidade. Mas seu uso não é tão limitado.

3. Diferente das verdadeiras formas de magia para a fraternidade, o juramento também serve, tecnicamente, como uma garantia para contratos proposicionais, isto é, contratos que não afetam o *status* das partes nem que dão surgimento a novas qualidades de camaradagem, mas que objetivam apenas, por exemplo, a permuta de mercadorias ou serviços, em algum desempenho ou resultado específico (especialmente econômico). Este tipo de contrato, no entanto, não aparece na sociedade mais primitiva. Nos tempos remotos, a *permuta*, o arquétipo de todos os contratos meramente instrumentais, parecia como sendo um fenômeno geral entre os conhecidos de uma comunidade econômica ou política somente na esfera não econômica, particularmente na forma de permuta de mulheres entre irmãos de outra família, como se seus membros mantivessem um confronto um com o outro no estranho papel duplo de ser parcialmente conhecidos e parcialmente estranhos. No estado de exogamia, a permuta aparece também como um ato de fraternidade; por mais que uma mulher possa ser considerada como um mero objeto, raramente não se apresentará a ideia coexistente de que uma mudança de *status* possa ser causada por magia. A dualidade peculiar nas relações entre irmãos ligados à exogamia, criada pelo aumento da exogamia regulamentada, pode talvez ajudar a explicar um fenômeno muito discutido, a saber, o fenômeno de que certas formalidades eram às vezes requeridas para o casamento com uma concubina, enquanto que o casamento com uma esposa legítima podia acontecer ser quaisquer formalidades. Pode ser que este tipo de casamento (com uma esposa legítima) tenha ficado amorfo porque, afinal, já existia antes dos casamentos exogâmicos, enquanto a permuta antes da exogamia nada tinha a ver com fraternidade. Era mais plausível, no entanto, que houvesse formalidades contratuais fixas nos casos de arranjos especiais relacionados à segurança econômica da concubina que geralmente não se encontrava amparada pelo *status* econômico fixo da esposa legítima.

A permuta econômica estava sempre confinada a transações com pessoas que não pertenciam à "casa", especialmente forasteiros no sentido de não irmãos; em resumo, não colegas (não camaradas, não compadres). Exatamente por esta razão, a permuta era feita mais no "silêncio", não tendo, portanto, um amparo formal. Somente aos poucos é que a permuta adquiriu proteção religiosa por meio do direito de mercado. Tal proteção, no entanto, não surgiu como um conjunto de formas até que uma crença nos deuses brotasse ao lado daquelas concepções mágicas que haviam suprido meios de garantia direta apenas aos contratos estatutários. Ocasionalmente, acontecia também que uma permuta fosse colocada sob a garantia do contrato de *status* por meio de alguma ação especial de fraternidade ou algo equivalente. Isto, no entanto, não acontecia amiúde, a menos que houvesse terra envolvida. Normalmente, a permuta não gozava praticamente de nenhuma garantia e o conceito de que a permuta poderia significar a conjectura de uma "obrigação" não existia (tal obrigação não seria produto de uma relação fraterna natural ou artificial). Como resultado, a permuta, inicialmente, tomou efeito exclusivamente como um conjunto de duas ações simultâneas e recíprocas de transmissão imediata de bens. A posse, no entanto, é protegida pela reivindicação por vingança e punição ao ladrão. Portanto, o tipo de "proteção legal" acordada na permuta não era a proteção de uma obrigação, mas de posse. Onde, em um tempo remoto, a obrigação da garantia do título foi desenvolvida, a proteção era apenas uma forma indireta de ação por roubo contra o vendedor que não possuía o título.

A construção formal jurídica da permuta não começa até que certas mercadorias, especialmente metais, tenham adquirido uma função monetária, isto é, onde o negócio ocorreu. Tal desenvolvimento não depende da existência de dinheiro do Estado ou de "chartal money", mas, como visto especialmente no Direito Romano, dos meios de pagamento. As transações *per aes et libram* constituem uma das duas formas originais de transações legais nos idos tempos do Império Romano *ius civile*. No domínio dos desenvolvimentos urbanos do Império, esta forma de compra em dinheiro alcançou uma função quase universal para as mais diversas classes de transações legais privadas, a despeito de envolverem questões do direito de família, do direito de herança ou da troca em si. Os acordos de fraternidade, bem como outras formas de contratos estatutários, eram orientados com base no *status* social do indivíduo e na sua integração a uma associação que abarcasse a sua personalidade. Esta forma de contrato, com todos os direitos e deveres expressos, surge em oposição ao contrato monetário, que, sendo específico, representa o arquétipo do "contrato por coação" (*Zwangskontrakt*). O contrato monetário, como um contrato por coação de indiferença ética, era o meio apropriado para eliminar os elementos mágicos e sacramentais das transações legais, desta forma popularizando, por assim dizer, o Direito e as leis. No Direito Romano, por exemplo, o casamento civil *coemptio* veio confrontar a forma de matrimônio sagrado *confarreatio*. O contrato monetário era, certamente, não apenas um meio apropriado, mas, sim, o meio mais apropriado. Na verdade, como uma transação de dinheiro específica, tinha uma natureza mais conservadora, pois, pelo menos em seu formato original, era completamente destituído de quaisquer elementos promissores em relação ao futuro. Para o efeito desta transação, era somente possível assegurar a posse e a garantia de que as mercadorias tinham sido devidamente adquiridas; no entanto, qualquer que fosse o caso, a transação não constituía uma garantia de que as promessas envolvidas seriam cumpridas.

4. O conceito de obrigação pelo contrato era inteiramente alheio às leis primitivas; estas não conheciam uma forma de obrigação e petição, ou seja, as forma que traziam à luz o *ex delicto*. A quantidade de petições da parte lesada era rigorosamente avaliada segundo às convenções. A dívida *wergilt* imposta pelo juiz era a mais antiga e real dívida e todas as outras formas de obrigações que dela derivavam. De modo oposto, pode-se dizer que tais ações eram reconhecidas pelas cortes como oriundas de uma obrigação. No concernente a disputas entre membros de diferentes segmentos familiares, não havia um procedimento formal para a restituição de bens móveis ou o resgate de propriedades. Cada queixa era necessariamente baseada no argumento de que o réu causara, pessoalmente, um dano que deveria ser pago ao queixoso (autor da ação). Por conseguinte, não havia escopo para uma ação *ex contractu* ou para a recuperação de um bem ou de uma propriedade ou para ações que determinassem *status* pessoal.

a. O problema referente a uma pessoa ser devidamente membro de uma família, de um grupo consanguíneo, ou de uma associação política podia, como um caso interno, ser decidido somente pelo próprio grupo. Mas houve uma mudança no curso das coisas. Era norma básica de cada tipo de irmandade ou de um relacionamento baseado em lealdade onde um irmão não podia intimar ou testemunhar contra outro irmão. Idêntica proibição valia para parente de sangue contra parente de sangue; empresa contra empresa; empresa contra cliente e vice-versa. E também não havia a possibilidade de uma vingança sanguinária em qualquer destas relações. A vingança contra um crime capital entre tais pessoas era uma questão para os espíritos ou deuses. Era, igualmente, o poder do clero para proceder à excomunhão, o poder do chefe de família ou o poder do grupo para decidir sobre linchamento ou enforcamento. Porém, devia haver um procedimento jurídico para o estabelecimento de um *status* contestado por uma pessoa quando a associação política passou a constituir a comunidade militar e quando obrigação militar e direitos políticos se mesclaram de forma tão intrínseca que as pessoas que não fossem livres ou aquelas nascidas em classes econômicas inferiores não tinham direitos militares, e, portanto, nenhum direito a dividir o espólio.

O surgimento de ações referentes a terras era bem semelhante a tal situação. O poder sobre certas áreas de terras inutilizáveis tornou-se, com a escassez crescente, um importante elemento na vida de cada corporação, tanto associações políticas como comunidades habitacionais. O direito à participação total no grupo trouxe uma reivindicação de uma parte da terra e, reciprocamente, somente o proprietário era um membro efetivo do grupo. As disputas pela terra entre grupos, portanto, sempre resultaram com o grupo vitorioso recebendo a terra em questão. Com o aumento de apropriação individual de terra, o papel de autor da ação era delegado pelo grupo a um de seus membros, e este processaria uma outra pessoa. Tanto o autor como o réu reivindicavam a posse da terra tendo como base o seu direito de participação no grupo. Em cada disputa envolvendo o direito à sociedade na terra, havia a necessidade de se descobrir a qual das partes pertencia a terra, haja vista que isso constituía a base da existência social e política do indivíduo. Somente uma das duas partes poderia, como membro de um grupo, receber o título de propriedade, da mesma forma que uma pessoa, membro ou não, homem livre ou não. Especialmente nas associações militares, como na antiga *polis*, o litígio entre o *fundus* e o *kleros* tinha que assumir a forma de uma disputa bilateral. Em vez de uma parte ser acusada de criminosa por uma pessoa supostamente ferida, que, então, teria que tentar provar sua inocência, cada parte tinha que reivindicar estar no direito de ausentar-se. Portanto, onde a disputa fazia da participação na sociedade um direito, a forma da ação por prejuízo não era aplicável. Ninguém poderia roubar um *fundus*, não apenas pela existência de obstáculos naturais, mas porque não se podia roubar o *status* de uma pessoa como membro do grupo. Por conseguinte, desenvolveu-se para as disputas sobre *status* ou terra, ao lado da ação unilateral por prejuízos, a ação bilateral, como a *diadikasia* helênica ou o *vindicatio* romano com uma necessária ação contra o réu ou contra a reivindicação do autor. Neste litígio envolvendo *status*, que incluía o conflito sobre o direito de um membro do grupo à sua parte das terras, temos que encontrar a raiz da distinção entre direitos *in rem* e direitos *in personam*. Esta distinção era o produto de um crescimento e apareceu somente com a desintegração dos antigos grupos pessoais, especialmente com o declínio do domínio estrito do clã sobre a propriedade. Talvez possamos localizar tal situação aproximadamente no estágio do surgimento da associação de mercado e o arrendamento de terras, isto é, no estágio inicial de um sistema de propriedade individual.

O pensamento jurídico primitivo não tinha como característica a distinção entre direitos *in rem* e direitos *in personam*, mas, sim, dois fatores importantes: o primeiro era aquele no qual o indivíduo dizia: "Devido a ter nascido ou sido criado na casa de X, pelo casamento, adoção, fraternidade, consórcio militar ou iniciação, sou membro do grupo Y e, assim, tenho direito de reivindicar o uso de uma parte da terra da propriedade denominada Z." Já no segundo caso, um indivíduo dizia: "X, membro do grupo Y, cometeu um ato contra mim, A, ou contra B, um associado do meu grupo, uma infração do tipo C, e por esta razão ele e seus parceiros nos devem uma reparação, membros associados de A." Com o aumento da apropriação individual de propriedade, a primeira configuração tornou-se uma petição de um direito *in rem* contra todos, especialmente ações do tipo *hereditatis petitio* e *rei vindicatio*. Esta última resultou no direito *in personam* contra determinada pessoa, a saber, aquela que deve, segundo contrato, certa obrigação a outra; e tal obrigação existe apenas em relação à pessoa a quem se deve. A clareza da situação original e o imediatismo da linha de desenvolvimento são ofuscados pelo dualismo das relações legais dentre do grupo consanguíneo e entre diferentes grupos consanguíneos. Entre os membros de uma mesma família, observamos que não podia haver vingança ou litígio, mas apenas a arbitragem pelo grupo dos mais idosos; contra aqueles que resistiam, somente a pena do boicote ou do ostracismo podia ser aplicada. Não havia o procedimento de formalidades mágicas; a arbitragem nas disputas dentro de um grupo familiar era uma questão administrativa. O procedimento jurídico e o direito no sentido de reivindicações garantidas por decisão judicial, bem como o poder coativo inerente a isto, existiam apenas entre famílias diferentes e seus membros que pertencessem à mesma comunidade política.

Quando o clã familiar se desintegrava e dava lugar à combinação de diferentes famílias, vizinhos e grupo político, a questão gerava em torno de qual seria a proporção da interferência do procedimento jurídico da associação política nas relações entre os membros de uma mesma família ou até da mesma comunidade. Enquanto esse fosse o caso, as reivindicações individuais à terra também se tornavam objeto de litígio perante o juiz mesmo entre os membros do grupo, inicialmente na supramencionada forma de justificativa bilateral. Por outro lado, o poder político podia assumir a forma patriarcal e o método de acordo administrativo sobre propriedades antes aplicável a disputas internas. E assim, este tipo também podia influenciar as características do procedimento jurídico da associação política. Como resultado, a classificação bem definida tanto do velho como do novo conceito de distinção entre duas categorias de petições ficou ofuscada. A forma técnica dessa distinção, no entanto, não é do nosso interesse aqui. Em vez disso, vamos retornar à questão de como a responsabilidade pessoal por delitos gerava a obrigação contratual, e como a culpa pelo delito como curso de ação gerava a obrigação *ex contractu*. O elo de conexão consistia na responsabilidade pela criação do procedimento jurídico.

b. Uma das situações mais antigas na qual o reconhecimento de uma obrigação contratual tinha que se tornar uma necessidade econômica é a dívida oriunda de um empréstimo. É nesta situação particular, ademais, que podemos perceber a lentidão do processo de emancipação a partir do estágio original de exclusiva responsabilidade do devedor. O empréstimo originalmente era uma forma típica e livre de juros para uma emergência entre irmãos. Por conseguinte, não podia haver reclamação, haja vista que absolutamente nenhuma ação legal era admissível entre irmãos, ou seja, entre membros de um grupo consanguíneo ou uma empresa, ou entre uma empresa e um cliente, ou dentre qualquer grupo de relacionamento embasado na lealdade pessoal. Um empréstimo a alguém de fora do grupo fraterno (família ou empresa), caso concedido, não era em si legalmente sujeito à proibição da cobrança de juros. Mas dentro do esquema de responsabilidade pessoal, não era algo a que coubesse uma ação judicial. Como meio de coação, o credor desapontado podia apenas valer-se da magia, algumas vezes de um caráter bem grotesco, cujos remanescentes sobreviveram por muito tempo. Na China, o credor ameaçava suicidar-se, e eventualmente cumpria tal ameaça, na esperança de perseguir o devedor após a morte. Na Índia, o credor sentava-se à frente da casa do devedor e, ou morria de fome, ou se enforcava; desta forma, o credor podia instigar seus familiares a vingar-se do devedor; e se o credor fosse um brâmane, o devedor, como assassino de um brâmane, tornava-se sujeito à intervenção do juiz. Em Roma, *improbitas*, concedida pela Lei das XII Tábuas, e *infamia*, concedida posteriormente nos casos de violação da boa-fé, provavelmente foram sobreviventes do boicote social, como no caso de desrespeito aos requisitos da boa-fé e dos negócios justos, como forma de suprir a falta de um procedimento processual.

c. O desenvolvimento de uma lei unificada de obrigações certamente nasceu dos processos por prejuízo. A responsabilidade por delito do grupo familiar era, por exemplo, a fonte de responsabilidade conjunta de todos os membros da família devido à forma como cumpriram o contrato feito por um deles. No entanto, o surgimento de vários contratos passíveis de ação seguiu seus próprios caminhos. A entrada de dinheiro na vida econômica frequentemente tinha um papel decisivo. As duas formas primitivas de contrato no *ius civile* romano, a saber, *nexum*, a dívida contratada *per aes et libram*, e *stipulatio*, a dívida contratada por promessa simbólica, eram contratos monetários. Este fato, que é claro no *nexum*, parece também ser certo no *stipulatio*. Quanto a ambos, as ligações com o estágio pré-contratual são claras. Eram transações orais rigorosamente formais tinham a mesma origem e requeriam que os passos necessários fossem dados pelas próprias partes. Quanto ao *stipulatio*, podemos concordar com Mitteis, que, tomando por base as analogias no Direito Germânico, considera que tal (o *stipulatio*) originou-se no procedimento, fora do qual, em sua fase inicial, desempenhou um papel modesto, fundamentalmente em relação a acordos sobre termos colaterais, como juros e semelhantes. Além do escambo (permuta), o acordo feito, que formava a base do julgamento, também constituía um passo ao contrato por coação, no sentido de que, por ser um contrato entre inimigos e não entre membros fraternos, ele requeria uma formulação precisa do assunto e, particularmente, do ponto ou dos pontos a serem provados. Conforme as formalidades se tornaram mais rígidas, havia numerosas ocasiões para transações secundárias que acabavam por criar obrigações. A segurança dada por uma parte à outra é uma das mais importantes destas transações. Em muitos sistemas legais, o próprio procedimento que objetivava eliminar a autoajuda tinha que ser inicializado por algum outro ato de autoajuda. O autor da ação arrastava o réu até a corte e não o soltava a menos que recebesse uma garantia de que o réu, se considerado culpado, não iria esquivar-se do pagamento acordado. Tal ato de autoajuda era sempre direcionado contra o corpo do adversário, uma vez que a ação tinha por base a alegação de que um crime havia sido cometido pelo réu contra o reclamante (o autor da ação), e por tal crime o réu tinha que responder com sua pessoa. Tal método era preferível à queixa de que a conduta do réu constituía uma ofensa. A segurança que o réu tinha que dar a fim de não ser molestado até o momento do julgamento era provido por garantias diversas ou por uma promessa.

Portanto, é no curso do procedimento que estas duas instituições aparecem pela primeira vez como transações compulsórias. Mais tarde, no lugar da garantia dada por um terceiro, o próprio réu tinha a permissão de assegurar o cumprimento do julgamento. Do ponto de vista jurídico, o réu era sua própria garantia, assim como a forma jurídica mais antiga do contrato de trabalho livre estava disseminada em todos os lugares em que pessoas vendiam a si mesmas para a escravidão temporária, substituindo a venda formal feita por um padre ou um senhor de escravos. As obrigações contratuais mais antigas consistiam na transferência de certas disposições para o direito em vigência. No Direito Germânico, dar a palavra ou oferecer um refém era o meio mais antigo de contratar dívidas, não apenas economicamente, mas também no âmbito das formalidades legais necessárias. A fiança, da qual a oferta de si mesmo originou-se nos direitos romano e alemão, estava, neste, indubitavelmente ligada ao pensamento jurídico sobre a responsabilidade pessoal de solidariedade dos componentes do grupo familiar, principalmente dos componentes consanguíneos. A segunda forma de garantia do cumprimento da obrigação futura, ou seja, a promessa, acontecia nos direitos romano e germânico, inicialmente tida como perigosa ou oferecida para evitar a responsabilidade pessoal de ser processado e executado; consequentemente, não era, como é hoje em dia, uma segurança para uma reivindicação em separado. Empenhar a palavra (prometer) constituía, na realidade, uma transferência de mercadorias que, enquanto a dívida não fosse paga, deviam, por lei, ficar em posse do credor, até que na hora certa do pagamento da dívida tal posse tornava-se ilegal, constituindo, assim, uma ofensa em relação ao antigo devedor. Isso, portanto, encaixava-se facilmente no padrão usual das causas de ação mais antigas, ou seja, o dano real à pessoa ou às suas posses. A transação legal frequente da venda de si mesmo para um Estado de escravidão devido à dívida também se ligava, em parte, diretamente aos modos possíveis de execução e parcialmente à oferta de um refém, que, como vimos, também fazia parte do procedimento. O corpo do devedor deveria constituir a promessa do credor e deveria ser confiscado para suas posses legais se a dívida não fosse paga. Originalmente a responsabilidade pela dívida contratada não era uma responsabilidade com os bens de alguém, mas apenas com o corpo físico do devedor. Não havia execução dos bens do devedor. No caso de não pagamento, o único recurso do credor era o próprio devedor, que ele poderia matar ou prender como refém, ou ainda mantê-lo como um empregado ou até mesmo vendê-lo como escravo; na hipótese de vários credores, eles iriam, como determinado nas Doze Tábuas, cortar o devedor em pedaços. O credor também podia estabelecer-se na casa do devedor, e este deveria servi-lo e alimentá-lo (Einleger); mas isto já marca a transição da responsabilidade dos bens do devedor. No entanto, a transição acontecia vagarosamente, e a responsabilidade da pessoa pelo não pagamento da dívida desapareceu em Roma apenas no curso dos conflitos de classes, enquanto que na Alemanha não desapareceu até o século XIX. As formas mais antigas de obrigação, quer seja, o *nexum* e o *stipulatio*, e entre os alemães, o *vadiatio*, obviamente significavam a submissão voluntária à *responsabilidade condicional da pessoa quanto à segurança* pela entrega dos bens prometidos para o futuro. A responsabilidade imediata da pessoa era, portanto, evitada. Mas se a promessa, com o passar do tempo, não era cumprida, o único recurso possível era, novamente, o de recorrer-se à própria pessoa do devedor.

No início, todos os contratos relacionavam-se à mudança na posse de bens. Por conseguinte, todas as transações legais que realmente representavam formas antigas de garantia contratual, especialmente aquelas de caráter rígido e formal, universalmente requeridas devido à criação da dívida em dinheiro, estavam simbolicamente ligadas às formas legais de transferência de posse. Muitas destas formas simbólicas tinham por base concepções de magia. De influência permanente, no entanto, estava o fato de que o pensamento jurídico não reconhecia, de início, tais fenômenos intangíveis (exemplo: simples promessas) como relevantes; no pensamento jurídico havia apenas o interesse pelo que fosse ofensa, erro, crime, prejuízo (exemplos: dano às mercadorias, crime contra a vida ou posse inadequada). Portanto, para que um contrato fosse legalmente válido, deveria conter uma disposição sobre bens tangíveis ou, pelo menos, ser suscetível a tal interpretação. Se este fosse o caso, o contrato poderia, com o tempo, vir a incorporar os mais diversos conteúdos. Uma transação, por outro lado, que não podia ser formulada assim, não poderia tornar-se efetiva e legal, exceto nos casos em que fosse desfavorável a dinheiro ou, pelo menos, desfavorável ao depósito de parte do pagamento que impossibilitaria uma mudança nos padrões de pensamento daquele que promete. Assim, surgiu o princípio básico em muitos sistemas legais, ou seja, que nenhuma promessa contratual pode ser compulsória a menos que realmente necessária. Tal atitude era tão eficaz que, até mesmo no fim da Idade Média, a doutrina inglesa de "consideração" derivou-se dela: em havendo consideração, ainda que apenas simbólica, o contrato poderia abarcar qualquer conteúdo que não fosse desaprovado pelo bom senso; o contrato teria validade mesmo onde, na ausência de tal fato, não houvesse um compartimento legal no qual ele se encaixasse. A condição nas Doze Tábuas do *mancipatio*, cujo significado é tão discutido, provavelmente constituiu um método mais primitivo de sancionar uma espécie de liberdade de caráter; posto que suas possibilidades de crescimento eram mais limitadas, o conceito subjacente era semelhante na essência.

Além dos padrões desenvolvidos a partir de transações monetárias formais, por um lado, e garantias de procedimentos, por outro, a lei amadureceu um terceiro tipo de contrato, a saber, o "contrato de coação". A capacidade da lei em criar garantias por meio do uso da força foi utilizada para a criação artificial de novas ações contratuais em meio a ações *ex delicto*. Recorreu-se a este método para igualar, num sistema jurídico, ações altamente técnicas como as inglesas do final da Idade Média. A racionalização econômica da lei favoreceu o aparecimento do conceito de que a exigência por responsabilidade não era o bastante, como o fora no princípio, um suborno de vingança, mas uma compensação pelos danos sofridos. Sendo assim, o não cumprimento de um contrato poderia, então, ser caracterizado como um dano necessitando de reparo (compensação). Desde o século XIII, advogados e juízes das cortes da Inglaterra declaravam, em número cada vez maior de situações contratuais, que o não cumprimento constituía uma "transgressão", e, assim, providenciavam proteção legal, especialmente ao exararem por escrito a quebra de contrato, exatamente como era feita, numa situação tecnicamente diferente, a prática pretoriana dos romanos estendida na esfera de proteção legal primeiramente por meio da aplicação extensiva às ações delituosas e, depois, ao conceito de *dolus*.

SEÇÃO 3
Instituições Auxiliares ao Contrato Passível de Uma Ação Legal: Intermediação; Transferência de Direitos ou Posse; Papéis Negociáveis

Mesmo depois da criação de reivindicações contratuais passíveis de assumir qualquer conteúdo, ainda estamos longe da forma como as coisas são, o que é requisito para os relacionamentos sociais mais avançados e completamente comerciais.

1. Cada organização comercial séria precisa da possibilidade, para casos particulares assim como para propósitos gerais, de adquirir direitos contratuais e de assumir obrigações por meio de seus intermediários. O comércio moderno, ademais, precisa não apenas da possibilidade de transferência de reivindicações legais, como também, e muito particularmente, de um método pelo qual as transferências possam ser feitas de forma segura e legal, e que elimine a necessidade de se constantemente verificar o título daquele que transfere. O fomento dessas instituições legais, indispensáveis para uma moderna sociedade capitalista, será discutido em outra parte deste trabalho. Na presente conexão não faremos mais do que abordar brevemente os avanços dos tempos remotos. Em oposição ao Direito Grego, em que a representação direta era bem conhecida na criação das obrigações, a "intermediação" era praticamente impossível no Direito Romano. Obviamente, esta situação legal era ligada ao formalismo das ações civis, e tornava possível o uso de escravos naqueles empreendimentos verdadeiramente capitalistas para os quais a representação era amplamente reconhecida na prática. Novamente, como resultado de um caráter altamente político do relacionamento das dívidas, a determinação de ações sobre propriedades era desconhecida nos direitos romano e alemão. Bem mais tarde, o Direito Romano criou um substituto como forma de representação indireta, e, por fim, chegou a uma lei de transferência de direitos ou posse cuja utilidade para as transações comerciais foi enfraquecida, entretanto, pelas tendências étnicas independentes da legislação imperial subsequente. Na realidade, até o início dos tempos modernos, não houve nenhuma demanda expressiva que sinalizasse a possibilidade de adjudicação de propriedades, exceto daquelas que eram o tema central do comércio regular ou que diretamente serviam o propósito de transferências a terceiros. Para satisfazer tais necessidades, realizava-se a comercialização por meio de instrumentos (papéis) pagáveis à ordem daquele que recebia o pagamento ou ao portador. O procedimento servia para a transferência das duas reivindicações, especialmente as monetárias, e de poder de uso sobre bens comerciais e direitos de participação em empreendimentos comerciais. Esse procedimento fora completamente desconhecido no Direito Romano, e ainda não é certo se, como Goldschmidt acreditava, os gregos, ou como Kohler pensa, os instrumentos babilônicos que advinham do Código de Hamurabi e que eram pagáveis ao portador, eram, realmente, genuínos papéis negociáveis. De qualquer modo, entretanto, esses instrumentos facilitavam o pagamento a terceiros ou por meio de terceiros de tal forma que o procedimento era possível apenas indiretamente sob os direitos romanos considerados legítimos. Instrumentos verdadeiramente criativos eram desconhecidos do Direito Romano, a menos que se considere o *contractus literalis*, ou seja, a garantia dada por um banqueiro. No Direito Grego, e mais tarde no Romano, o uso de instrumentos de escrita, que fora amplamente desenvolvido no Oriente até nos tempos mais remotos, apareceu sob a forma de documentação compulsória de certas transações e no uso de certos papéis negociáveis parecidos, talvez pela insistência do Estado em arquivá-los, algo que, inicialmente, servira para propósitos fiscais. Nas cidades gregas, a técnica documental prosseguia, por motivos de segurança do interesse público, por intermédio de dois funcionários públicos até então desconhecidos pelos romanos, a saber: o oficial da corte e o tabelião. A instituição do tabelião (notário) veio da parte oriental do Império para o ocidente. Porém, deste lado, a extinta prática romana de usar instrumentos de escrita não foi realmente encorajada antes do século XVII e em conexão com práticas pós-romanas, possivelmente pelo forte fluxo oriental, especialmente dos negociantes sírios. No entanto, os papéis negociáveis, tanto os pagáveis à ordem daquele que recebe o pagamento e ao portador, avançaram rapidamente, um fato surpreendente num período cuja intensidade comercial temos que visualizar como extremamente limitada em comparação à Antiguidade Clássica. Como ocorre frequentemente, certas técnicas legais adotadas parecem, nesta conexão, terem seguido seus próprios caminhos. O fator decisivo era o de que agora, antes do desaparecimento da unidade legal, os avanços eram determinados pelos centros comerciais e seus tabeliães tecnicamente treinados. Estes eram os únicos portadores remanescentes das tradições comerciais da Antiguidade e, portanto, a única força criativa. Contudo, com respeito ao próprio uso dos papéis (instrumentos), o avanço foi também favorecido pelos métodos irracionais do pensamento do Direito Alemão. Na crença popular, os papéis apareciam como um tipo de fetiche, cuja entrega formal, inicialmente sem testemunhas, produzia efeitos legais específicos, assim como os antigos símbolos mágicos, tais como o lançamento de arpões ou o *festuca* dos germânicos, ou o correspondente *barkonu* dos babilônicos. Originalmente, ninguém entregava, como símbolo, o instrumento de escrita (papel negociável) pronto, mas apenas o pergaminho em branco, e este era lavrado somente mais tarde. Mas enquanto nas leis italianas, devido à concomitância do simbolismo jurídico alemão e às práticas dos tabeliães, o desenvolvimento de evidências documentais era enormemente favorecido mesmo no período inicial da Idade Média, tal desenvolvimento permaneceu por muito tempo desconhecido do Direito Inglês, em que o papel decisivo era desempenhado pelo selo. A evolução dos tipos de papéis do comércio moderno aconteceu na Idade Média em grande parte, no entanto sob influência árabe, como resultado de necessidades em parte administrativas e em parte comerciais. O comércio da Roma Antiga podia e tinha que avançar sem esses recursos técnicos, que, hoje em dia, parecem-nos tão indispensáveis.

SEÇÃO 4

LIMITES DA LIBERDADE CONTRATUAL

1. EM GERAL. Hoje é fundamentalmente estabelecido que qualquer conteúdo de um contrato, na medida em que não está excluído por limitações na liberdade de contrato, cria lei entre as partes e que as formas particulares são necessárias somente para a extensão que elas são prescritas por razões de conveniência, especialmente a favor da demonstrabilidade clara de direitos e, desta forma, da segurança jurídica. Este estágio foi alcançado bem tarde: em Roma, por meio da internacionalização gradual da lei e, em tempos modernos, sob a influência da doutrina do Direito Civil e das necessidades do comércio. Ainda, apesar dessa liberdade de contrato existente, a legislação moderna não se satisfaz com a regra geral em que as partes podem concordar mutuamente em relação a um contrato, contanto que não violem certas restrições especiais estabelecidas. Ao contrário, a legislação moderna regula vários tipos de acordos por meio das regras especiais de *ius dispositivum*, ou seja, as regras que terão efeito somente onde as partes não forneceram outra possibilidade. Contudo, este fenômeno é, em geral, devido a considerações de mera conveniência. Normalmente, as partes não pensam em tomar conta de todos os pontos relevantes possíveis, e também é conveniente poder aderir aos tipos mais conhecidos e testados. Sem esses, o intercurso comercial moderno seria dificilmente possível. Mas o significado das normas habilitadas e da liberdade de contrato não está de forma alguma enfraquecido. Pode ser mais fundamental ainda.

Em certas situações, o controle normativo, por intermédio das regras vigentes, estende-se necessariamente, além da tarefa da mera delimitação da extensão das esferas de liberdade individuais das partes. Como regra geral, as transações legais permitidas incluem um poder das partes que permite que uma transação afete até outras partes. De certa forma e até certo ponto, quase toda transação legal entre duas pessoas, ao mesmo tempo que modifica o modo de distribuição da disposição dos poderes de controle legalmente garantidos, afeta também as relações com um corpo indeterminado de estrangeiros. Esse efeito acontece em muitas formas diferentes. Uma vez que, de um ponto de vista puramente formalístico, o acordo cria reivindicações e obrigações somente entre as partes imediatas, aparentemente sem efeitos externos, como naquele caso que nada aparece legalmente garantido, exceto o prospecto de que a promessa será cumprida. Novamente, uma vez que a transação diz respeito somente à transferência legal de posse de uma mão para a outra, como é geralmente o caso, o interesse de terceiros parece ser duramente afetado. As mercadorias permanecem inacessíveis para eles como eram antes, e tudo o que têm a fazer é reconhecer uma nova pessoa como o proprietário. Na verdade, contudo, esta falta de efeito nos interesses de terceiros nunca é mais do que relativa. Os interesses de cada credor em uma pessoa contrair um débito são afetados pelas dívidas crescentes do último; e os interesses dos vizinhos são afetados por cada venda de terra, por exemplo, pelas mudanças que o novo proprietário pode ou não estar economicamente pronto a apresentar. Estas são repercussões empiricamente possíveis que a lei geralmente admite e garante. Sua existência nunca é ignorada pelo sistema jurídico; temos como referência a proibição da indicação de reivindicações para "um credor mais poderoso" como existia no direito romano.

Há, além disso, casos em que os interesses de terceiros podem ser afetados de outra forma ainda por meio da utilização da liberdade de contrato. Quando, por exemplo, alguém se vende à escravidão; ou uma mulher, por meio do casamento contratual, submete-se ao poder marital de seu esposo; ou quando um pedaço de terra está sujeito a uma decisão familiar; ou quando uma corporação é formada por um número de indivíduos, os interesses de terceiros são, desse modo, afetados de uma forma que é qualitativamente diferente daquelas mencionadas anteriormente; apesar disso, o grau atual de afetação pode ser quantitativamente menor e a sua forma atual pode variar muito de caso a caso. No segundo grupo de casos é criado, para o benefício das partes contratantes, um novo direito especial que vincula cada reivindicação e expectativa das terceiras partes até o ponto em que a validade jurídica e a garantia coativa são atribuídas ao acordo das partes contratantes. Essa situação é diferente da primeira, uma vez que as normas do novo direito especial substituem as normas gerais vigentes em relação à validade de acordos ou ao poder do credor de apreender bens em geral. As novas normas de um direito especial agora aplicam-se tanto a novos contratos quanto a contratos já existentes de uma pessoa que se tornou escrava, uma mulher casada, ou um locatário sob um acordo familiar estrito. No caso de pessoas que se tornaram acionistas de uma corporação, um novo direito especial aplica-se, pelo menos, a alguns de seus contratos. A técnica peculiar de expressão jurídica pode obscurecer, com frequência, o significado dessa condição e a maneira pela qual os interesses de terceiras partes são afetados. Uma corporação, por exemplo, deve possuir legalmente um certo "capital" declarado, que pode ser reduzido, tomando-se certas precauções, por uma decisão durante uma reunião de acionistas. Na prática, isso significa que as pessoas que combinaram formar uma corporação são forçadas pela lei a declarar certo excedente da propriedade comum em bens e reivindicações sobre e acima dos "débitos" para que estes estejam permanentemente disponíveis aos credores e membros que adquirirem ações numa data posterior. Quando computam os rendimentos a serem distribuídos anualmente, gerentes e membros da corporação são amarrados a esta declaração pela ameaça de instauração de processo criminal pela infração da lei que afirma que nenhum rendimento pode ser distribuído a menos que o fundo, que foi declarado como "capital", permaneça coberto por bens ou *pertences* tangíveis em ação, como computado sob normas adequadas de avaliação e de contabilidade. Contanto que certas precauções sejam observadas, os membros da corporação têm a permissão de retirar suas declarações e, dessa forma, reduzir a garantia correspondente aos credores e mais tarde aos acionistas. Em outras palavras, podem, de agora em diante, distribuir rendimentos mesmo que o montante originalmente declarado não esteja coberto. É obvio que a possibilidade de criação de uma corporação por meio de normas especiais vigentes afeta, de uma maneira qualitativamente específica, os interesses de terceiros que não são membros da corporação, isto é, credores, e mais tarde compradores de ações. Para terceiros, também é válida a importância das limitações da liberdade contratual (oriundas da entrada voluntária da pessoa na escravidão ou da criação da hipoteca em favor da esposa em relação a todos os bens do marido), na medida em que surgem, sob vários sistemas jurídicos, tornando-se a esposa um credor hipotecário mesmo com a prioridade sobre hipotecas mais antigas. É claro que este modo de influenciar a situação legal de terceiros, que desvia das diferentes normas jurídicas válidas, vai além daquelas "repercussões" que podem surgir de fora do círculo dos participantes imediatos de qualquer transação legal. Não discutiremos aqui os vários estágios de transição pelos quais estas duas classes de fenômenos são associadas um ao outro. Seguindo o nosso raciocínio, "liberdade de contrato" significa o poder de participar efetivamente em tais transações legais, à medida que se estendem além do círculo imediato dos participantes, tanto por repercussões indiretas quanto pela criação do direito especial. Mesmo onde este poder está sujeito a algumas restrições que protegem os interesses de terceiros, a liberdade de contrato significa mais do que uma mera concessão de um "direito de liberdade" no sentido de uma simples autorização para executar ou abster-se da execução de certos atos concretos.

Por outro lado, a lei pode recusar a validade a acordos que não demonstrem afetar diretamente os interesses de estrangeiros, ou que pelo menos não envolvam algum tipo de direito especial, com exceção do direito geralmente válido, que pareça conferir a terceiros mais vantagens do que prejuízos. As razões para tais *limitações de liberdade contratual* podem ser muito diversas. Desta forma, o direito clássico romano não admitia a criação de uma corporação ou a utilização de qualquer outro mecanismo que afetasse os interesses de terceiros por meio do estabelecimento do direito especial; recusou-se a admitir que, com o estabelecimento de uma parceria, a lei geral poderia ser modificada por meio da criação de um fundo de parceria especial ou da suposição da união e diversas responsabilidades pelos parceiros. Também recusou validade a criação de taxas de aluguel permanentes por meio da compra de aluguel ou *enfiteusis,* ainda que afetassem terceiros indiretamente. O uso da última instituição nomeada foi negado, pelo menos por pessoas particulares, pois a instituição do *ager vectigalis* estava originalmente disponível apenas às municipalidades e somente mais tarde tornou-se disponível aos proprietários dos Estados fundiários. O direito clássico romano também não conhecia os instrumentos negociáveis e originalmente nem permitia a indicação de pertences em uma ação. O direito moderno impede a criação do direito especial por intermédio de um contrato em que um indivíduo iria sujeitar-se a ter uma relação de escravidão; e, como o direito romano, também, durante um longo tempo, excluiu o endividamento da propriedade fundiária com taxas de aluguel perpétuas; apenas recentemente, sob condições limitadas, o último tornou-se disponível na Alemanha. O direito moderno, além disso, considera muitos acordos, avaliados como normais na Antiguidade, como violação dos bons costumes e, portanto, inválidos, apesar de não afetarem terceiros com a criação do direito especial ou de repercussão indireta. Há acordos individuais particularmente excluídos, por exemplo, no Antigo Egito, onde existia a liberdade completa de contrato nas relações sexuais, enquanto o casamento legítimo é a única forma hoje. A mesma observação serve para outros acordos familiares, isto é, para a maioria daqueles acordos de autoridade doméstica e paternal que foram comuns no passado.

As razões para essas diferenças, que limitam a liberdade de contrato, são de tipos muito diferentes. Certas autorizações podem não existir simplesmente porque o reconhecimento legal da instituição ou técnica comercial não foi visto, naquele momento, como uma necessidade real. Isso provavelmente explicaria a falta de instrumentos negociáveis na lei antiga ou, mais precisamente, na lei oficial do Império Romano; instrumentos semelhantes não eram completamente desconhecidos no passado, como, por exemplo, na Babilônia Antiga. A mesma explicação pode ser verdade em relação à falta de formas capitalistas modernas de associação, que na Antiguidade correspondiam apenas às várias formas de associações capitalistas do Estado, na medida em que o capitalismo antigo vivia essencialmente do Estado. Mas a ausência de uma necessidade econômica não é, de nenhuma maneira, a única explicação da falta de certas instituições legais no passado. Como os métodos tecnológicos da indústria, os padrões racionais da técnica jurídica, para os quais a lei dá sua garantia, devem ser primeiramente "criados" antes que possam servir a um interesse econômico existente. Portanto, os tipos peculiares de técnica usados no sistema jurídico ou, em outras palavras, seus modos de pensamento são de grande significado para a probabilidade de que certa instituição jurídica será criada de acordo com seu contexto e não do que se acredita comumente. Situações econômicas não geram automaticamente novas formas jurídicas, meramente fornecem a oportunidade verdadeira de expansão de uma técnica jurídica, caso seja criada. Muitas de nossas instituições legais especificamente capitalistas são de origem medieval e não romana; no entanto, o direito romano foi muito mais racionalizado no sentido lógico do que a lei medieval. Enquanto este fato tem certas razões econômicas, isto também deve-se a uma variedade de razões oriundas inteiramente de diferenças da técnica jurídica. Os modos de pensamento do direito medieval ocidental eram *"inversos"* em vários sentidos. Não era nada lógico, mas sim um tipo de animismo jurídico ou mágico, quando o instrumento em escrito foi concebido como sendo uma incorporação tangível de "direitos" e não um modo racional de prova. A prática habitual, oriunda do particularismo jurídico, impositivo, sobre todos os tipos de grupos comuns, uma responsabilidade solidária em relação a estrangeiros; ou a prontidão em reconhecer fundos separados nas mais diversas esferas; um fenômeno que, como aquele que acabamos de mencionar, é explicável somente se considerarmos as condições puramente políticas que o conceberam. Esses vários elementos de "inversão", nos aspectos lógicos e governamentais do desenvolvimento jurídico, possibilitaram que os negócios produzissem uma riqueza ainda maior de mecanismos jurídicos praticamente úteis do que aquela alcançada sob a vigência de um direito romano extremamente racionalizado, técnico e lógico. Geralmente podemos observar que essas instituições especiais, como aquelas do direito comercial medieval que eram particularmente bem apropriadas ao capitalismo moderno emergente, puderam surgir facilmente no contexto de uma sociedade que, por razões políticas, produziu uma variedade de corpos de lei que correspondia às necessidades de grupos com interesses concretos diferentes. Além disso, essa falta de racionalização lógica e de tratamento "cientifico" da lei foi um fator de importância; em consequência, não poderia existir uma doutrina subsequentemente estabelecida em que, para ter validade legal, um princípio deveria ser "explicado" fora de um sistema de conceitos preestabelecidos, e que nada fora dessa construção lógica poderia ser juridicamente "concebido". Sob certas circunstâncias, o racionalismo jurídico pode de fato implicar prejuízo da habilidade de criação, apesar de que este ponto não deveria ser tão exagerado, como foi ocasionalmente em tempos recentes. As considerações e os interesses éticos e políticos são responsáveis por outras limitações na liberdade de contrato como sua exclusão ou restrição em problemas familiares, como é característico na maioria dos sistemas jurídicos modernos ou na proibição da submissão contratual à escravidão.

2. O CONTRATO E A ORIGEM DO CASAMENTO. A liberdade de contrato em assuntos sexuais não é primitiva. Aquelas tribos que não progrediram tecnologicamente e são que são diferenciadas, pelo menos, econômica e socialmente, vivem em uma poligamia patriarcal duradoura. O não cumprimento da lei da endogamia obviamente iniciou-se em um pequeno grupo dentro da comunidade familiar em virtude da diminuição relativa do desejo sexual por meio da educação comum. A troca da própria irmã de alguém pela irmã de outro é provavelmente o tipo mais antigo de contrato sexual. A partir disso, desenvolveu-se a permuta de uma mulher, pelo seu clã, em troca de mercadorias e, por fim, a forma normal de casamento, isto é, a compra de esposas, que continuaram a existir, na Índia e em Roma, como uma forma plebeia de casamento, juntamente com as formas aristocráticas de casamento: por exemplo, por roubo de esposa ou cerimônia sacramental. Contudo, tanto o casamento por roubo de esposa quanto por cerimônia sacramental são produtos de formação de certas organizações sociais. O primeiro surgiu como resultado da formação de organizações militares, que tiraram os jovens de suas famílias e unificaram as mulheres e suas crianças em grupos maternais. Na casa dos homens o roubo de mulheres era a forma heroica de obter uma esposa, mas os homens que moravam em uma comunidade podiam também comprar esposas de outras. Juntamente com o costume de roubar esposas, essas práticas levaram à formação de cartéis para a troca de mulheres e, desta forma, ao aparecimento de exogamia. A exogamia veio a ser regulada totemisticamente quando se estabeleceram concepções animísticas de certo tipo, especial e originalmente, entre as pessoas cujas *phratries* (irmandades) eram também grupos de caçadores e que, mais tarde, tornar-se-iam comunidades de culto mágico com ritos sacramentais. Quanto menos desenvolvidos eram os *phrantries* ou mais se tornavam descentralizados, mais proeminente tornou-se o casamento patriarcal, especialmente entre os chefes e os *bondamenden*. Nesse caso, resultando facilmente em poligamia com controle total do chefe da família sobre seus membros, que poderiam ser usados a seu bel-prazer; ou, onde os clãs permaneciam fortes, o chefe podia, pelo menos, usar uma parte do produto de trabalho dos membros da família para negociar com outros membros do clã. Os limites quanto ao uso dos membros da família foram primeiro estabelecidos, ao chefe, pela família de sua esposa. Uma família com *status* social mais elevado não venderia suas filhas como burros de carga ou para exploração ilimitada; elas seriam dadas a um estrangeiro somente sob a garantia do seu *status* pessoal e do *status* de preferência em relação aos seus filhos, ou seja, filhos de outras esposas ou escravas. Em consideração a essa garantia, a filha seria favorecida com um dote ao ser entregue ao futuro marido. Foi assim que surgiu a noção da esposa principal legítima e das crianças legítimas, ou seja, as características legais do casamento legítimo. O dote da noiva e o acordo por escrito considerava o apoio contínuo à esposa, seu dote, a indenização, a paga mediante o abandono e a posição legal de seus filhos tornaram-se um teste pelo qual o casamento completo deveria ser diferenciado de todos os outros relacionamentos sexuais. Simultaneamente, contudo, a liberdade de contrato sexual desdobrou-se em formas e graus muito diferentes. O casamento de serviço (*Dienstehe*), o casamento de experimentação e o casamento temporário podem ser encontrados, e as filhas de famílias nobres, em particular, estavam ansiosas para evitar a submissão ao poder patriarcal do marido. Ao mesmo tempo, existiam todas as formas de prostituição, ou seja, a execução de serviços sexuais por uma compensação tangível, diferente da ajuda contínua especificamente fornecida pelo casamento. A Prostituição, tanto heterossexual como homossexual, é tão velha quanto a possibilidade de se obter uma compensação por ela. Por outro lado, jamais existiu uma comunidade que considerasse essa forma de ganhar a vida como honesta. Essa discriminação ganhou força pela avaliação política e ética do casamento formal que defendia o bem militar ou religioso de se procriar filhos legítimos. Entre o casamento e a prostituição havia, especialmente entre a nobreza, a instituição da concubinagem, ou seja, uma relação sexual permanente com uma serva, uma coesposa, uma *hetaera*, uma *bayadère* ou algum outro tipo de mulher vivendo fora do casamento ou num casamento "livre" de tipo refinado ou comum. O *status* dos filhos de tal união foi, na maioria das vezes, deixado para a discrição do pai, limitado somente pelos direitos de monopólio dos filhos da esposa principal. Restrições maiores foram estabelecidas, contudo, por aqueles que exerciam domínio sobre o monopólio da cidadania; os privilégios políticos-econômicos da cidadania sendo reservados para os filhos, masculinos e femininos, dos cidadãos. Este princípio foi observado com força peculiar pelas democracias da Antiguidade. Em contraste com a liberdade de contrato sexual do Egito antigo, que tinha suas causas pela ausência de todos os direitos políticos da massa desordenada, o direito romano mais antigo desaprovou todos os contratos sexuais, exceto o casamento e a concubinagem, que foi organizada como um tipo de casamento de *status* legal mais baixo para certas situações especiais. Mas o último foi finalmente proibido no Ocidente pelo Concílio de Latrão e pela Reforma. O direito de distribuição do pai sobre os filhos foi seriamente limitado primeiro pelo direito sagrado e, em seguida, sujeito a limitações adicionais e finalmente abolido por razões éticas, políticas e militares.

Hoje as possibilidades de um retorno à liberdade de contrato sexual são mais remotas do que nunca. A grande massa de mulheres seria contrária à competição sexual para os homens que, como podemos concluir por fontes egípcias, aumenta acentuadamente as oportunidades econômicas das mulheres de apelo sexual superior à custa das menos atraentes; também seria oposto por todos poderes éticos tradicionais, especialmente as igrejas. Ainda assim, enquanto tal liberdade absoluta parece impossível, um estado similar de assuntos pode ser produzido dentro da estrutura do casamento legítimo por um sistema de divórcio completamente livre e fácil e combinado com um sistema em que a posição da esposa permanece livre e segura com respeito aos direitos de propriedade. Tal liberdade relativa foi alcançada, em graus variáveis, pelos romanos, islâmicos, judeus, assim como pelo direito americano moderno; entretanto, foi alcançado, apenas por um período limitado, em legislações do século XVIII que eram influenciadas não somente pela teoria do contrato do direito natural racionalista, mas também por considerações da política de população. Os resultados têm grande variação. Somente em Roma e nos Estados Unidos a liberdade legal do divórcio é verdadeiramente acompanhada por um alto índice de divórcio. A liberdade econômica e a liberdade do divórcio são fortemente desejadas pelas mulheres nos Estados Unidos, em que suas posições em casa e na sociedade são seguras, assim como foram em Roma um dia. Por outro lado, as mulheres italianas, que são fortemente ligadas à tradição, rejeitaram a liberdade de divórcio até tempos recentes, provavelmente porque tinham medo que a competição feminina para os homens se tornasse mais intensa, e certamente porque não queriam colocar em perigo sua segurança econômica, especialmente em idade mais avançada, assim como um trabalhador em idade avançada estaria com medo de perder seu pão de cada dia. Geralmente homens e mulheres parecem favorecer um tipo formalmente rígido ou até insolúvel de casamento, em que um comportamento sexual mais solto é considerado comum; os homens podem também estar contentes com tal tipo de casamento em que, por causa da fraqueza ou oportunismo, são aptos a tolerar uma certa licença feminina. Mas a razão decisiva para o repúdio da liberdade de divórcio, pela opinião pública burguesa, é o perigo real ou imaginário em relação às oportunidades educacionais dos filhos; além disso, os instintos autoritários por parte dos homens também fizeram sua parte, especialmente onde as mulheres tornaram-se economicamente emancipadas até certo ponto que deixaram os homens preocupados sobre sua posição na família. Há, além disso, os interesses autoritários de poderes hierárquicos e políticos fortalecidos pela ideia que se tornou poderosa por meio da racionalização da vida na sociedade contratual, ou seja, a ideia de que a integridade formal da família é uma fonte de certos valores irracionais vagamente específicos, ou é o vínculo individual para indivíduos fracos e necessitados. Na última geração, antes da (primeira) Guerra Mundial, todos estes motivos heterogêneos resultaram em um movimento inverso, longe da liberdade de divórcio e, até certo ponto, da liberdade econômica dentro do casamento.

3. A LIBERDADE DE TESTAMENTO, isto é, a liberdade de disposição econômica e intrafamiliar, também encontrou, em tempos modernos, tendências restritivas. Mas não investigaremos aqui o curso formal da história legal da distribuição testamentária. A evidência da liberdade substantiva completa, ou quase completa, do testamento pode ser encontrada somente duas vezes na história, a saber, na Roma republicana e na Inglaterra, isto é, entre dois povos que eram simultaneamente extensos e governados por uma camada de *honoratiores*. Hoje, sua principal área de aplicação são os Estados Unidos, isto é, a área de oportunidades econômicas ótimas. Em Roma, a liberdade de testamento aumentou com a política da expansão militar que oferecia aos filhos deserdados a possibilidade de bens materiais em territórios conquistados, enquanto era reduzido com a prática de quebra de testamentos "não naturais" assumidos do direito helênico, na medida em que a era da colonização foi chegando ao final. No direito inglês, a liberdade de testamento era voltada à estabilização das fortunas de grandes famílias, que também era servida pelas instituições opostas de investimentos fundiários, primogenitura, e colonização estrita. Nas legislações democráticas modernas, a restrição ou eliminação da liberdade de testamento por meio de generosas ações irrevogáveis, ou a prevenção de primogenitura no Código Francês por meio da partição física compulsória foi, e ainda é, determinada politicamente. No caso de Napoleão, a intenção de destruir a aristocracia antiga pela partição compulsória de seus Estados foi acompanhada pelo desejo de estabelecer feudos como portadores da nova aristocracia, que ele estava tentando criar; essa última instituição foi mencionada em sua famosa afirmação que a introdução do Código colocaria a distribuição do poder social nas mãos do governo.

4. A CONSTITUIÇÃO CONTRATUAL DA ESCRAVIDÃO. A SUPRESSÃO DA ESCRAVIDÃO pela proibição de até uma submissão voluntária, para as relações implícitas de escravidão, foi o produto da mudança do centro de gravidade dos fatores do mundo econômico para as áreas em que diversos elementos coincidiram; o trabalho escravo não foi proveitoso por causa do alto custo de vida; o sistema de salário, com sua ameaça de demissão e desemprego, surgiu como um aparato coativo indireto; e a coação direta era considerada como menos efetiva do que a pressão indireta para que se obtivesse um trabalho de alta qualidade, e para extorquir trabalho das camadas dependentes, sem os grandes riscos que envolvem o investimentos no trabalho escravo. As comunidades religiosas, especialmente a Cristã, tiveram um papel bem delicado na supressão da escravidão na antiguidade, menos, por exemplo, do que Stoa; na Idade Média e nos tempos modernos, seu papel foi de alguma forma maior, mas de maneira alguma decisivo. Na antiguidade, foi um pouco com a pacificação das relações internacionais do Império, que deixou a venda de crianças como a única fonte de importação escrava para o Oeste, que a escravidão capitalista veio a declinar. A escravidão capitalista do Sul dos Estados Unidos foi condenada, uma vez que o abastecimento de terra livre havia esgotado, e a suspensão na importação de escravos causado a elevação dos preços dos escravos para níveis monopolísticos. Sua eliminação pela Guerra Civil foi acelerada pelo antagonismo puramente político e social dos fazendeiros democráticos, e da burguesia plutocrática do Norte contra a aristocracia dos colonos no Sul. Na Europa, foi a evolução puramente econômica da organização medieval de trabalho e mão de obra, especialmente o crescimento do sistema de associação, que manteve as profissões livres de mão de obra escrava, apesar da escravidão nunca desaparecer completamente do sul da Europa durante a Idade Média. Na agricultura, uma maior produção na exportação serviu, até mesmo nos tempos modernos, como um fator importante para qualificar o trabalhador agrícola; mas a mão de obra não livre foi finalmente considerada não lucrativa com o aparecimento de técnicas

modernas de produção. Contudo, para a eliminação final e completa da servidão pessoal, as fortes concepções ideológicas do direito natural foram basicamente decisivas por toda parte. A escravidão patriarcal do Oriente Próximo, a base característica e antiga desta instituição que foi muito menos difundida na Ásia Oriental e Índia, está à beira da extinção como resultado da supressão do comércio de escravos africano. Uma vez seu significado militar, grande no Egito antigo e no final da Idade Media, foi considerado obsoleto pela técnica militar dos exércitos mercenários, seu significado econômico, que nunca havia sido muito grande, também começou a declinar rapidamente. De fato, no oriente, a escravidão nunca desempenhou o mesmo papel que aquele feito pela escravidão nas propriedades rurais de Cartago e da Roma Republicana. No Oriente, a maioria dos escravos eram serviçais domésticos, assim como havia sido nas regiões helênicas e helenísticas. Alguns, por outro lado, constituíam um tipo de investimento de capital em trabalhadores industriais, assim como ocorreu na Babilônia, Pérsia ou Atenas. No Oriente Próximo, mais precisamente na África Central, esse tipo de escravidão patriarcal aproximou-se, muito mais, de ser uma relação de mão de obra livre do que a forma legal nos levaria a supor. Mesmo assim, a observação feita por *Snouck Hurgronje* em Meca de que um escravo não seria comprado no mercado, a menos que aprovasse as qualidades pessoais do mestre e que se, no futuro, viesse a ficar insatisfeito seria revendido, parece ser mais uma exceção do que uma regra, considerando a dependência do mestre na boa vontade, especialmente, de seus escravos domésticos. Na África Central, até hoje, um escravo que estiver insatisfeito sabe como forçar seu mestre a dá-lo, pela *noxae datic*, para outro mestre de sua preferência. Mas isto, certamente, não é universal. Ainda que a natureza da autoridade patrimonial ou teocrática oriental e sua inclinação em direção à elaboração ética do lado patriarcal de todas as relações de dependência criaram, pelo menos no Oriente Próximo, uma segurança altamente convencionalizada para o escravo em relação a seu mestre. Consequentemente, a exploração escrava desenfreada, como ocorreu em Roma, é praticamente inexistente. O início dessa tendência já pode ser encontrado na lei judaica antiga e a motivação decisiva para essa conduta devia-se ao fato de que as instituições antigas que coletavam impostos causavam implicitamente a escravidão dos próprios devedores.

5. Outras limitações de liberdade de contrato. Finalmente, os interesses sociais e econômicos das camadas influentes, especialmente a burguesia, da sociedade também contribuem com tais limitações na liberdade de contrato, por exemplo, a proibição de colocar imposições feudais ou permanentes sob a terra para o benefício de partes privadas. Tais transações foram excluídas do direito republicano romano e novamente proibidas nas Leis Prussianas de Redenção da Terra. Em ambos os exemplos, os fatores principais eram a classe burguesa e as concepções econômicas associadas a ela. A legislação romana foi um produto do interesse da burguesia para a fácil negociação de terras e para a prevenção de acordos feudais, que durante a República não reconheceu o *emphyteusis*, exceto como *ager vectigalis* em terras públicas ou uma limitação *de facto* na Alemanha da criação de posses similares em terras de propriedade do Estado, ou pelas corporações de colonização aprovadas pelo Estado.

seção 5
Extensão do Efeito de um Contrato além das Partes – Direito Especial

Tanto no direito romano como no direito moderno racionalizado, aquele tipo de regimento de liberdade de contrato que resulta da combinação de todos os fatores mencionados não é geralmente alcançado pela proibição dos acordos proscritos, mas sim pela falha da ordem jurídica em fornecer um contrato do tipo particular ou, em Roma, o *actio*, e regular os contratos disponíveis para que suas normas sejam incompatíveis com os tipos de acordos desaprovados. Por outro lado, a forma técnica pela qual a lei fornece o poder, de uma forma legalmente válida, para o envolvimento naquelas transações que, como a formação de uma corporação de negócios, afetam os interesses de terceiros, consiste na instituição oficial de certos termos padrões que precisam ser incorporados, a cada acordo, por partes individuais, se quiserem ter efeito legal entre as partes e contra os estrangeiros. Essa técnica moderna de deixar para as partes interessadas a criação da lei e as vantagens, inclusive a terceiros, garante a elas as vantagens da instituição jurídica de direito especial, contanto que se sujeitem aos requisitos substantivos expressados nos termos que incorporam seus acordos. Este tipo moderno de direito especial difere daquele que foi permitido no passado. A técnica moderna é um produto da unificação e racionalização da lei; é baseada no monopólio oficial da criação do direito pela organização política moderna. No passado, o direito especial surgiu normalmente como "*volitive law*" (lei volitiva), isto é, da tradição, ou do acordo das comunidades consensuais ou das associações racionalmente organizadas. Surgiu, em outras palavras, na forma de normas autonomamente criadas. A máxima que "o direito particular" (isto é, a lei volitiva no sentido acima) "viola" (isto é, assume precedentes) a "lei da terra" (isto é, a lei geralmente válida e comum) foi reconhecida quase que universalmente; e existe, até hoje, em quase todos os sistemas legais fora do Ocidente e em partes da Europa, por exemplo, na classe camponesa russa. Mas o Estado insistiu, quase em todos os lugares, e geralmente com sucesso, que a validade desses direitos especiais e a extensão de sua aplicação fossem sujeitas ao seu consentimento; e o Estado fez isso do mesmo modo que transformou as cidades e metrópoles em organizações heterônomas providas pelo Estado e com poderes definidos por ele. Em nenhum dos casos, contudo, essas condições foram obtidas originalmente. Pois o corpo de leis, pelo qual uma localidade ou um grupo eram governados, fazia parte da criação usurpadora de comunidades mutuamente independente entre as quais o ajuste contínuo necessário era alcançado pelo compromisso mútuo ou por imposição das autoridades eclesiásticas ou políticas.

 Anterior ao surgimento e ao triunfo do contrato de intenção e da liberdade de contrato no sentido moderno, e anterior ao surgimento da estrutura política do Estado, toda comunidade ou organização consensual que representasse uma ordem jurídica especial e que, por essa razão, pudesse ser nomeada uma "comunidade do direito" representava um grupo constituído por características objetivas como nascimento, denominação religiosa, étnica ou política, modo de vida ou ocupação; ou um grupo que surgia por meio do processo de fraternização explícita. A situação primitiva, como vimos acima, era aquela em que qualquer processo, que correspondesse ao nosso procedimento, poderia acontecer somente na forma de procedimentos de composição entre grupos (familiares) diferentes ou membros de diferentes grupos. Dentro do grupo, isto é, entre os membros do grupo, a arbitragem patriarcal prevalecia. Na origem de toda a história jurídica prevalecia, se observado do ponto de vista da força crescente da autoridade política central, um dualismo importante, isto é, um dualismo da lei autonomamente criada entre os grupos, e as normas determinativas de disputas entre os membros dos grupos. Ao mesmo tempo, contudo, outro fato apresentou-se a essa situação aparentemente simples: que mesmo nos primeiros estágios de desenvolvimento conhecidos, os indivíduos frequentemente pertenciam a vários grupos e não a apenas um. Apesar disso, a dependência no direito especial foi inicialmente uma qualidade estritamente pessoal, um "privilégio" adquirido pela usurpação ou doação, e desta forma um monopólio de seus proprietários que, pela virtude deste fato, tornaram-se "colegas na lei" (*comrades in law*). Por essa razão, nesses grupos, que eram politicamente integrados por uma autoridade comum suprema, como o Império Persa, o Império Romano, o reino dos Francos ou os Estados Islâmicos, o corpo das leis a serem aplicadas pelos oficiais judiciários diferiam de acordo com as características étnicas, religiosas ou políticas dos grupos componentes, por exemplo, as cidades ou clãs legal ou politicamente autônomos. Mesmo no Império Romano, o direito romano foi, a princípio, uma lei apenas para os cidadãos romanos e não se aplicava inteiramente às relações entre os assuntos de cidadãos e não cidadãos. Os súditos não muçulmanos dos Estados islâmicos e até mesmo os devotos das quatro escolas ortodoxas do direito islâmico vivem de acordo com suas próprias leis; mas quando o primeiro recorre ao júri islâmico em vez de suas próprias autoridades, aplica o direito islâmico, pois não é obrigado a conhecer qualquer outro; no Estado islâmico, os não muçulmanos são meros "súditos".

Sob estes sistemas, foi inevitável o surgimento de conflitos entre as pessoas sujeitas a corpos de lei diferentes; e com eles, a necessidade de princípios jurídicos comuns, que aumentaram rapidamente com a intensidade crescente da comunicação. Surgiu então, assim como foi em Roma, um "*jus gentium*", que coexiste com o "*ius civile*" de cada grupo; ou, como ocorreu na Inglaterra, o monarca hierocrático ou político irá, pela virtude do seu *imperium*, impor sobre suas cortes uma "lei oficial" que será a única obrigatoriedade; ou um novo grupo político, geralmente local, irá fundir as bases das diferentes normas jurídicas em um novo corpo de lei. Na cidade italiana, os homens estavam cientes de que os cidadãos "declaravam" que estavam vivendo sob o direito Romano ou a "lei de Lombard" (*Lombard law*), mas em divergência das noções jurídicas mais antigas. Foram os *civitas*, a personificação do corpo total dos cidadãos, que supostamente aceitaram, como seu *confessio iuris*, a lei de Lombard, e como sua fonte suplementar, o direito Romano; ou os civitas podem ter adotado o direito romano e a lei de Lombard, como seu sistema secundário. Por outro lado, no império medieval, todos tinham o direito de serem julgados pela lei própria tribal que "professavam" para viver. O indivíduo carregava com ele seu *professio iuris* por onde andasse. A lei não era uma *lex terrae*, como aconteceu com o direito inglês da corte do Rei após a Conquista Normanda, mas sim o privilégio da pessoa como um membro de um grupo particular. Ainda assim, esse princípio de "direito pessoal" não foi aplicado com mais consistência naquela época do que seu princípio oposto é hoje. Todas as associações formadas por livre escolha sempre buscaram a aplicação do princípio do direito pessoal em nome da lei criada por elas, mas o sucesso alcançado variou de caso a caso. De qualquer forma, o resultado foi a coexistência de inúmeras "comunidades do direito", jurisdições autônomas, que sobrepuseram a associação compulsória e política, sendo a única jurisdição autônoma que existiu por completo; e quando os "colegas na lei", pertencentes a uma "comunidade do direito" especial, começaram, por virtude de sua associação, a monopolizar o controle de certas coisas ou objetos tangíveis (por exemplo, terras de um certo tipo como aforamentos ou feudos) e quando essas "comunidades do direito" tornaram-se abertas e sem a pressão de certos interesses, novos membros juntaram-se a elas; quando, além disso, os membros dessas comunidades aumentaram de tal forma que um único indivíduo começou a pertencer a diversos grupos, o direito especial de qualquer "comunidade do direito" tornou-se quase idêntico à propriedade do objeto particular; sendo que agora, ao contrário, tal propriedade tornou-se o teste para o ingresso na comunidade do direito especial. Isso também foi um passo em direção a uma situação que prevalece até hoje, isto é, aquelas relações que são sujeitas a um direito especial são formal e geralmente acessíveis à qualquer pessoa. Todavia, foi somente um passo na transição para a situação moderna, pois todos os direitos especiais do tipo antigo tinham a qualidade de conferir privilégios legais tanto diretamente a certas pessoas pertencentes a um grupo, quanto a certos objetos de posse que garantiam sua associação. Na sociedade moderna, a regulamentação jurídica especial pode também ocorrer pela existência de certas condições puramente técnicas ou econômicas tais como a associação de uma fábrica ou uma fazenda, ou o exercício da profissão de advogado, farmacêutico, artesão de alguma classe, etc.

Naturalmente cada sistema jurídico possui certas normas especiais ligadas a fatores técnicos e econômicos. Mas os corpos de lei especiais que estamos discutindo neste momento eram de caráter diferente. A aplicabilidade deste tipo de direito especial não foi fundamentada em qualidades econômicas ou técnicas, mas sim em qualidades derivadas de "*corporate status*" isto é, do nascimento, do modo de vida, ou pertencentes a um círculo de pessoas de certas qualidades como "nobres", "cavaleiros" ou "associações de amigos"; ou em certos relacionamentos sociais com respeito a objetos materiais tais como um aforamento ou terras arrendadas. A definição de todas essas qualidades foi, de fato, indiretamente afetada por certos relacionamentos "*corporate status*" e, portanto, sempre dizem respeito à aplicabilidade de um direito especial que depende da qualidade particular de uma pessoa ou da sua relação com algum objeto material. Em certos casos, o "privilégio" poderia, até mesmo, aderir a um único indivíduo ou objeto, o que aconteceu com frequência. Nesse caso, o direito coincidiu com a lei, ou seja, o indivíduo privilegiado podia reivindicar, como sendo seu direito, ser tratado de acordo com o direito especial. Mas mesmo onde fosse importante que um indivíduo pertencesse a um grupo de *status* corporativo especial ou que estivesse em um relacionamento especial com um grupo de objetos, era natural considerar a aplicação de normas jurídicas especiais como sendo o direito pessoal das partes interessadas. O conceito de normas aplicáveis não era completamente inexistente; no entanto, permaneciam inevitavelmente em um estado primitivo. Toda lei parecia ser o privilégio de indivíduos particulares, ou objeto de grupos particulares de indivíduos ou objetos. Tal ponto de vista havia, com certeza, de ser oposto àquele em que o Estado aparecia como uma instituição coativa universal. Às vezes, especialmente durante o primeiro período do surgimento das camadas "burguesas" na Roma antiga e no mundo moderno, a oposição era tão forte que a possibilidade de "privilégios" foi repudiada. A criação de privilégios por voto da assembleia popular foi considerada como impossível em Roma e o período revolucionário do século XVIII produziu um tipo de legislação que buscou extirpar toda forma de autonomia de associação e particularismo legal. Contudo, esse final nunca foi atingido completamente e veremos em breve como o direito moderno criou uma nova grande massa de particularidades legais. Mas chegou a isso apenas por meio de uma base que se difere em muitos aspectos daqueles privilégios dos grupos de *status* corporativos mais velhos.

A integração sempre crescente de todos os indivíduos e todas as situações factuais em uma única instituição compulsória, que hoje, pelo menos, fundamenta-se na "igualdade legal" formal, foi alcançada por duas forças racionalizadoras, isto é, primeiro, pela extensão da economia de mercado e, segundo, pela burocratização das atividades dos órgãos das comunidades consensuais. Essas forças substituíram o modo particularista de se criar a lei que foi baseado no poder privado ou no privilégio concedido a organizações monopolisticamente fechadas, nas quais reconhecemos a autonomia das associações de natureza corporativa. Esta substituição foi executada por dois acordos: o primeiro é o da autonomia legalmente regulada da associação (formal, acessível universal, estritamente limitada) que pode ser criada por qualquer um; o segundo consiste na concessão, a qualquer um, do poder para criar a própria lei ao engajar-se em transações particulares legais de certos tipos. Os fatores decisivos dessa transformação da formas técnicas de legislação autônoma foram, politicamente, as necessidades de poder dos monarcas e oficiais do Estado, na medida em que os interesses daqueles segmentos da sociedade, que eram orientados ao poder no mercado, aumentavam economicamente; isto é, aqueles indivíduos que são economicamente privilegiados na luta formalmente competitiva e livre do mercado por virtude de sua posição de classe como donos de propriedade. Se, por força do princípio da igualdade formal legal, todos podem estabelecer uma corporação ou um fundo fiduciário, as classes de propriedade têm um tipo de "autonomia" factual, uma vez que sozinhas podem utilizar ou tirar vantagem destes poderes.

Contudo, essa autonomia sem forma faz mérito à designação de "autonomia" somente no sentido metafórico; porque, a menos que a palavra "autonomia" careça de toda precisão, sua definição pressupõe a existência de um grupo de pessoas que, embora possa variar, é determinado de certa forma e está, por permissão ou decreto-lei, sob um direito especial e depende dele para sua modificação. O caráter particular do grupo é irrelevante para a sua definição; pode ser um clube, assim como uma corporação de negócios, uma municipalidade, um "Estado", uma associação, um sindicato de trabalho, ou um círculo de vassalos. O fenômeno, em si, é sempre o produto do início de um monopólio de elaboração de leis pela organização compulsória política. Sempre vincula a ideia de que o Estado tolera ou diretamente garante a criação de lei por outros órgãos. Qualitativamente, também, a autonomia desfrutada por um grupo por meio do consenso ou por normas vinculadas difere de uma mera liberdade de contrato. A linha que existe entre as duas coincide com os limites do conceito da norma; em outras palavras, reside onde a ordem, cuja a validade depende do consenso ou do acordo racional dos participantes, não é mais concedida como sendo a norma objetivamente válida imposta sobre um grupo, mas sim como o estabelecimento de reivindicações recíprocas subjetivas, tais como ocorre, por exemplo, no acordo de dois parceiros de negócios com respeito à divisão de trabalho e rendimentos entre eles e suas posições legais dentro e fora da firma. A falta de uma linha clara de divisão entre o direito objetivo e o direito subjetivo torna-se aparente a este ponto. Do nosso ponto de vista, que se desenvolveu em relação ao decreto-lei, uma distinção pode ser encontrada, mesmo que teoricamente, somente na proposição de que, na esfera do direito privado, uma autonomia é exercida onde a fonte do decreto-lei é uma resolução, embora tenhamos um caso especial de regulamentação por virtude da liberdade de contrato em que a norma é fornecida por um acordo entre os indivíduos concretos. Esta distinção não foi significativa no passado nem exclusivamente decisiva.

À medida que a distinção entre a norma objetiva e a reivindicação subjetiva não foi desenvolvida completamente e que a lei era considerada uma qualidade de uma pessoa determinada por sua associação a um certo grupo, teríamos apenas dois tipos de normas.

As primeiras seriam aquelas válidas em um grupo ou organização por causa das qualidades especiais de *status* de seus membros; e as outras válidas e vinculadas porque terem sido criadas pelos próprios participantes de um contrato. Todo direito especial foi originalmente a lei de um grupo, cuja associação era determinada pelas qualidades de *status*. Mas isso mudou, como já indicamos, com a diferenciação crescente e a escassez econômica das mercadorias que eram generosamente apropriadas por diversos grupos. Essas mudanças foram tão declaradas que uma norma quase oposta surgiu: isto é, o direito especial foi quase exclusivamente aquele que se aplicava em um relacionamento social ou econômico especial. Essa concepção pode ser ainda encontrada na Idade Média. Heusler foi muito longe quando negou completamente a existência dos direitos estatutários (*Staatsrechte*). O direito feudal foi, de fato, uma lei que regulamentava a relação entre o senhor e o vassalo e não a lei de um "Estado vassálico", pois tal tipo de Estado nunca existiu. No mesmo sentido, o direito senhorial foi a lei aplicável às relações de serviço senhorial; a lei mercante foi a lei para as transações mercantis e de mercado; e o direito ao trabalho manual foi a lei relacionada às transações e ao estabelecimento dos artesãos. Porém, fora destas relações especiais, o vassalo, o mercante, o foreiro e o homem livre estavam sujeitos à lei geral da terra. Um indivíduo poderia ter propriedade livre e terras de aforamento ao mesmo tempo: na primeira, ele estava sob a jurisdição da lei comum da terra; e na última, sob a lei das terras arrendadas. Do mesmo modo, um não mercante que tinha emprestado dinheiro em uma *commenda* ou sob o penhor de navio estava sujeito, apenas, à lei comercial. Contudo, este modo objetivo de tratamento não era de forma alguma universal. Quase todos os relacionamentos, em que o direito especial era aplicado, possuíam consequências que envolviam o *status* corporativo, isto é, relacionados ao *status* total legal da pessoa. Este foi o caso em relação à possessão do aforamento ou outras terras "não livres". Muitos deles foram considerados como mutuamente incompatíveis a uma só pessoa e a tendência de romper as restrições do *Status* corporativo foi oposta uma vez mais pela oposição quanto ao fechamento da associação do grupo. Quais das duas tendências estariam mais fortes foi completamente determinado pelo grupo concreto de interesses em cada exemplo específico.

Na Alemanha, como até Heusler reconhece, a lei da vila (*Stadtrecht*) foi um direito de Estado corporativo dos cidadãos mais do que uma lei de posse de terra urbana ou outra relação material. Na Inglaterra, contudo, as municipalidades tornaram-se quase que totalmente corporações particulares.

Em geral, é correto dizer que lá prevaleceu a tendência de tratar um direito especial como lei para certos objetos e situações. Como resultado, a integração de direitos especiais na lei comum de terra, o *lex terrae*, como direitos substantivos especiais foi amplamente facilitada. A integração atual e final, contudo, dependeu predominantemente de condições políticas. Ainda nestes campos em que esta integração não foi completamente realizada, o problema da relação de vários direitos especiais e suas cortes especiais correspondentes para a lei comum da terra e suas cortes foi resolvido de várias formas diferentes. De acordo com a lei comum de terra, o proprietário do aforamento recebia as garantias legais do monarca em vez do foreiro. Mas no que se referia à cobrança de impostos relativos à terra a situação não era tão simples; espelhando-se na Lei da Saxônia, por exemplo, o problema em relação ao proprietário da terra estava na disputa entre o autor e os doutores da lei.

Este problema em particular deixou marcas no Direito Romano também. O *ius civile* Romano era a lei dos cidadãos romanos, na medida em que uma pessoa que não era cidadão, nem incorporado por força do tratado, não tinha direito de comparecer como parte interessada diante da corte romana, engajar-se em transações específicas do Direito Quiritário ou ser julgado de acordo com suas leis. Nenhuma *Lex Romana* tinha alguma validade fora do círculo da comunidade. Sua inaplicabilidade para não cidadãos foi politicamente de importância considerável porque estabeleceu o poder do monarca dos oficiais e o do Senado sobre toda a área subjugada que não era incorporada dentro da lei. Mas, por outro lado, o cidadão Romano não era julgado exclusivamente pela *ius civile*, e nunca foi exclusivamente sujeito às cortes do *ius civile*. A *ius civile* dos tempos históricos deve ser definida como um direito especial que foi relevante à pessoa exclusivamente em seu caráter como cidadão, isto é, como membro daquela classe social em particular. Simultaneamente a ela, encontramos algumas esferas de lei que favoreciam os cidadãos e não cidadãos, ou somente uma parte dos cidadãos, e tal lei apresenta-se como um direito especial das classes sociais ou da demarcação do objetivo. Neste contexto pertencem todas as situações numerosas e importantes regulamentadas pela lei administrativa. Considerando a época do Gracci, título que pela *ius civile* não existia em nenhuma terra, a não ser naquelas que sujeitas a *ius civile* por partilha expressa, as posses em terras públicas (*ager publicus*) não foram regulamentadas pela *ius civile* nem protegidas pelas ações da *ius civile*, tornando-se acessíveis tanto para cidadãos quanto para não cidadãos. No período de Gracci, se a comunidade subjugasse suas terras para regulamentação pela *Lex*, isto é, por decreto-lei da *ius civile*, os aliados imediatamente exigiam que seus membros se tornassem cidadãos. Tais posses estavam, assim, sujeitas exclusivamente ao conhecimento dos magistrados, que não procediam de acordo com a *ius civile*, não sabendo da existência de *emphyteusis* ou de convenções em relação às terras, ou até mesmo aforamentos. Mas todas estas instituições existiram sob uma lei administrativa aplicável a todas as terras públicas. Além disso, a lei que se aplicou entre o tesouro público e os indivíduos particulares continha instituições não aplicáveis no *ius civile*; mesmo em instituições de porte semelhante, eram denominadas de forma diferentes, como, por exemplo, *praes* e *praedium*, diferente de *fideiussor* e *hypotheca*. Este direito especial, objetivamente definido, foi determinado pelo escopo da jurisdição do oficial administrativo. Naquela época não existia nenhuma associação de pessoas em particular que poderia ter sido usada como teste; se alguém quisesse falar de qualquer grupo, poderia apenas dizer que sua associação consistia de todos aqueles que num dado momento estariam interessados em algum assunto relacionado à jurisdição administrativa. Outra esfera de direito especial foi constituída pela jurisdição do magistrado que decidia as disputas entres os cidadãos e os estrangeiros. Ele poderia recorrer a alguma regra de *ius civile*, mas não por força de uma "lei" do *ius civile*, uma *lex*, simplesmente por força de seu poder magistral. Ele certamente poderia aplicar o *ius gentium*, uma lei derivada de uma fonte diferente e a validade de que se baseou em fundações diferentes. Contudo, este tipo de lei não deve ser visualizado como a fonte de origem da função de *praetor peregrinus*. Certamente foi o que a lei internacional de comércio, de acordo com o que as disputas do mercado estabeleceram em tempos antigos, provavelmente protegidas a princípio, de forma sagrada, por meio de juramento. As relações substancialmente feudais entre os patrões e o cliente, possíveis objetos de litígio na *ius civile*, não tinham muita importância prática no início. Assim como no direito germânico de propriedade, as esferas do *ius civile* e a lei feudal esbarram entre si no campo da posse, ou seja, no que se refere ao *preacarium*; o *ius civile* reconheceu as relações em outras esferas e lidou com isso no direito penal, porém não foi *regulamentado*. As esferas genuínas do direito especial dentro do *ius civile* foram, por outro lado, formadas por certas instituições legais, acessíveis unicamente a comerciantes e certas pessoas engajadas na indústria, tais como, a *actio exercitoria*, o *receptum*, e o direito especial do *argentarii*.

    Um conceito de grande importância para o desenvolvimento futuro legal, por exemplo, o de *fides*, consta tanto da lei geral de comércio quanto da relação entre patrão e cliente. Incluindo, de maneira peculiar, não somente as obrigações, de acordo com as relações de lealdade, como também os *fides bona*, a boa-fé e os negócios regulares das transações comerciais. Ao *ius civile*, como tal, era desconhecido. Contudo, apesar de tecnicamente desconhecido, houve elementos seus colocados em prática desde o início; porém considerados atos fraudulentos. A Lei das Doze Tábuas já ameaçava o Estado de *improbus intestabilisque*. Numerosas leis expressamente decretaram *infamia*, as consequências gerais disso foram a exclusão do testemunho no direito privado, ou seja, a incapacidade de conduzir a testemunha ou ter a ação assistida por alguém, que em prática resultou em um boicote comercial. Isso levou a uma limitação na aquisição de propriedade a título de sucessão do testamenteiro; envolvendo também, a negação de certas ações por parte do magistrado. Apesar de seu caráter informal, os princípios do *fides* não foram de forma alguma produtos de um vago sentimentalismo no campo do direito do patrão e cliente ou no das transações comerciais. A série completa de contratos rigorosamente definidos, no caráter bem marcado em que a lei romana de comércio se baseou tão essencialmente, foi desenvolvida nas bases dos princípios de *fides*. Antigas instituições como a *fiducia*, assim como a *fidei-commissum* do período imperial, dependiam completamente dos *fides*. O fato de que os *fides* nunca foram mais do que um aparelho substituto para o *ius civile* surgiu somente num estágio relativamente tardio e de forma alguma há indicações de que a instituição de *fides* foi criada por que não houve certas transações litigáveis no *ius civile* que não foram garantidas somente pela convenção, ou seja, legados em favor dos não cidadãos e das "pessoas proibidas." A instituição legal de clientela é certamente tão velha quanto a concepção legal do *ius civile* em si, e ainda permaneceu do lado de fora. Desta forma, o conceito de *ius civile* nunca coexistiu com aquele direito civil. Mas os *fides* não foi um princípio uniforme para a regulamentação de todas as relações legais. O que um devia para o outro, de acordo com o *fides*, dependia da natureza peculiar do relacionamento concreto, e até no que se refere a isso, o *fides*, no momento da infração, não produziu as mesmas consequências legais. A infâmia foi a consequência de certos atos específicos em vez de todas as infrações contra os *fides*. De várias reações contra a conduta ofensiva, por exemplo, reprovação de censura, ou recusa consular, para mencionar uma apenas, como candidato para o cargo, cada um tinha suas próprias precondições particulares, que não eram idênticas a nenhum dos casos de infâmia ou ao princípio do *fides*, e que, além disso, variavam; nunca foram relacionados a infrações de *fides* puramente como tal. As infrações das obrigações de clientela foram originalmente sujeitas a sanções do benfeitor na vara da família. Mais tarde, estas obrigações eram garantidas sagrada ou convencionalmente e, finalmente, também pela *ius civile*, no caso de clientes comerciais e emancipados.

Não temos conhecimento da importância original do *fides* no comércio. Não sabemos os meios pelos quais os contratos *bonae fidei* foram garantidos antes de serem reconhecidos nas formas pretorianas de ação pela decisão da autoridade magistral como as outras instituições do *ius gentium*. Provavelmente, havia acordos de arbitragem gerais ou individuais sob juramento, que, se quebrados, produziam infâmia da mesma forma que nos tempos mais antigos a infâmia era a sanção para a quebra de um contrato de compromisso juramentado. Mas a criação das formas de ação para as instituições do *ius gentium* não significou que sua distinção do *ius civile* foi eliminada; o *ius civile* permaneceu a lei do Estado corporativo dos cidadãos. Ocasionalmente o magistrado, por meio da *si civis Romanus esset*, apresentava uma forma civil de ação disponível para os não cidadãos. Outras instituições foram imperceptivelmente recebidas pela *ius gentium*. Foi somente durante o Império que a distinção desapareceu completamente, junto com outros privilégios de cidadania.

Nenhum dos grupos de pessoas interessadas nos *fides* constituiu uma organização fechada, apesar de Mommsen incorretamente, como veremos subsequentemente, identificá-los como a organização das plebes. Certamente aquelas pessoas cujos interesses envolvidos em contratos *boane fidei* ou *ius gentium*, isto é, assuntos que não tinham nada em comum com o Estado corporativo, não formaram tal organização. A lei pretoriana, naturalmente, estava bem longe de ser idêntica ao *ius gentium*, e a recepção da *ius gentium* de maneira alguma foi realizada somente pela lei pretoriana. De fato, em grande proporção foi realizada pela integração de seus princípios fundamentais no *ius civile* por intermédio dos juristas. Tanto durante a República como no Império, até por grupos de Estado genuínos, isto é, escravos, homens livres, cavaleiros e famílias senatoriais, não houve uma organização associativa que poderia ter sido a condutora de uma autonomia genuína. Por razões políticas, a República via-se repetidamente obrigada a intervir contra organizações particulares, alternando períodos de repressão com períodos de tolerância. O período da monarquia foi naturalmente desfavorável às associações particulares. A democracia tinha razões em ter receio das associações sociais e economicamente poderosas; a monarquia tinha razões para temer as consequências políticas de cada tipo de organização sem controle. O direito romano tanto no período Republicano como no Imperial admitiu a autonomia associativa somente como um direito de associações ou corporações no sentido moderno. A autonomia existiu em um nível que as associações e corporações eram toleradas e privilegiadas. Existiram apenas até certo ponto para serem examinadas em conjunto com a discussão geral de outro problema, isto é, da personalidade legal de associações.

SEÇÃO 6
Contratos Associativos – Personalidade Jurídica

A transformação geral e a mediatização de organizações legalmente autônomas da época do direito da pessoa no monopólio do Estado da criação de leis tornaram-se expressivas quando tais organizações passaram a ser legalmente tratadas como condutoras de direitos. Tal tratamento não pode ser dispensado quando as organizações autônomas tornaram-se sujeitas ao corpo de leis comuns pacificamente aplicadas por meio de um sistema metódico de adjudicação dentro de uma associação política obrigatória, a não ser quando existem bens adquiridos em forma de monopólio para serem usados unicamente pelos membros do grupo para um propósito comum, e ainda quando as transações legais envolvendo estes objetos tornam-se economicamente necessárias. Onde, contudo, tal situação não ocorra, o problema deve ser decidido de uma maneira simples: os membros de uma organização detêm todos os membros de outra de forma solidariamente responsável pelos atos de qualquer um dos seus membros, incluindo seus órgãos. Ao lado da contenda primitiva de sangue, encontramos assim a retaliação como um fenômeno universal, isto é, a retaliação no sentido da detenção da pessoa ou dos bens de um membro de um grupo para as obrigações de um ou de todos os companheiros. "Na Idade Média, as negociações sobre as retaliações e maneiras de evitá-las pelo auxílio recíproco de acesso às cortes e assistência mútua legal eram objeto constante entre as cidades. A composição também possui a mesma origem primitiva que a contenda consanguínea. A questão de que a pessoa ou as pessoas podiam validamente concluir uma composição e representar os membros de um grupo em operações com estrangeiros foi determinada simplesmente pelas experiências do estrangeiro em relação às ordens de fato obedecidas. A concepção original, mesmo no início da Idade Média, dizia que um membro do grupo não tendo participado na resolução particular da vila, associação, comunidade de mercado, ou outra coletividade, não estaria associado, a menos que as transações da organização com a outra parte fossem baseadas em um acordo entre os membros, como expresso na resolução geral. Sem qualquer uma das bases, a transação não teria efeito algum. Pode-se, desta forma, concordar com Heusler de que a necessidade de uma resolução e da força requerida foi elemento característico no desenvolvimento da lei de organizações. Mas, obviamente, a distinção entre a resolução e o contrato permanecia tão fluente como aquele entre as normas objetivas e os direitos subjetivos em geral; as denominações, oriundas das resoluções, eram frequentemente denominadas pactos; mas, virtualmente, a distinção sempre esteve presente, muito particularmente na ideia universal antiga de que uma resolução não tornaria ninguém associado exceto aquelas pessoas que tinham participado dela, e consequentemente, deveria ser unânime. Aparentemente, pelo menos, a ideia implícita é que a resolução tornar-se-ia efetiva somente na forma de contrato. Atualmente, contudo, este conceito foi totalmente influenciado pelo elemento de revelação contido em todo o direito, de acordo com o qual somente uma lei poderia estar certa. Uma vez que os meios carismáticos e mágicos para a descoberta da lei certa desapareceram, não só poderia como surgiu a ideia que a lei certa foi aquela produzida pela maioria e que, portanto, a minoria tinha o dever de associar-se a ela. Mas antes da minoria fazer isso, ocasionalmente sob compulsão drástica, a resolução da maioria não era lei e ninguém estava associado a ela, tal era o significado prático daquela perspectiva.

Por outro lado, ninguém, obviamente, era obrigado a concluir um contrato com outro. Até sob estes tipos de pensamento, incluindo concepções de tempos mais recentes, a distinção entre o decreto-lei como meio de criação de lei objetiva e o contrato como meio de criação do direito subjetivo era familiar, apesar da grande falta de clareza e fluidez da transição entre eles. Como complemento, a resolução requeria um órgão para sua execução. O modo de seleção, por exemplo, eleição de caso a caso ou para um período mais longo, ou apropriação hereditária das funções executivas, etc., podia assumir muitas formas diferentes. Conforme o processo de diferenciação e apropriação entre e dentro de várias organizações avançava, conforme os indivíduos vinham a ser simultaneamente membros de diversas organizações, conforme as relações internas entre os membros do grupo sujeitos às leis racionais fixas e de modo crescente, e finalmente, conforme os contratos vantajosos tanto de indivíduos com a organização como um todo quanto com os estrangeiros tornaram-se mais frequentes em consequência de uma economia de câmbio, uma determinação sem ambiguidade do significado de cada ação, de cada membro e cada oficial de uma organização tornou-se necessária, e a questão da posição da organização e da legitimação de seus órgãos, no que se refere a transações contratuais bem como a procedimentos, tinha que surgir de uma maneira ou outra.

A solução legal técnica deste problema foi encontrada no conceito de pessoa jurídica. Do ponto de vista legal o termo é uma tautologia, uma vez que o conceito de pessoa é necessariamente pessoa jurídica. Uma criança no ventre é considerada como possuidor de direitos e obrigações, enfim, como um cidadão completo, ao passo que um escravo não, as duas leis são meios técnicos de alcançar certos efeitos. Neste sentido a determinação da personalidade legal é tão artificial como a definição legal da "coisa", isto é, é decidido exclusivamente de acordo com os critérios jurídicos oportunamente selecionados. Quanto mais alternativas numerosas disponíveis para a determinação da posição legal das organizações e associações existirem, maior será a necessidade da criação de um problema especial. A percepção mais racional da ideia da personalidade legal das organizações consiste na separação completa das esferas legais dos membros da esfera legal da organização constituída separadamente; enquanto certas pessoas designadas de acordo com as regras são consideradas, do ponto de vista legal, as únicas autorizadas a assumir as obrigações e adquirir os direitos para a organização, as relações legais, criadas desta forma, não afetam os membros individuais e suas propriedades sob nenhum aspecto e não são consideradas como seus contratos, mas todas as relações são atribuídas a um corpo de bens distinto e separado. Similarmente, o que os membros podem reclamar ou dever para a organização de acordo com suas regras pertence ou afeta seus próprios bens privados, que legalmente são completamente separados dos da organização. Um membro individual não pode adquirir nenhum direito ou dever para a organização. Legalmente isto é possível somente para os oficiais que atuam em nome da organização, e somente a assembleia de membros qualificados nomeados em grupo para atuar de acordo com as leis estabelecidas pode, mas não necessita ter a autoridade para tomar decisões associadas. O conceito da personalidade jurídica pode ser ampliado até um pouco mais para incluir o controle sobre os bens econômicos o benefício de acumular para uma pluralidade de pessoas que, apesar de agirem de acordo com regras, não estão organizadas como associação. Porém, quando se tratar de uma fundação, deve-se designar um outro portador de direitos, determinado de acordo com as regras estabelecidas, legitimado para representar os interesses daqueles indivíduos. Onde uma consociação de pessoas está para ser considerada fundação com personalidade jurídica, pode, portanto, ser construída de duas maneiras possíveis: como uma corporação. Neste caso o corpo de membros é constituído como um grupo fixo de pessoas. A composição do corpo pode ser modificada de duas maneiras; ou por sucessão para uma posição de associação de acordo com as regras gerais do direito privado, ou devido a uma resolução de um órgão corporativo designado. As pessoas designadas em uma destas duas maneiras são as únicas denominadas a quaisquer direitos e a administração é juridicamente exercida de acordo com seu mandato. A outra forma possível em que uma consociação de pessoas pode ser estabelecida como pessoa jurídica trata-se da fundação ou instituição (*Anstalt*). Quando usado como jargão jurídico, o conceito de instituição é diferente do conceito de instituição usado em sociologia ou ciência política, apesar de não haver uma certa conexão. A instituição (no sentido jurídico) é relacionada à fundação. Não há corpo de membros organizado, mas somente um órgão ou órgãos que a instituição é representada. A associação, se assim podemos dizer, baseia-se frequentemente na obrigação e na aquisição de novos membros, independe da vontade do mais velho, mas sob os critérios objetivos ou sob a discrição dos órgãos da instituição. Além disso, os "membros" da instituição, tais como, por exemplo, os alunos da escola, não têm influência em seu gerenciamento.

As três formas de organização, fundação, instituição e corporação, não são separadas de cada um por testes legais absolutamente claros. As transações entre elas são feitas de forma gradual e fluida. Pode certamente não ser um teste decisivo, como Gierke supôs, o fato da organização ser independente ou dependente. Uma igreja é uma instituição, apesar de poder ser independente.

Do ponto de vista tecnicamente legal, o conceito da personalidade jurídica pode ser dispensado quando uma organização não tem propriedade relativa necessária aos contratos em nome da organização. A personalidade jurídica é inapropriada para aquelas sociedades que, por sua natureza, compreendem somente um número estritamente limitado de parceiros e que também possuem duração limitados, tais como certas associações de negócios. Para eles, a separação absoluta das esferas legais entre os membros da coletividade seria difícil de acreditar, uma vez que a tarifação de crédito específica, influenciada pela existência de um fundo separado, baseia-se primeiramente no fato de que todos os parceiros respondem sobre os débitos da coletividade. Do mesmo modo, o estabelecimento de órgãos separados para a representação do último não seria sempre expediente. Para tais organizações e associações, a forma mais adequada para os interesses capitalistas de crédito é o princípio de "associação conjunta" (*Gesamthand*), que foi conhecido, pelo menos no estado principiante, pela maioria dos sistemas legais do passado. Envolveu primeiro que a autoridade para representar a coletividade deveria apresentar garantias legais a todos os participantes agindo conjuntamente ou para cada um, ou para alguns, ou um participante em particular atuando em nome de todos; envolvendo o princípio da associação conjunta segundo a responsabilidade de todos tanto com as pessoas quanto com a propriedade. A configuração surgiu da responsabilidade solidária da comunidade doméstica. Adquiriu seu caráter específico quando, numa comunidade de herdeiros, a separação legal da propriedade coletiva da propriedade individual dos participantes fez necessário que uma distinção fosse feita entre os débitos individuais e coletivos. Este processo ocorreu naquele curso de rompimento das relações fraternais pelas influências comerciais já mencionadas anteriormente.

A partir da comunidade de herdeiros, a instituição espalhou-se e tornou-se a base de numerosas comunidades deliberadamente constituídas para que as relações baseadas no grupo, advindas do caráter fraternal da comunidade da família, fossem básicas ou adotadas por meio de considerações da conveniência técnica-legal. A lei de parceria atual é, como vimos, um desenvolvimento racional direto das relações da comunidade familiar para os propósitos da empresa capitalista. As várias formas da "*société en nom commandite*" são combinações deste princípio com a lei da comenda e da *societas maris*, encontradas em todos os lugares. A "companhia de responsabilidade limitada" alemã é uma invenção racional a fim de servir como substituto para a corporação regular de capital social (*Aktiengesellschaft*), legalmente inadequado para o propósito de empresas menores como a família, especialmente entre os co-herdeiros, além de ser particularmente inconveniente por causa de muitas publicações exigidas pela legislação moderna.

A fraternidade (*agermanament*, no direito espanhol) de mercadores, donos de barcos e marinheiros era, pela própria natureza da matéria, intrínseca a um empreendimento conjunto de uma viagem marítima. Correspondendo à elevação da empresa na comunidade doméstica, desenvolveu-se no campo da marinha mercante uma associação conjunta (*Gesamthandvergesellschaftung*) entre os empresários, apesar de que, no outro lado, no penhor de navio e nas regras de média geral, resultando numa comunidade singular de risco entre todas as interessadas na viagem. Em todos os casos, o elemento típico foi a substituição dos associados por uma relação de negócios, isto é, de contrato de estado por um contrato vantajoso, ressalvando, contudo, o tratamento eficiente legalmente técnico do grupo total como um assunto legal, separado e distinto e como um proprietário separado de bens conjuntos. Por outro lado, a burocratização formal do instrumento que teria se tornado tecnicamente necessária para se evitar uma corporação. Em nenhum outro sistema legal as relações de associação conjunta de forma racional desenvolveram-se tão especificamente como as do Ocidente da Idade Média e períodos posteriores. Sua ausência no direito romano deveu-se mais a certos elementos da técnica legal inerentes à natureza do *ius ivile* nacional do que as causas econômicas. Provavelmente, a comodidade relativa ao que o direito romano pudesse dispensar a qualquer desenvolvimento de tamanha e rica variedade de formas legais estivesse conectada ao caráter peculiar do capitalismo antigo, um capitalismo escravo e predominantemente político baseado no Estado. Os escravos eram usados como instrumentos de negócios por meio de contratos em que o mestre pudesse adquirir os direitos ilimitados, porém com responsabilidade limitadas. No tratamento do *peculum*, de certo modo, de um fundo separado tornou possível obter, pelo menos, parte dos resultados que hoje são realizados por várias formas de responsabilidade limitada. Naturalmente, tal restrição, junto com a exclusão completa de todas as formas de associações conjuntas da lei de *societas*, bem como o requerimento de todas as reivindicações e obrigações solidárias criadas pelo *sponseo correalis* expresso, são sintomas legais da falta de empresas industriais capitalistas estáveis com necessidades contínuas de crédito, característico do sistema econômico romano. O significado da base essencialmente política do capitalismo antigo é indicado pela inexistência de empresas privadas nas instituições legais, reorganizadas ainda no direito privado do início do Império de acordo com os *publicans (socii vectigalium publicorum)*, isto é, grupos de empresários privados para quem o Estado cultivou a incidência de impostos e a exploração de minas de propriedade do Estado e obras de sal. A estrutura legal e econômica destas associações era similar aos sindicatos habitualmente estabelecidos hoje pelos bancos, cooperando com a emissão de títulos e outras ações; um ou mais bancos "líderes" empreendem em direção do emissor da obrigação de fornecer o capital total em questão; outros bancos juntam-se ao sindicato com a responsabilidade interna para a quantia total, enquanto outros ainda participam somente com inscrição limitada. Em Roma, o *socii* do líder *consortial* (*manceps*), como mencionavam no *interdictum de loco publico fruendo* e em outras fontes, foram membros do consórcio, enquanto as multas garantiam somente a responsabilidade limitada à maneira de um *commanditista* moderno; tanto interna quanto externamente, a situação legal era, desta forma, bem similar à do fenômeno moderno.

  Se a instituição do Estado em si deveria ser tratada como uma pessoa jurídica do direito privado, dependia em cada caso de considerações legais-técnicas e políticas. Se isso fosse feito, significava em prática, que as esferas legais dos órgãos da autoridade do Estado eram divididas em uma esfera de direitos pessoais, com reivindicações e obrigações atribuídas para elas como indivíduos, bem como uma esfera oficial em que as relações de propriedade são consideradas bens institucionais separados; isso significa, ainda, que a esfera de atividade oficial dos órgãos do Estado está dividida em esfera pública e de relações legais privadas e que na última, exclusivamente relacionada com os assuntos de propriedade, os princípios gerais da lei de transações privadas são aplicáveis. É uma consequência normal da personalidade jurídica do Estado que tem capacidade para processar e ser processado de acordo com procedimento civil comum, numa base semelhante às partes privadas, e as reivindicações podem ser livremente acionadas contra ele. Do ponto de vista rigoroso, é verdade que a personalidade jurídica do Estado não tem nada em comum com a última questão. O *populus Romanus* tinha, sem nenhuma dúvida, capacidade de adquirir os direitos privados, por exemplo, pela forma de sucessão do testamenteiro, mas não poderia ser processado. Os dois problemas também são diferentes do ponto de vista prático. Não parece haver nenhuma dúvida de que todas as instituições obrigatórias, incluindo as estruturas de Estado, têm uma personalidade jurídica no sentido de serem capazes de adquirir direitos, até onde conseguem evitar se sujeitar ao processo usual da lei. Do mesmo modo, a personalidade jurídica do Estado e sua responsabilidade para com o processo de lei pode ser reconhecida devido aos diferentes princípios terem a capacidade de obter contratos privados e governamentais. Mas o último fenômeno é geralmente associado, como por exemplo em Roma, à exclusão das cortes comuns e à decisão dos oficiais administrativos de disputas, oriundas de contratos de governo. A capacidade de processar e ser processado é reconhecida não somente pelas pessoas jurídicas, mas também pelas associações conjuntas. Contudo, a questão da personalidade jurídica geralmente aparece na história legal relacionada à questão da capacidade de organizações, especialmente as públicas, de processar e ser processada. Todos os problemas recém-discutidos surgiam quando a autoridade particular não conseguisse lidar com as pessoas privadas como o mestre lida com seus assuntos, forçando-a, entretanto, a obter seus serviços por contratos livres. O problema era particularmente crítico quando a autoridade política recorria a transações com os capitalistas cujo crédito, ou cuja organização empresarial era necessária, e por consequência do movimento livre de capital entre as diversas organizações concorrentes não poderia coagir tais serviços liturgicamente. Os problemas também surgiam quando o Estado tinha que relacionar os artesãos e trabalhadores livres, com quem não podia, ou não desejava, aplicar coação litúrgica. A segurança dos interesses privados foi geralmente aumentando quando a personalidade jurídica do Estado e a jurisdição das cortes comuns passaram a ser reconhecidas. Mas a negação de ambas não necessariamente levou a um prejuízo no que se refere a questões de segurança, como a observação das obrigações contratuais do Estado sendo garantidas por outros meios. O fato de que o Rei da Inglaterra podia sempre ser processado na corte não protegeu os banqueiros florentinos contra a rejeição de seu enorme débito no século XIV. A falta de qualquer meio de coação processual contra o tesouro do Estado Romano não colocou em perigo seus credores, contudo, quando tal perigo surgiu durante a Segunda Guerra Púnica, os credores puderam obter penhores para seus empréstimos que ninguém tentou interromper. O Estado Francês permaneceu isento da jurisdição obrigatória das cortes até após a Revolução, mas sem o prejuízo de seu débito. De certo modo, a isenção do tesouro público do processo legal relaciona-se ao princípio da separação do Estado de outras organizações que desenvolveram uma ligação com o conceito moderno de soberania. Este foi certamente o caso na França e na Prússia também. Frederick William I, consciente de sua soberania, tentou de todas as formas de trapaças para desencorajar seus "nobres obstinados" de invocar a Corte Imperial da Câmara (*Reichskammergericht*). A disponibilidade do processo comum de lei, por outro lado, estava acima de qualquer suspeita, e uma vez que a estrutura do Estado corporativo da organização política resultasse no tratamento de todas as queixas administrativas referentes às disputas entre os detentores de privilégios ou os direitos garantidos, portanto, como o assunto do litígio habitual, em que o príncipe aparece não como soberano, mas como o possuidor de uma prerrogativa limitada, ou como portador de privilégios entre outros na organização política. Esta era a situação na Inglaterra e no Sacro Império Germânico-Romano.

A recusa de ações contra o Estado poderia, contudo, resultar em fatores essencialmente legais e técnicos. Desta forma, em Roma o censor era a autoridade para decidir todas as reivindicações de indivíduos contra o Estado e vice-versa que, de acordo com outros tipos de pensamento, representariam as reivindicações do direito privado. Mas o censor foi também a autoridade nas disputas entre as pessoas privadas na medida em que faziam perguntas relativas à lei que surgia das relações no tocante à propriedade do Estado. Todos os direitos de posse no *ager publicus* e todas as disputas entre os proprietários capitalistas de interesses nas terras públicas e contratantes do Estado (*publicans*), ou entre eles e os sujeitos, eram retiradas da jurisdição de alto escalão dos júris e referidas à cognição administrativa simples. Isso foi realmente um privilégio positivo mais do que negativo dos "capitalistas de Estado" tremendamente poderosos. A falta de júri e da qualidade dupla do magistrado como júri e parte representante persistiu e foi transferida de fato para o fisco da administração imperial quando, a partir de Claudius, seguindo um rápida flutuação sob o domínio de Tiberius, o fisco adquiriu de forma crescente o caráter de propriedade de Estado e parou de ser observado como a propriedade pessoal do Imperador. A distinção não foi completa e os resíduos permaneceram tanto terminologicamente (apesar de tais termos antigos da lei administrativa como *manceps*, ou *praes* passarem a ser gradualmente substituídos por termos do direito privado) quanto na máxima de que o fisco era capaz de processar e ser processado. As flutuações entre as concepções patrimoniais e as institucionais da propriedade imperial, isto é, das concepções pertencentes ao imperador como pessoa física ou como Estado, junto com as considerações da técnica administrativa e dos interesses econômicos da dinastia também influenciaram as várias transformações e as diferenciações entre os diferentes tipos de bens imperiais que na teoria foram todas consideradas como tendo uma posição regular na corte. Atualmente a distinção entre o Imperador como uma pessoa privada e como um magistrado (soberano) foi conduzida somente em relação aos primeiros imperadores. Finalmente, toda propriedade do imperador era considerada como propriedade da coroa e consequentemente tornou-se usual ao imperador ao subir ao trono, transferindo sua fortuna privada para seus filhos. O tratamento das aquisições pela forma de confisco e de legados numerosos deixados ao imperador como um meio de reforço da validade dos testamentos não foi claramente elaborado do ponto de vista do direito constitucional e privado.

Dentro da estrutura do corporativismo do Estado medieval, que discutiremos posteriormente, estava fora de questão que o príncipe, como monarca, seria diferenciado de príncipe, como indivíduo privado ou que seus bens servindo finalidades políticas seriam diferenciados daqueles servindo finalidades privadas. Como vimos, esta falta de diferenciação resultou no reconhecimento da possibilidade de processar o rei britânico ou o imperador alemão. O efeito contrário também ocorreu, contudo, quando as reivindicações para a soberania levaram à retirada do Estado da jurisdição de seus próprios órgãos. Apesar desta ligação, os detalhes legais foram usados para uma resistência muito efetiva às aspirações políticas dos príncipes. O conceito romano de fisco, recebido na Alemanha, foi usado para servir como o instrumento de técnica legal, tornando possível processar o Estado. Consequentemente, e como resultado do conceito de Estado tradicional corporativo, também serviu como uma primeira base para a justiça administrativa genuína muito além do escopo das disputas de direitos privados. O conceito do fisco deveria ter produzido o conceito do Estado como uma instituição já na antiguidade. Contudo, este passo conceitual nunca foi tomado pelos juristas clássicos porque teria sido contrário às categorias existentes do direito privado antigo. Nem o *"Auflage"*, como entende o direito moderno, foi desenvolvido, a fim de servir como um substituto.

Do mesmo modo, o conceito de doação permaneceu inteiramente oposto ao direito romano. A única maneira disponível foi estabelecer um fundo corporativo, o uso atual demonstrado pelas inscrições. O verdadeiro conceito de fundação em seus aspectos técnicos e substantivos era em quase todos os lugares desenvolvido de acordo com influências religiosas. A grande massa de fundações dedicava grande parte do tempo a cultos aos mortos ou a trabalhos de caridade religiosamente meritória. O interesse principal na definição de *status* legal de tais fundações era encontrado entre os padres a quem a supervisão das atividades da fundação era confiada. Consequentemente uma "lei de fundação" surgiu somente onde o sacerdócio era suficientemente independente da autoridade laica para desenvolver um corpo especial dos direitos sagrados. No Egito, por esta razão, as fundações existiam desde tempos remotos. As fundações puramente seculares e as fundações particularmente familiares, contudo, eram praticamente desconhecidas em todos os lugares, não somente por causa de razões técnicas legais mas, sem dúvida, também por razões políticas, a menos que usassem a forma de concessão de terras como feudo ou similares, assim, criaram uma dependência das famílias privilegiadas com o príncipe. Em relação ao Estado eram completamente ausentes. Uma mudança ocorreu pela primeira vez na lei bizantina, onde as normas sacras foram usadas como meios técnicos, após o direito romano ter dado os primeiros passos limitados nesta direção por meio de *fidei commissum*. Por razões que vamos discutir posteriormente, em *Byzantium* a criação de aluguéis perpétuos tomou a forma de fundações monásticas em que os fundamentos e direitos para a receita eram reservados para a família do fundador. Uma outra fase no desenvolvimento deste tipo de fundação foi a lei islâmica *Wakf*, que teve um papel de imensa importância economicamente, bem como em outros aspectos. No Oriente, o santo era tratado primeiramente do ponto de vista legal e técnico como o proprietário do fundo de doação. O conceito da fundação secular da Idade Média começou a se desenvolver uma vez que o direito canônico preparou os propósitos eclesiásticos.

    O conceito de instituição (*Anstalt*) não foi completamente desenvolvido no sentido puramente legal até a teoria moderna. Em essência, também, é de origem eclesiástica, derivado da lei eclesiástica romana. O conceito de instituição tinha que surgir de alguma forma tão breve quanto o conceito carismático do portador de autoridade religiosa e a organização puramente voluntária da congregação. Rendendo-se, finalmente, à burocracia oficial dos bispos e o último começando a procurar uma legitimação legal e técnica para o exercício dos direitos eclesiásticos de propriedade.

Nenhum conceito de instituição eclesiástica existiu inteiramente na antiguidade. Mesmo a partir da secularização do culto pelo Estado, os bens do templo foram legalmente considerados como da igreja, do Estado e da propriedade. A técnica legal antiga ajudou a Igreja Cristã por meio do conceito corporativo; no início da Idade Média, na medida em que os fundos da igreja não eram considerados como propriedade privada da igreja, recorrendo à ideia dos santos como proprietários e os oficiais da igreja como agentes. Após a declaração de guerra à propriedade privada da igrejas pela Questão das Investiduras, o direito canônico elaborou uma lei corporativa eclesiástica peculiar, que, em consequência do autoritarismo e dos elementos institucionais da estrutura da Igreja, tinha que diferir da lei de corporação das associações voluntárias e das organizações de Estado corporativo. Mas esta lei corporativa eclesiástica, por sua vez, influenciou notadamente o desenvolvimento do conceito de corporação secular da Idade Média. Foram as necessidades essencialmente técnicas de administração no Estado institucionalizado moderno que levaram a estabelecer como pessoas juridicamente separadas inúmeras empresas públicas, tais como escolas, moradias simples, bancos estaduais, fundos de seguros, instituições de crédito, etc.; não tendo direitos de membros nem de associação, somente caracterizando-se como órgãos independentes e autônomos, não poderiam ser denominados corporações e foi assim que surgiu o conceito legal da instituição.

O conceito racional da corporação na forma mais desenvolvida do direito romano foi produto do período imperial, muito particularmente da lei das corporações municipais. As municipalidades distintas do Estado apareceram de forma mais numerosa somente após as Guerras Latinas, quando as cidades dominadas foram recebidas na comunidade romana, porém, sem redução da autonomia. Tais relações eram definitivamente regulamentadas pelas leis dos primeiros imperadores. Em consequência de sua mediatização as municipalidades foram privadas de seu *status* como instituições políticas; *civitates privatorum loco habentur* já foi dito no segundo século e *Mitteis* propriamente aponta que o *commune* adjetivo começou naquele tempo a substituir *publicum* por propriedade municipal. Quanto aos litígios, alguns eram tratados como administrativos, por exemplo, a controvérsia de território, e outros como privados, especialmente os oriundos de contratos cujo procedimento civil comum era aparentemente disponível. A forma típica do funcionalismo municipal espalhava-se sobre o império; de fato, os títulos exatos de magistrados municipais apareciam nas corporações privadas do período imperial. Está é provavelmente a origem da burocratização do conceito da corporação de acordo com o padrão da instituição política da municipalidade, para a qual a separação absoluta da propriedade municipal da do indivíduo era autoevidência conforme a máxima: *quod universitati debetur singulis non debetur*. Ao mesmo tempo, a instituição das associações voluntárias na Monarquia Juliana foi condicionada a uma licença, indubitavelmente por razões políticas. Não se sabe se naquele tempo a licença conferida ocorria da mesma forma como em épocas posteriores, ou seja, considerando a pessoa jurídica como um todo ou parcialmente. É provável, porém não é certeza, que a expressão *corpus collegii habere* referia-se à capacidade legal total. O termo mais usado em teorias posteriores foi *universitas*. Se estiver correto, como Mitteis plausivelmente afirma, as relações internas das corporações privadas foram sujeitas somente à cognição administrativa, a burocratização de corporações administradas por toda lei do período imperial se adaptariam muito bem e constituiriam, ao mesmo tempo, a secularização da situação previamente decisiva característica deste desenvolvimento. No período republicano a situação foi, obviamente, diferente. Não se tem certeza e é também improvável que a Lei das Doze Tábuas, seguindo as leis de Sólon, reconhecessem a autonomia das corporações existentes. Uma bolsa comum, de acordo com as leis proibitivas posteriores, era um assunto corriqueiro. Por outro lado, não havia possibilidade técnica de uma ação civil. Nem é certo que estava disponível na lei antes do período imperial. Não havia forma de ação para disputas entre os membros relativos aos direitos de associação. O motivo obviamente fica no fato de que as corporações privadas estavam naquele tempo sujeitas em parte ao direito sagrado e, em parte, à lei administrativa da cognição magistral e sacerdotal; este fato, por sua vez, estava relacionado à estrutura de *status* da *polis* antiga, que tolerou os escravos e *metecos* no *collegium*, mas não no corpo político da cidadania.

Como as *phratries* helênicas, as organizações voluntárias do período mais recente, além de outras associações permanentes de todos os sistemas legais tão remotos quanto os clãs totêmicos e as associações voluntárias romanas mais antigas conhecidas foram as fraternidades (*sodalitates*) e, como tais, comunidades de culto. Um irmão não poderia mais convocar outro irmão na corte, da mesma forma que não poderia convocar qualquer outro a quem estivesse ligado por laços de lealdade. Os sinais desses tipos de questões permanecem até mesmo na lei dos *Pandects*, em que as ações criminais são proibidas entre irmãos. No direito privado, as relações fraternais foram significativas por suas consequências negativas, isto é, pelas situações que excluem acionabilidade. Pelas mesmas razões, as corporações e associações de comércio, definitivamente estabelecidas na Roma Republicana antiga, eram constituídas como *collegia cultorum*. Assim como as organizações chinesas e medievais similares, eram fraternidades sob a proteção de seu deus benfeitor especial, então reconhecido como legítimo em Roma pela *collegium* pelo Estado; de acordo com *Mercury* e o *collegium mercatorum*, denominando as marcas da tradição de muito velhas. A obrigação de ajuda mútua em emergências e refeições de culto, tão características às associações germânicas ou todas as outras organizações baseadas na fraternidade, foram mais tarde transformadas em assistências nacionalmente organizadas e auxílio funeral. Um número regular destes *collegia* são conhecidos por terem sido organizados durante o império como fundos similares. Nada tem a ver com a lei dos cidadãos. Contanto que a organização sacra permanecesse mais do que uma mera forma, sua propriedade era provavelmente protegida de forma sacramental, mediando-se os conflitos entre os membros e os estrangeiros de maneira ostensiva pela coação do magistrado. O direito de interferência do magistrado acontecia como as organizações ocupacionais importantes para liturgias estatais (*munera*). Este fato explica a fácil transação para a burocratização do período imperial. Também é provável que os relacionamentos destas organizações agriculturais, uma persistência que pode ser apenas suposta, permaneceu fora do procedimento de júri comum. O *ager compascuus* e a *arbitria*, mencionados pelos escritores agriculturais, era o resíduo de uma arbitragem regulamentada pelo Estado, todavia autônoma, de disputas entre os vizinhos. Uma vez que o *municipium* surgiu influenciando todas as leis corporativas, a lei aplicável a essas corporações, que continuavam autorizadas, cresceram de forma uniforme durante o Período Imperial. O restante dos direitos da associação de sociedade, quando encontrados, desapareceram; permanecendo possíveis apenas fora da área do direito imperial romano, por exemplo, nos grupos *phylae* formados por artesãos de pequenas cidades helênicas. Não sendo mencionados na lei imperial. Esta omissão não prova, contudo, que tais formas de organizações deixaram de existir. Para chegar a tal conclusão seria necessário provar a ausência de qualquer regulamentação do *emphyteusis* no *ius civile* antigo ou de outros títulos que realmente não existiram em terras diferentes daquelas que constituíram o *ager optimo jure privatus*, portanto, os únicos a serem listados.

A lei medieval continental foi influenciada pelas formas germânicas de sociedade e pelo direito canônico e romano. As formas germânicas de sociedade foram redescobertas por Gierke e são descritas em toda sua riqueza e desenvolvimento em seu maravilhoso trabalho. No contexto atual, algumas observações devem ser suficientes para explicar esses princípios formais de tratamento. Neles encontramos uma série contínua de estruturas desde relacionamentos simples de ajuda mútua até comunidades estritamente políticas ou da família até a municipalidade. Do ponto de vista da tecnologia jurídica, todas têm em comum a capacidade de processar e de ser processada e de possuir propriedades; as relações entre a entidade e os indivíduos foram desenvolvidas, contudo, das mais diversas formas concebíveis. Ao indivíduo poderia ser negada qualquer participação no fundo comum, ou poderia ser considerado um proprietário privado de uma participação conforme sua propriedade livre, transferível por alguma forma de papel comercial, mas representando uma participação no fundo total; ou, ao contrário, cada membro poderia ser considerado proprietário de uma participação em cada bem privado. Em uma escala constantemente variável, os direitos dos indivíduos poderiam ser limitados e determinados, conforme seu conteúdo, pela comunidade ou pela disposição em que a comunidade seria limitada pelos direitos dos indivíduos. Em formas variadas a comunidade poderia ser representada externamente e gerenciada internamente por um de seus oficiais ou por um membro específico ou, até certo ponto, por todos os membros. As contribuições poderiam ser feitas, pelos membros, em espécie ou por meio de serviços pessoais. A associação poderia ser aberta ou fechada para que apenas pudesse ser adquirida por meio de uma resolução dos membros. A administração aproximou-se, em vários níveis e com bastante frequência, daquelas formas encontradas nas organizações políticas em que os poderes coativos dentro da organização eram diferenciados do poder coativo da organização política apenas pela natureza dos meios coativos, ou pelo seu heterônimo com relação à organização política. Por outro lado, a coletividade também foi tratada como o portador de direitos pessoais e obrigações. Como qualquer pessoa privada, a coletividade tinha direito a um nome, direitos de *status* (*Standesrechte*), ou o monopólio do uso exclusivo de certas invenções. Podia ser responsabilizada por atos ilegais, especialmente atos e omissões de seus agentes. Essa condição estava longe de ser excepcional, houve épocas, especialmente na Inglaterra, quando as personalidades coletivas eram consideradas portadoras de certas obrigações, e havendo falha de desempenho eram consideradas devedoras da multa imposta pelo rei. As coletividades poderiam assumir quase cada uma das formas que podemos encontrar no curso de nossa pesquisa sobre as organizações políticas: por exemplo, a administração direta ou gerenciamento representativo em nome dos participantes se apoiando na igualdade e não igualdade com oficiais selecionados por rotação ou eleição; ou o gerenciamento poderia ser um direito do lorde, possivelmente limitado pelas normas ou tradições, mas não autocráticas, relativo a um único indivíduo ou outro grupo delimitado de pessoas e adquirido por meio de eleição periódica ou algum outro tipo de indicação, ou por meio de herança, ou por meio de outra aquisição como um direito transferível, título para o qual poderia ser associado com alguma propriedade. A posição dos órgãos da coletividade poderia constituir uma prerrogativa composta de direitos claramente definidos, isto é, privilégios estritamente limitados e concretos para exercer certos poderes autoritários como direitos subjetivos; ou poderia ser mais como um poder governamental limitado pelas normas objetivas e livre dentro de seu escopo na escolha de meios, e, nesse caso, a organização poderia aproximar o tipo de associação ou aquele da instituição. Com relação aos seus poderes, o gerenciamento poderia ser estritamente vinculado às finalidades particulares da organização ou poderia aproveitar uma liberdade maior ou menor de escolha. Esse último fator também foi importante para o grau de autonomia apreciado pela organização como tal; poderia estar completamente ausente e a aquisição dos direitos e obrigações poderia ser regulamentada automaticamente de acordo com regras fixas como, por exemplo, no caso de certas organizações litúrgicas na Inglaterra; ou a organização poderia possuir poderes amplos de decretos-leis autônomos, limitados por normas flexíveis de um caráter convencional, estatutário ou de outra forma heterônoma.

Qual dessas numerosas alternativas, sob um sistema de liberdade de associação, foi ou ainda é determinada por finalidades concretas e pelos meios econômicos dessa organização específica. A organização pode ser uma comunidade predominantemente econômica. Nesse caso, a estrutura é essencialmente determinada por fatores econômicos, especialmente em relação à função do capital e sua estrutura interna e em relação à base de crédito e risco.

Em uma organização que visa ao rendimento capitalista (como uma corporação de negócios, uma empresa de mineração ou fabricante de navios, ou uma empresa para financiar as necessidades do Estado ou uma empresa colonial), o capital é de significado predominante para a sua eficiência e a sua possibilidade de participação nos lucros. Tal organização requer que, pelo menos, como regra geral, a associação seja fechada e que os propósitos sejam fixos de uma maneira relativamente estável; também, que os direitos de associação sejam formalmente invioláveis e transferíveis mediante a morte e, pelo menos, entre os vivos; que o gerenciamento seja executado burocraticamente, com alguma influência, no entanto, por meio dos membros ou seus procuradores. O principal objetivo de organizações desse tipo não requer responsabilidade pessoal externa dos membros, uma vez que é irrelevante para o crédito fixo da empresa, nem responsabilidade interna, exceto, em uma empresa de mineração por causa de sua estrutura peculiar de capital de mineração.

Tudo isso é diferente no caso de uma organização que visa à autossuficiência sem o uso do dinheiro, pois quanto mais compreensivos são seus propósitos, mais requerem a autoridade preponderante da coletividade. À medida que a entrada para a associação torna-se cada vez mais restrita e internamente associada com a apropriação fixa, como é o caso em aldeias e comunidades, os direitos à sociedade aparecerão em primeiro plano, enquanto os benefícios dos bens individualmente apropriados, que continuam administrados comunitariamente, são transferidos para o gerenciamento, que pode ser determinado por rotação, por herança, ou pela autoridade do lorde das terras arrendadas. Finalmente, nas organizações voluntárias estabeleceu-se uma suplementação comunal da produção individual ou consumo, como, por exemplo, nas comunidades individuais, os direitos de associação, apesar de firmemente apropriados e, como obrigações de associação, firmemente delimitadas, são, de forma não tão comum, não transferíveis livremente; apesar da responsabilidade social ser mais significativa ao apoio ao crédito à organização, geralmente limitado, a menos que o risco possa ser claramente determinado; a administração é formalmente burocrática, mas em prática é conduzida frequentemente por *honoratiores*. Os direitos individuais da associação no fundo coletivo perde seu significado estruturalmente determinante de forma crescente quando a organização passa a adquirir cada vez mais o caráter de uma instituição para a promoção dos interesses de uma pluralidade não determinante de pessoas, especialmente artificiais, enquanto a contribuição de capital torna-se menos significativa relativa às contribuições periódicas ou pagamentos pelas partes interessadas para os serviços realizados pela coletividade. Tal situação surgiu no caso de seguros coletivos pura e economicamente orientados, e mesmo que, no caso de instituições de segurança social ou caridade servindo aos resultados. Onde, finalmente, a organização aparece como uma unidade econômica destinada a servir aos resultados não econômicos, os direitos de propriedade garantidos dos membros se tornam insignificantes e as considerações econômicas perdem sua importância na determinação da estrutura da organização.

Geralmente parece, todavia, que o desenvolvimento da estrutura legal de organizações é determinado de forma predominante por fatores econômicos. Este fato é provado pelo contraste nítido entre o desenvolvimento do Inglês moderno e medieval, de um lado, e o continental, especialmente o Alemão, do outro. Na lei inglesa, a sociedade, como definida por Gierke, não existiu após a invasão normanda e nenhum conceito de corporação do tipo continental foi desenvolvido até os tempos modernos. Com exceção do início elementar, não havia autonomia de grupo no sentido e escopo aceito na Alemanha medieval e não havia personalidade jurídica geralmente regulamentada de associações. As sociedades como as da teoria de Gierke, apresentadas por Maitland, e mais tarde por Hatschek, quase não encontraram espaço na vida legal inglesa, exceto na forma que Gierke denominou como associações autoritárias (*Herrschaftsvenbände*); significativamente, contudo, estas últimas podem ser, como foram na Inglaterra, classificadas em categorias jurídicas diferentes das formuladas por Gierke. Esta ausência na Inglaterra da forma supostamente germânica da lei de organizações (*Verbandsrecht*) ocorre não somente por causa da falta de recepção do direito romano, mas parcialmente por ela. A ausência do conceito da corporação romana facilitou o desenvolvimento da situação na Inglaterra que, por meio da lei Canônica, somente as instituições eclesiásticas possuíam os direitos efetivos de corporação, e mais tarde todas as organizações inglesas passaram a ter caráter similar. A teoria da corporação única, isto é, o *dignitas* representada pela sucessão de oficiais, possibilitava a doutrina legal inglesa tratar o Estado e a administração comunal como pessoas jurídicas da mesma forma que as autoridades eclesiásticas eram tratadas na lei Canônica. Até que no século XVII o rei foi considerado como uma única corporação, e se hoje, nem o Estado nem o tesouro público (*Fiskus*), exceto a coroa, são considerados portadores de todos os direitos e obrigações das organizações políticas, é uma consequência da influência da lei canônica e da ausência desse conceito de corporação alemã, a princípio, devido à influência do direito romano. Tal ausência, por sua vez, foi sinalizada pela estrutura política do Estado corporativo de propriedade rural (*Standestaat*). Em tempos modernos a corporação inglesa, assim que passou a existir, mantinha essencialmente seu caráter como instituição mais do que uma associação; nunca se tornou uma sociedade do tipo alemão. Estes fatos nos fazem suspeitar que a lei de continente romano foi menos responsável pelo declínio da lei medieval de sociedades do que se acredita. As organizações medievais foram, de fato, bem contrárias a lei Justiniana. Mas os juristas romanos, seus intérpretes, estavam prontos para adaptá-las às necessidades existentes. Suas teorias tinham que usar as ferramentas conceituais de caráter frequentemente questionável, mas ainda poderíamos dizer que enfraqueceram a existência das organizações medievais. O conceito da corporação deu lugar ao vago pensamento alemão, não inteiramente devido aos esforços dos juristas, apesar de terem contribuíram muito. Os verdadeiros motivos para o desenvolvimento da Inglaterra de um lado e do Continente de outro, especificamente a Alemanha, foram, sobretudo, de ordem política. Esta afirmação se aplica na Idade Média assim como no início do período moderno. A diferença essencial foi a seguinte: o poder real da Inglaterra era forte e centralizado, dominado pelos *Plantagenets* e seus sucessores, detentores de meios técnico-administrativos altamente desenvolvidos. Na Alemanha, por outro lado, não havia nenhum centro político. Outro fator constituído pela efetividade contínua de certas noções feudais na lei inglesa de propriedade real.

Não foi somente na estrutura da corporação que os aspectos autocráticos e institucionais ingleses encontraram expressão. Ao lado da corporação do tipo inglês encontramos, como substituto para a corporação continental, a técnica de tratar certas pessoas ou portadores de cargos, tais como curadores, isto é, pessoas para quem certos direitos são confiados o benefício de certo beneficiário ou beneficiários, ou do público em geral. Uma vez que, no final do século XVII, não somente o rei, mas também os oficiais do município e da paróquia, também foram considerados curadores sempre que usarem o conceito de "fundo de propósito especial" (*Zweckvermögen*). A lei inglesa apela para a curadoria como mecanismo técnico mais adequado. O elemento característico nesta aproximação institucional é que o curador não somente pode, como deve fazer o que está em sua jurisdição; sendo, desta forma, um substituto para o conceito de cargo público (*Amtsbegrif*). A origem do fundo neste sentido é similar ao *fidei commisssum* romano, quando se há necessidade de enganar certas leis proibitórias, especialmente as leis de mão-morta e certas outras limitações impostas pelo sistema legal. Uma segunda causa foi a ausência, no início da Idade Média, de qualquer conceito de corporação. Quando a lei inglesa finalmente desenvolveu tal conceito, o *trust* (fundo) continuou a ser aplicado às instituições que não podiam ser denominadas corporações; mas uma tendência similar continuou persistentemente a desempenhar um papel importante em toda lei inglesa de corporações.

Foi a última situação mencionada que respondeu ao fato de que a estrutura da comunidade de vila (*Markgenossenschaft*) era muito mais autoritária na lei inglesa do que na lei alemã e que o proprietário era geralmente considerado como o dono da comunidade, enquanto os camponeses eram vistos como meros beneficiários de *jura in re aliena*. Em vista desta teoria, consistentemente mantida, seu direito de acesso às cortes do rei era limitado. O resultado final era o reconhecimento da propriedade hereditária simples como a forma fundamental da propriedade inglesa legítima mais extrema do que a *ager optima jure privatus* do direito romano jamais reconheceu na prática. As comunidades separadas de herdeiros, e todas as outras formas derivadas do direito alemão, foram excluídas por meio do princípio feudal de primogenitura. O princípio de localizar todos os títulos de terra basicamente para uma concessão real necessariamente resultava nos poderes dispositivos de todas as organizações, exceto os títulos especiais de certas pessoas e seus sucessores legais que podiam ser adquiridos somente pela forma de privilégio. Os estudos de Maitland mostraram que, como um resultado da distribuição puramente automática de direitos e deveres de cada indivíduo de acordo com sua participação, derivada do antigo sistema escondido e transferido para toda organização similar, a prática inglesa teve pouca necessidade em lidar como um assunto legal, independentemente da totalidade dos indivíduos participantes numa comunidade. A situação foi intensificada no que se refere à divisão feudal da autoridade pública peculiar a uma sociedade de estados. Foi levada primeiro pelas leis de mão-morta que proibiam, de acordo com os interesses do rei e da nobreza, toda alienação de terra para a "mão morta", incluindo as municipalidades. Isenções podiam ser obtidas somente por meio de privilégio especial, e de fato os privilégios da cidade do século XV, começando com o privilegio de Kingston de 1439, concediam direitos de corporações com conteúdo positivo para as cidades em questão, empenhando-se em obter pelas cidades meios de escape de outras proibições. Mas a lei de corporações permaneceu uma lei de privilégios sujeita às influências gerais de um desenvolvimento legal peculiar a uma sociedade de estados. O rei e o Parlamento descendente de todas as autoridades foram considerados como um complexo de privilégios específicos e prerrogativas. Qualquer um que reivindicasse exercitar um direito adquirido diferente daquele por meio do contrato privado tinha que deduzi-lo legalmente de uma concessão válida, fazendo-o somente dentro de certos limites definidamente estabelecidos. A prova positiva de concessão podia ser dispensada somente no caso de direito consuetudinário imemorável. Mesmo após o surgimento do conceito de corporação a doutrina, com todo o seu rigor, persistiu até a modernidade, de acordo com cada organização; caso fosse transcender suas ações legais aos privilégios explicitamente concedidos a ela, seria por meio de *ultra vires*, consequentemente tornando-se culpado de abuso de privilégio e, desta forma, sujeito à dissolução como, em larga escala, era realizado pelos Tudors e Stuarts.

Nem a corporação pública nem a privada podiam ser estabelecidas de uma forma diferente de uma concessão especial; nenhuma concessão seria dada, exceto por um propósito limitado e sob as bases da utilidade pública; e todas as corporações eram autorizadas de forma política, as corporações de propósito limitado deveriam permanecer sob constante controle e supervisão. Em última analise, a origem desta situação legal pode ser localizada pelo caráter litúrgico da administração normanda. O rei mesmo assegurava as contribuições necessárias para o governo e para a administração da justiça pela formação de organizações compulsórias com as obrigações coletivas similares às dos Chineses, dos Helenísticos, e dos Romanos, dos Russos e de outros sistemas legais. A *communaltie* existiu exclusivamente como uma organização com obrigações litúrgicas em direção à administração real e tinha seus direitos somente pela força da concessão real ou indulgência. Por outro lado, tais comunidades legais continuavam sem corporação, mesmo em tempos modernos.

Em consequência da rigorosa administração central patrimonial, esta integração de todas as associações no Estado atingiu seu ápice no início da historia legal inglesa e passou por um enfraquecimento gradual em seguida. Na história legal continental, por outro lado, foi o Estado burocrático suntuoso dos tempos modernos que finalmente rompeu os elos da autonomia corporativa tradicional; sujeito à sua própria supervisão as municipalidades, associações, comunidades de vilas, igrejas, clubes e outras associações de todos os tipos; patentes emitidas os regulamentavam e controlavam; cancelaram todos os direitos que não eram oficialmente concedidos nas patentes; e desta forma, apresentou-se pela primeira vez na prática atual a teoria dos legistas que afirmavam que nenhuma estrutura organizacional podia ter personalidade jurídica ou qualquer direito próprio, exceto pela força de uma concessão pelo príncipe.

Dentro destes territórios de efeitos duradouros a Revolução Francesa destruiu não somente a formação de corporações, mas também cada tipo de associação voluntária que não pudesse expressamente ser licenciada para as finalidades estreitamente definidas como especiais, assim como toda a autonomia associativa em geral. Esta destruição foi motivada por razões políticas características da democracia radical, mas em parte também por concepções doutrinárias da lei natural, assim como considerações de orientação econômica burguesa, que em sua doutrina também tendiam em direção à crueldade. O Código exclui um conceito real da pessoa jurídica simplesmente não mencionando nada sobre isso. A tendência foi reversa, contudo, pelas necessidades econômicas do capitalismo e, para as classes não capitalistas, as necessidades da economia de mercado de um lado, as necessidades de agitação dos partidos políticos do outro e, finalmente, a diferenciação substantiva diferente das demandas culturais em conexão com a diferenciação pessoal dos interesses culturais entre os indivíduos.

Uma ruptura tão acentuada com o passado nunca foi experimentada na lei de corporação inglesa. A teoria legal inglesa se iniciou no século XVI para elaborar primeiramente para as cidades o conceito de "órgão" e de "atuar como um órgão" tão distinto legalmente da esfera privada, e ao fazer isso usou o conceito da *política de corpo*, isto é, o conceito romano de *corpus*. As associações eram caracterizadas por tipos de corporações, apresentando questões relativas às municipalidades e à possibilidade de autonomia processual e contratual, contanto que tivessem um selo e dessem as corporações licenciadas uma autonomia limitada permitindo que tivessem suas próprias leis internas, baseando-se no princípio da unanimidade. No século XVII passou-se a negar a capacidade de cometer delito das corporações mas, até o século XVIII, as corporações eram tratadas como assuntos de propriedade como fiduciários para os membros individuais, cujas reivindicações contra a corporação eram obrigatórias somente na imparcialidade. Só no final do século XVIII que a lei inglesa permitiu, relutantemente, o término da responsabilidade do acionista sobre os débitos da corporação após a transferência de ações, e mesmo depois, a lei ainda isentava caso houvesse insolvência da empresa. Blackstone, finalmente, foi o primeiro a fazer uma distinção real entre os bens corporativos e privados, referindo-se ao direito romano ao fazer a distinção.

A influência gradual das necessidades das empresas capitalistas teve papel importante neste desenvolvimento. As grandes empresas dos períodos mercantilistas Tudor e Stuart foram instituições legais do Estado, assim como também o Banco da Inglaterra. Os requisitos medievais do uso do selo para cada instrumento emitido pela corporação, o tratamento das ações como propriedade real sempre que alguma parte dos bens corporativos consistia de terra, e a limitação de propósitos corporativos para as tarefas públicas ou as tarefas de utilidade pública eram completamente impraticáveis para as corporações de negócios e foram abandonadas no curso do século XVIII. Mas foi somente no século XIX que a responsabilidade limitada foi geralmente apresentada às corporações de negócios e que um sistema de regulamentação normativa geral foi estabelecido para todas as sociedades anônimas, junto com certas normas especiais para as sociedades amistosas e benevolentes, sociedades instruídas, companhias de seguros, bancos de depósitos, e, finalmente, os sindicatos. Em todos estes casos as normas correspondem às do continente. As formas antigas, contudo, não foram inteiramente descartadas. Até hoje a nomeação de administradores ainda é requerida para o surgimento na corte de uma variação total de associações voluntárias reconhecidas, por exemplo uma sociedade amigável, enquanto que para uma associação voluntária não incorporada (clube), um poder unanimemente concedido de advogado é necessário para cada transação legal. A doutrina de *ultra vires* ainda está ativa, e uma carta patente individual ainda é exigida para cada corporação que não pode ser inclusa em nenhuma das patentes legais. Na prática, contudo, a situação não é muito diferente do que existiu na Alemanha desde que o Código Civil entrou em vigor.

Não só este breve esboço comparativo, mas cada observação do grande sistema legal mostra que nenhuma das variações no desenvolvimento legal pode ser explicada pelo *slogan* do caráter individual do direito romano em contraste ao caráter social do direito germânico.

A grande opulência de formas das sociedades medievais alemãs foi condicionada a fatores bem particulares, predominantemente políticos, e foi e ainda é única. A lei russa e oriental, incluindo a lei hindu, reconheceu a responsabilidade coletiva litúrgica e os direitos coletivos correspondentes das organizações compulsórias, especialmente as comunidades de vilas, mas também dos artesãos. Eles também têm, apesar de não em todos os lugares, a responsabilidade de sociedade da comunidade da família e muito frequentemente de fraternidades de trabalho do tipo familiar como o *artel* russo. Mas nunca encontraram um lugar para uma tão lei ricamente diferenciada de sociedades como as do Ocidente medieval ou para o conceito racional de corporação como o produzido em confluência com o direito romano e medieval. A lei islâmica de doações era, como vimos, representada pelos desenvolvimentos legais orientais antigos, particularmente egípcio, e acima de tudo, bizantino, mas não continha germes de uma teoria de corporações. Finalmente, a lei chinesa mostra de forma típica a concomitância da autoridade dos príncipes patrimoniais e a manutenção da família e dos grupos de realeza em seu significado de avalistas do *status* social do indivíduo. Uma concepção do Estado como independente da pessoa privada do Imperador não existia como lei de corporações privadas ou associações voluntárias, sem falar nas proibições politicamente motivadas contra todas as organizações não familiares, não fiscais, nem especialmente licenciadas. As municipalidades eram reconhecidas na lei oficial somente como organizações para portar a responsabilidade da família em relação a taxas e encargos. Na base da associação do grupo da realeza, ainda exercem a autoridade mais forte concebível sobre seus membros, organizam as instituições comuns de todos os tipos de atividade econômica e manifestam um grau de coesão em direção aos estrangeiros com os oficiais da autoridade imperial, contando com a autoridade local mais forte. Estes fenômenos, que não são mais reconhecidos nos conceitos legais da lei chinesa oficial como eram em todos os lugares, têm impedido com frequência suficiente sua eficácia. Não se podia exigir autonomia de nenhum conteúdo claramente definido expresso em contendas de sangue de grupos de realeza e em cidades, mas nunca reconhecidos pela lei oficial. A situação das organizações privadas, diferente da dos grupos de realeza e famílias, especialmente do empréstimo mútuo altamente desenvolvido e as sociedades de sepultamento e as organizações ocupacionais correspondem, em parte, à situação do período do império romano e, em parte, à lei russa do século XIX. Apesar disso, o conceito de personalidade jurídica da lei da Antiguidade é basicamente inexistente e a função litúrgica desapareceu, se é que alguma vez existiu, pois não se pode afirmar. As comunidades de propriedade capitalista (*Vermogensgemeinschaften*) vieram a ser emancipadas da dependência formal na comunidade familiar, assim como na Europa Medieval do Sul, mas em vez, do *de facto* use de tais instituições como o nome da associação, nunca se tornaram legalmente definidas como na Europa do século XIII. A responsabilidade coletiva do estado geral da lei de obrigações tomou como origem a responsabilidade delituosa dos grupos da realeza, que ainda persiste em forma fragmentária. Mas a responsabilidade contratual, ainda que uma responsabilidade puramente pessoal não assumiu a forma de solidariedade e limita-se a obrigação dos membros do grupo a apresentar um membro foragido; em todos os outros aspectos os codevedores estão sujeitos apenas à *pro rata* em vez da solidariedade. Somente a lei fiscal reconhecia a responsabilidade de sociedade da família e sua propriedade, enquanto a propriedade coletiva não existia legalmente para as associações privadas na antiguidade Romana. Como as companhias antigas de contratantes públicos, as associações modernas de empresas chinesas são legalmente tratadas como *consortia* ou como *societes* em *commundite*, com os diretores responsáveis em pessoa. Assim como na Antiguidade e no Oriente, este estado subdesenvolvido de lei chinesa das associações privadas e organizações de negócios foi causado pelo significado do grupo da realeza, referindo-se à toda associação econômica, e finalmente, por relutância geral em investir capital em qualquer coisa diferente das empresas fiscais.

O curso diferente do desenvolvimento medieval ocidental foi causado, primeiramente, pelo fato de que aqui o patrimonialismo foi mais de um *status* corporativo do que de um caráter patriarcal, que, por sua vez, foi causado essencialmente pelas razões políticas e, particularmente, militares e fiscais. Além disso, houve o desenvolvimento e a manutenção da forma de administração da justiça associada a comunidade popular. Onde quer que estivesse faltando como, por exemplo, na Índia, desde o surgimento ao predomínio dos Brâmanes, a variedade atual das formas corporativas e de confraria de associações nunca foi acompanhada por um desenvolvimento correspondentemente legal e rico. A longa e persistente ausência das autoridades racionais e centrais fortes, como constantemente recorreriam após intervalos temporários de fato produziram uma autonomia de comunidades mercantis, ocupacionais e agricultoras, que está explicitamente reconhecida pela lei. Mas nenhum desenvolvimento legal do tipo alemão surgiu disto. A consequência prática da comunidade popular da administração de justiça foi que a pressão veio para ser exercitada sob o lorde, tanto os políticos quanto os senhorios, para proferir a sentença, não em pessoa ou por meio de amigos, mas por meio de membros da assembleia popular ou, pelo menos, sob sua influência decisiva, para que eles não sejam considerados como não vinculativos. Nenhuma consideração poderia ser feita sem a participação dos grupos afetados pelo corpo de lei particular. Os foreiros, servos e serventes (*Dienstmannen*) eram chamados sempre que os direitos e as obrigações oriundos de suas relações de dependência, pessoais e econômicas, estivessem envolvidos; e os vassalos ou homens da cidade, sempre que os direitos e obrigações com respeito a suas dependências contratuais e políticas estivessem em pauta. Essa situação é originalmente oriunda do caráter militar da comunidade pública, entretanto, com a decadência da autoridade central, foi assumida por todas as organizações com administrações de justiça concedidas ou usurpadas. É óbvio que esse sistema constituiu uma forte garantia da criação da lei autônoma e da organização corporativa. A origem dessa garantia e da autonomia *de facto* dos grupos de partes legalmente afetadas na formação de suas próprias leis, que foi necessário para tornar possível o desenvolvimento da lei ocidental de corporações e confrarias e, também, de formas especificamente capitalista de associação, foi condicionada pelas considerações administrativas técnicas e políticas. Geralmente, o lorde estava preocupado com as atividades militares e dificilmente tinha à sua disposição um aparato racional administrativo que dependesse dele e que ele pudesse usar para supervisionar seus subordinados; portanto, dependia da boa vontade e da cooperação destes em satisfazer suas reivindicações. A tipificação e a apropriação dos direitos dessas camada dependentes, da mesma forma como os direitos de sociedade, tinham suas fontes nesta situação. A garantia das normas associativas foi aumentada por meio de uma prática que se originou da forma de aplicação da lei pela assembleia popular, ou seja, aquela de determinar periodicamente a lei predominante da consociação pelo testemunho oral e registro em "customals" (pronunciamentos), combinados com a tendência dos dependentes, nos momentos propícios, de pedir ao lorde a confirmação dessa lei como seu privilégio. Tais ocorrências, dentro das organizações políticas, econômicas e autoritárias, naturalmente, aumentaram a probabilidade da manutenção da autonomia corporativa também para as associações voluntárias e livres. Esse tipo de situação nunca poderia prevalecer na Inglaterra, pois as cortes reais do poder patrimonial suprimiam a administração antiga de justiça pelas assembleias populares dos países, municipalidades, etc. Em consequência disso, o desenvolvimento do direito de sociedade foi inibido; "customals" (pronunciamentos) e privilégios de autonomia eram raros e aqueles poucos que existiam careciam do caráter peculiar das suas contrapartes continentais. Na Alemanha, também, a autonomia de sociedade, e com ela, o direito de sociedade, rapidamente declinaram assim que as autoridades políticas e senhoriais tornaram-se capazes de criar um aparato administrativo que as permitisse dispensar a administração de justiça popular.

Não foi por acidente que esse desenvolvimento coincidiu com a intrusão dos traços romanistas no sistema de governo, mas o direito romano como tal não teve um papel decisivo. Na Inglaterra, o surgimento de um direito de sociedade foi impedido por mecanismos da técnica jurídica germanista. Além disso, aquelas associações que não podiam ser encaixadas nas categorias da administração, formas patenteadas ou de confianças ou solitárias, eram consideradas como relações puramente contratuais de seus membros, com os estatutos recebendo validade apenas no sentido de uma oferta contratual a ser aceita quando da entrada na associação. Tal visão corresponde a uma construção do tipo romanista. A estrutura política da organização de criação da lei e as características peculiares dos portadores profissionais da estrutura jurídica, que devemos discutir mais tarde, foram fatores decisivos.

SEÇÃO 7
LIBERDADE E COAÇÃO

O Desenvolvimento de relacionamentos legalmente regulamentados para a associação contratual, e da própria lei para a liberdade de contrato, especialmente em um sistema de disposição livre dentro da estrutura de transações legais regulamentadas, geralmente significa uma diminuição de coação e um aumento de liberdade individual. É claro que, depois de tudo que observamos, esta opinião está formalmente correta. A possibilidade de entrar com outros em relações contratuais, cujo conteúdo é completamente determinado por acordo individual, e do mesmo modo a possibilidade de fazer uso, de acordo com os desejos de alguém, de um grande número de formas disponíveis pela lei com o propósitos de consorciação no sentido mais amplo da palavra, está, comparado com o passado, imensamente estendida ao direito moderno, pelo menos nas esferas de troca de mercadorias e de trabalho e serviço pessoal. Contudo, até que ponto esta tendência aumentou a liberdade do indivíduo com o intuito de moldar as condições de sua própria vida ou até que ponto, ao contrário, a vida se tornou mais estereotipada apesar, ou, talvez, apenas porque esta tendência não pode ser determinada simplesmente pelo estudo do desenvolvimento das instituições formais legais. A grande variedade de esquemas contratuais permitidos e a autorização formal para ajustar o conteúdo dos contratos de acordo com os desejos de alguém e independentemente de todas os padrões formais oficiais, de maneira alguma certifica que estas possibilidade formais irão, de fato, estar disponíveis para todos. Tal disponibilidade é adiada pelas diferenças na distribuição de propriedade como garantida por lei. O direito formal de um trabalhador de entrar em qualquer contrato com qualquer empregador não representa na prática ao desempregado a mínima liberdade na determinação de sua própria condição de trabalho e não garante a ele qualquer influência neste processo. Em vez disso, representa que a parte mais poderosa no mercado, ou seja, normalmente o empregador, tem a possibilidade de ajustar os termos para que possa oferecer o trabalho como "pegar ou largar", e, mediante a necessidade econômica do trabalhador, impor seus termos sobre ele. O resultado da liberdade contratual é, em primeiro lugar, a abertura da oportunidade de usar, pela utilização inteligente da propriedade no mercado, esses recursos sem as restrições legais como um meio de alcançar poder sobre os outros. As partes interessadas no poder no mercado também são interessadas em tal ordem jurídica. Seu interesse é servido particularmente pela instituição de "normas jurídicas de autorização". Esses tipos de normas apenas criam uma estrutura de acordos válidos que, sob condições de liberdade formal, estão oficialmente disponíveis para todos. Na verdade, contudo, são acessíveis apenas a proprietários e, assim sendo, em apoio a suas autonomias e posições de poder.

 É necessário enfatizarmos esse aspecto para não cometermos os mesmos erros que aquele tipo de descentralização da criação da lei[8] que está personificado nesta forma moderna da autonomia esquema-

---
8 Uma frase oportuna de Andeas Voigt.

ticamente delimitada das transações legais das partes seja idêntico à diminuição do grau de coação exercido dentro de uma comunidade jurídica se comparada com outras comunidades, por exemplo, "linhas" socialistas organizadas. O significado crescente de liberdade de contrato e, particularmente, da habilitação de leis que deixam tudo para o acordo "livre", implica uma redução relativa deste tipo de coação que resulta da ameaça de normas proibitórias e obrigatórias. Formalmente representa uma diminuição da coação. Mas também são óbvias as vantagens que essas condições trazem para aqueles que estão economicamente na posição de fazer uso dessas autorizações. O grau de aumento exato da "liberdade" dentro de uma comunidade jurídica depende inteiramente da ordem econômica concreta e especialmente na distribuição de propriedade. Em nenhum caso, esse grau pode ser simplesmente deduzido do conteúdo da lei. As leis habilitadas do tipo discutidas aqui certamente teriam uma influência pequena dentro de uma comunidade "socialista"; a posição onde a coerção é exercida, seu tipo, e contra quem é orientada também será diferente do que normalmente é em uma ordem de economia privada. A coação é exercida, em grande parte, pelos proprietários privados dos meios de produção e aquisição, para quem a lei garante suas propriedades e cujo poder pode manifestar-se na luta competitiva do mercado. Nesse tipo de coação a declaração "*coactus voluit*" aplica-se com força peculiar apenas por causa da cuidadosa negação do uso de formas autoritárias. No mercado de trabalho, fica a critério da discrição "livre" das partes aceitar as condições impostas por aqueles que são economicamente mais fortes por virtude de garantia legal de sua propriedade. Em uma comunidade socialista, decretos diretos obrigatórios e proibitórios de uma autoridade de controle central econômico, de qualquer maneira que pudessem ser concebidos, teriam uma importância muito maior do que têm hoje. No caso de desobediência, a observação será apresentada por meio de algum tipo de "coação", mas não por meio do conflito mercantil. Qual sistema possuiria mais coação real e qual deles mais liberdade pessoal real não pode ser decidido, contudo, por mera análise do sistema jurídico (formal e atual) existente. Até então, a sociologia pode apenas perceber as diferenças qualitativas entre os vários tipos de coação e suas incidências entre os participantes da comunidade jurídica.

Uma ordem (democraticamente) socialista (na ideologia atual) rejeita a coação na forma em que é exercida no mercado por meio da posse de propriedade privada e, também, na forma de coação direta que é exercida com base em reivindicações puramente pessoais feitas à autoridade. Formalmente, a comunidade de mercado não reconhece a coação formal em relação à autoridade pessoal. Produz em seu lugar um tipo especial de situação coativa que, como princípio geral, aplica-se sem nenhuma discriminação a trabalhadores, empresas, produtores e consumidores, a saber, na forma impessoal da inevitabilidade da adaptação às "leis" puramente econômicas de mercado. As sanções consistem na perda ou diminuição de poder econômico e, sob certas condições, na perda da existência econômica de alguém. O sistema de empresa privada transforma em objetos de "transações de mercado de trabalho" até mesmo aquelas relações pessoais autoritário-hierárquicas que na verdade existem em uma empresa capitalista. Enquanto as relações autoritárias são drenadas de todo o conteúdo normal sentimental, a coação autoritária continua e, sob certas circunstancias, até aumenta. Quanto maior uma estrutura, cuja existência depende, de alguma maneira especifica, na "disciplina", por exemplo, uma fábrica industrial capitalista, maior será a coação autoritária exercida sobre ela, pelo menos sob certas condições. A coação encontra a sua equivalência na diminuição do círculo daqueles que usam esse tipo de poder de constrangimento e, também, naqueles que detém o poder de garantir a eles esse poder por meio da ordem jurídica. Uma ordem jurídica, que contém algumas normas proibitórias e obrigatórias e muitas "liberdades" e "autorizações", pode facilitar um aumento quantitativo e qualitativo da coação em geral e, especificamente, da coação autoritária.

SUPLEMENTO AO CAPÍTULO VI
O Mercado

Até este ponto discutimos vários tipos de estruturas comunais. Elas são altamente diversificadas: podem ser mais amorfas ou mais organizadas, mais contínuas ou mais intermitentes, mais abertas ou mais fechadas. Mas, como regra geral, somente parte da ação comunal dentro da sua estrutura foi racionalizada. Em oposição a todas elas está, como o arquétipo de toda a ação racional social, a consociação por meio das transações mercantis.

Um mercado pode ser considerado existente onde quer que haja competição, mesmo que apenas unilateral, para as oportunidades de transações de mercadorias entre uma gama de interessados. Sua junção física em um único local (como na praça do mercado local), a feira (o "mercado de longa distância") ou a troca (o mercado dos comerciantes) constituem o tipo mais consistente de formação de mercado. Entretanto, é apenas essa junção física que permite o aparecimento da característica mais distinta do mercado, a negociação. Por constituir apenas teor econômico, não discutiremos aqui esse fenômeno chamado mercado. Do ponto de vista social, o mercado representa uma coexistência e uma sequência de consociações racionais, onde cada uma delas encontra-se especificamente efêmera à medida que cessa de existir com o ato da troca de mercadorias, a menos que uma norma tenha sido promulgada para impor sobre os cedentes das mercadorias intercambiáveis a garantia de sua aquisição legal. O comércio de troca completo constitui uma consociação somente com o parceiro imediato. A negociação preparatória, contudo, é sempre uma ação comunal, uma vez que os prováveis parceiros são guiados em suas ofertas pela provável ação de um grupo indeterminado de competidores, reais ou imaginários, e não apenas por suas próprias ações. Além disso, qualquer ato de troca envolvendo o uso de dinheiro (venda) é uma ação comunal, simplesmente porque o dinheiro usado deduz seu valor da sua relação com a provável ação de outros. Sua aceitabilidade recai exclusivamente sobre a expectativa que continuará a ser desejável e possivelmente usada como pagamento. A criação da comunidade com o uso de dinheiro é a contraparte exata para qualquer consociação por meio das normas impostas ou racionalmente aceitas.

O dinheiro cria uma comunidade pela força das relações de interesses materiais entre participantes, reais e em potencial, no mercado e em seus pagamentos. No estágio completamente desenvolvido, a chamada economia financeira, a situação resultante parece ter sido criada por um conjunto de normas estabelecidas com o propósito específico de colocá-la em funcionamento. Porque, dentro da comunidade do mercado, cada ato de troca, especialmente monetário, não é orientado, unicamente, pela ação do parceiro individual em relação a uma negociação específica, pois quanto maior for a sua racionalidade, maior será a sua orientação por meio das ações das partes interessadas na negociação. A comunidade do mercado, como tal, é a relação mais impessoal da vida prática na qual os seres humanos podem entrar um com o outro. Isso não ocorre devido àquela potencialidade de luta entre as partes interessadas, que é natural na relação de mercado. Qualquer relação humana, até a mais íntima, e mesmo que seja marcada por uma devoção pessoal desqualificada, é de certa forma relativa e pode envolver uma disputa com o parceiro, por exemplo, a salvação de sua alma. A razão da impessoalidade do mercado é a sua praticidade e a sua orientação à mercadoria. Quando o mercado consegue seguir suas próprias tendências autônomas, seus participantes preocupam-se apenas com a mercadoria; não há obrigações de irmandade ou reverência e nenhuma daquelas relações espontâneas íntimas que se desenvolvem nas comunidades. Essas obrigações iriam apenas obstruir o desenvolvimento livre da comunidade de mercado. O comportamento de mercado é influenciado pela busca racional de interesses. O parceiro de uma negociação deve comportar-se de acordo com a legalidade racional e, particularmente, respeitar a inviolabilidade formal de uma promessa. Essas são qualidades que formam o conteúdo de ética de mercado. Com relação a isso, o mercado aponta concepções rigorosas. As violações de acordos, embora possam ocorrer por meio de meros sinais, completamente desconhecidos e desprovidos de evidência, são raros no mercado acionário. Tal despersonalização absoluta é contrária a todas as formas elementares de relacionamento humano. Sombart aponta essa contradição brilhantemente.

O mercado "livre", isto é, o mercado que não está vinculado a normas éticas, com sua exploração de interesses e de posições de monopólio, e de sua negociação, é uma abominação para todos os sistemas de ética fraternais. Em forte oposição a todas as outras comunidades que sempre acreditam em fraternização pessoal, o mercado é fundamentalmente contrário a qualquer tipo de relacionamento fraterno.

A princípio, a troca livre ocorre apenas dentro da comunidade, na vizinhança próxima ou na associação pessoal. O mercado transcende tudo isso. Originalmente, é o único relacionamento pacífico de tal tipo. Primeiramente, os membros de uma comunidade não negociavam uns com os outros com a intenção de lucro. Não havia, de fato, a necessidade de tais transações numa época em que as unidades agrárias eram autossuficientes. Uma das maiores formas características de negociação primitiva, o comércio silencioso, representa dramaticamente a diferença entre a comunidade de mercado e a comunidade fraternal. O comércio silencioso é uma forma de troca que evita qualquer contato pessoal e onde o fornecimento toma a forma de um depósito da mercadoria em um lugar comum; a contraoferta toma a mesma forma, e a negociação é efetuada pelo aumento no número de objetos oferecidos por ambos os lados, até que uma parte saia insatisfeita ou satisfeita com as mercadorias deixadas pelo outra parte.

É normalmente acordado entre as partes, até certo ponto, que cada uma permanecerá interessada na continuação desse relacionamento de troca, com esse parceiro ou com outro, e que cumprirá a sua promessa e evitará, pelo menos, infringir normas de boa-fé e de negociação justa. É apenas essa promessa que garante a obediência do acordo. Na medida em que aquele interesse existe, "a honestidade é a melhor política". Essa intenção, contudo, não é universalmente aplicável, e sua validade empírica é irregular; naturalmente, é maior nos casos das empresas radicais com uma clientela estável. Porque, com base nesse relacionamento estável que gera a possibilidade de avaliação pessoal mútua em relação às éticas de mercado, o comércio pode libertar-se, com sucesso, da negociação ilimitada e retornar, segundo o interesse das partes, à limitação relativa de flutuação de preços e exploração de interesses momentâneos. As consequências, embora sejam importantes para a formação do preço, não são relevantes no momento. O preço fixo, sem a preferência de nenhum comprador em particular, e a honestidade rigorosa da negociação são aspectos altamente peculiares dos mercados locais regulamentados do ocidente medieval. Além disso, esses fatores são uma condição e um produto do estágio particular da economia capitalista. São ausentes, onde esse estágio não existe mais. Nem são praticados por Estados e grupos que não estejam engajados em uma negociação, exceto ocasional e passivamente. A Máxima *"caveat empto"* (o vendedor não garante a qualidade de sua mercadoria) ocorre, como a experiência mostra, principalmente em negociações envolvendo *strata feuda* ou, como cada oficial de cavalaria conhece, no comércio de cavalos entre amigos. A ética específica de mercado lhes é estranha, pois tratam o comércio como sendo uma atividade que levanta uma única questão: quem vai trapacear quem.

A liberdade do mercado é tipicamente limitada por tabus religiosos ou por consociações de monopólio que impossibilitam as permutas com não associados. Contra tais restrições, encontramos o contínuo ataque da comunidade de mercado, cuja existência constitui um apelo para participar das oportunidades com o objetivo claro de obter ganhos. O processo de apropriação em uma comunidade monopolista pode avançar a tal ponto que esta se torna fechada a outros negócios, ou seja, as propriedades ou o direito de participar do mercado de uma comunidade rural podem ter se revestido de forma definitiva e hereditária. Conforme a economia monetária se expande, e, com ela, a distinção crescente das necessidades que podem ser satisfeitas pela permuta indireta, e a independência de posse legal da terra, essa situação de apropriação fixa e hereditária normalmente cria um interesse progressivo das partes individuais quanto à possibilidade de usar seus direitos legalmente adquiridos para a permuta com o licitante que lhe ofereça mais, mesmo que tal licitante não pertença à associação. Esse avanço é análogo ao que faz com que co-herdeiros de uma empresa industrial estabeleçam, no longo prazo, uma corporação de forma a capacitá-los a vender suas cotas com liberdade. Igualmente em suas relações externas, quanto mais forte uma economia capitalista emergente se torna, maiores serão seus esforços para obter meios de produção e mão de obra no mercado, sem restrições impostas por obrigações religiosas ou de *status*, e para emancipar as oportunidades de vender seus produtos das amarras impostas pelas restrições feitas pelas organizações monopolistas. Assim sendo, os interesses capitalistas favorecem a continuidade do mercado livre, porém apenas de modo controlado, com o sucesso de alguns garantido por meio da compra de privilégios das autoridades políticas ou simplesmente por meio do poder do capital, obtendo para si um monopólio para a venda de seus produtos ou a aquisição de meios de produção; ou seja, tal processo, em realidade, culmina em novos membros que, uma vez em um mercado fechado, fecham-se igualmente, aderindo ao monopólio.

A dissolução dos monopólios controlados por grandes corporações é, portanto, a típica e imediata sequência à apropriação de todos os meios materiais de produção. Tal fato ocorre quando aqueles que têm negócios de risco no sistema capitalista ocupam posições influentes, para suas próprias vantagens; são as comunidades por meio das quais a posse de bens e o modo de disposição e uso destes são regulados; ou onde, na organização monopolista, a supremacia é sempre conquistada pelos interessados nas vantagens que seus próprios bens podem obter no mercado. Outra consequência é que o escopo desses direitos garantidos como adquiridos ou adquiríveis pelo aparato coativo da comunidade reguladora fica limitado aos direitos sobre bens materiais e reivindicações contratuais, incluindo exigências nos contratos trabalhistas. Todas as outras apropriações, especialmente as de imóveis para compra ou venda, são aniquiladas. A descrição dos eventos, que chamamos de competição livre, perdura até que seja substituída por novos monopólios, desta vez capitalistas, que são adquiridos no mercado por meio do poder de propriedade. Tais monopólios capitalistas diferem daqueles controlados pelas corporações simplesmente por seu caráter econômico e racional. Ao limitar o escopo de possíveis vendas ou de termos admissíveis, os monopólios corporativos excluíram de seu campo de ação o mecanismo do mercado com seus cálculos racionais e em pequena escala. Por outro lado, esses monopólios, que são fundamentados tão somente no poder de propriedade, residem, pelo contrário, em um domínio completo e racionalmente calculado de condições mercadológicas que podem, no entanto, prosseguir formalmente de forma livre. As obrigações religiosas, corporativas, bem como as simplesmente tradicionais, que gradualmente foram eliminadas, constituíam restrições aos preços racionais de mercado; os monopólios meramente condicionados à economia são, por outro ponto de vista, sua consequência mais elementar. O beneficiário do monopólio corporativo restringe e mantém seu poder contra o mercado, ao passo que o monopólio econômico-racional dá as cartas no mercado. Chamaremos estes de grupos de interesse do mercado.

    Um determinado mercado pode estar sujeito a um corpo de normas livremente acordadas pelos participantes ou impostas por qualquer uma das inúmeras e diferentes comunidades, especialmente grupos políticos e religiosos. Tais normas podem abranger restrições à liberdade de mercado, restrições aos negócios em pequena escala ou à competição, ou podem ainda estabelecer garantias para a observância da legalidade mercadológica, especialmente as formas ou meios de pagamento ou, em períodos de instabilidade, as normas podem ser direcionadas à garantia da paz mercadológica. Haja vista que o mercado, em suas origens, era uma consociação de indivíduos que não pertenciam ao mesmo grupo, e que eram, portanto, "inimigos", a garantia de paz, como aquela das restrições das formas de combate, era geralmente confiada a poderes divinos. Frequentemente, a paz no mercado era colocada sob a proteção de um templo; posteriormente, tendia a ser uma fonte de rendimento para o chefe ou príncipe. Entretanto, enquanto a permuta é a forma especificamente pacífica para a aquisição de poder econômico, ela pode, obviamente, ser associada ao uso da força. O navegante da Antiguidade e da Idade Média gostava de tomar sem pagar tudo aquilo que pudesse conquistar à força e recorria pacificamente aos negócios em pequena escala somente se confrontado com um poder semelhante ao seu ou se o considerasse por demais ousado para futuras oportunidades de permuta, o que poderia ser perigoso. Contudo, a expansão intensa das relações de permuta sempre acompanhou um processo de relativa calmaria. Todos os esforços para a "paz pública" na Idade Média objetivavam servir aos interesses de permuta. A apropriação de bens por meio da permuta livre e economicamente racional é o conceito oposto à apropriação de bens por meio de qualquer tipo coativo, especialmente a coação física, cuja prática constitui o elemento principal da comunidade política.

Capítulo VII

OS *HONORATIORES* E OS TIPOS DE PENSAMENTO JURÍDICO

Para o desenvolvimento de um treinamento profissional jurídico e, por meio dele, de modos de pensamento especificamente jurídicos, existem duas possíveis linhas diferentes. A primeira consiste no treinamento empírico na lei como uma arte; os aprendizes a aprendem dos que a praticam mais ou menos durante o curso da prática jurídica efetiva. Sob a segunda possibilidade, a lei é ensinada em escolas especiais, onde a ênfase é colocada na teoria e "ciência" jurídicas, isto é, onde os fenômenos jurídicos recebem tratamento sistemático e racional.

1. Uma ilustração bem pura deste primeiro tipo é representada pelo método inglês do tipo associativo em que a lei é ensinada por advogados. Durante o período medieval fazia-se uma nítida distinção entre advogados e procuradores. A necessidade de um advogado deveu-se às peculiaridades do procedimento diante das assembleias populares; a figura do procurador surgiu quando o procedimento começou a ser racionalizado nas cortes reais com seu tribunal do júri e com o aumento da importância comprobatória do registro. Na França, o formalismo verbal, que cresceu da aplicação rigorosa do princípio acusatório ao procedimento diante da assembleia popular, gerou a necessidade de um *avant-rulier* (*avant-parlier*). As máximas legais *fautes volent exploits* e o efeito formalístico das palavras ditas obrigavam o leigo a procurar a assistência de um *avant-rulier* ou "porta-voz" que, ao pedido da parte, seria apontado pelo juiz dentre os aplicadores da lei, e que "falaria" em público, e em nome de, à parte as palavras requeridas para o progresso do caso. Entre outras vantagens, conferia-se ao litigante a vantagem de poder "emendar" os erros verbais que poderiam ter sido cometidos. Originalmente, o defensor se punha diante da corte próximo à parte litigante. Assim, sua posição era bem diferente da do procurador (*avoue*, Anwalt, solicitador), que assumiu as tarefas técnicas de preparar o caso e obter evidências. No entanto, o procurador não podia assumir estas funções até que o procedimento tivesse passado por um nível considerado de racionalização. No início, não havia nenhuma possibilidade de existir um procurador no sentido moderno da palavra. Ele não podia funcionar como um "representante" da parte até que a representação processual tivesse se tornado possível, como na Inglaterra e na França, por meio do desenvolvimento do direito real; como regra geral, a designação do procurador para tal função representativa se baseava em um privilégio especial. O advogado não era proibido, em virtude de sua ação, pela parte de participar da aplicação da lei; na verdade, ele não podia propor um julgamento a menos que fosse um dos aplicadores da lei. O procurador, contudo, tornou-se apenas o representante da parte e nada mais. Nas cortes reais da Inglaterra, os procuradores eram, em princípio, recrutados, quase sem exceção, dentre aquelas pessoas que sabiam escrever, isto é, o clero, que tinha nesta atividade sua maior fonte de renda. Mas as preocupações do serviço eclesiástico por um lado, e a expansão do treinamento jurídico entre as classes mais altas do outro, resultaram não só na exclusão progressiva do clero da profissão jurídica, mas também na organização de advogados leigos nas quatro *Inns of Court* e no movimento declarado, de sua parte, para monopolizar as posições judiciais, assim como outros trabalhos oficiais que requeriam conhecimento jurídico. Com a chegada do modo racional de procedimento, os antigos "porta-vozes" desapareceram, dando lugar à nova aristocracia de *honoratiores* jurídicos, constituída por conselheiros, sargentos e advogados, ou seja, por aqueles admitidos a representar e apelar pelos litigantes diante da corte real. De fato, este novo tipo de advogado assumiu muitas das características dos antigos "porta-vozes". Também ele se sujeitava a uma etiqueta profissional rigorosa, recusava-se a ter qualquer ligação com os serviços técnicos requeridos no caso e, em última instância, perdia todo o contato pessoal com a parte, com quem nem se encontrava. O tratamento do caso ficava nas mãos dos "procuradores" ou "solicitantes", uma classe de comerciantes, que não se organizava em associações nem possuía a educação jurídica fornecida por elas; estes eram os intermediários entre a parte e o "advogado registrado na ordem" para a preparação do *status causae*, a fim de que o advogado pudesse apresentá-lo perante a corte. Os advogados praticantes moravam juntos, em comunidade, nas associações fechadas e corporativas. Os juízes eram escolhidos entre eles e continuavam a dividir a vida em comunidade. "Advogados" e "juízes" eram duas funções da profissão corporativa e, depois, exclusivamente jurídica; na Idade Média seus membros vinham basicamente da nobreza, e a admissão para a associação foi regulamentada com uma medida ainda maior de autonomia. Eram quatro anos de noviciado, junto com a instrução na escola da associação; o chamado para a associação de advogados conferia o direito de pleitear; para o restante, o treinamento era puramente prático. A profissão insistia na manutenção do código de etiqueta, especialmente ao que se relacionava ao pagamento de tarifas mínimas, contudo, todas deviam ser pagas voluntariamente e não contestadas. Os cursos foram introduzidos nos Inns em consequência da luta competitiva com as universidades. No entanto, assim que o monopólio foi alcançado, os cursos começaram e entrar em decadência, até serem completamente extintos. Depois disso, o treinamento se tornou puramente empírico e prático gerando, como nas associações de arte, uma especialização marcante. Esse tipo de treinamento jurídico naturalmente produzia um tratamento formalista da lei, vinculado ao precedente e analogias retiradas dele. Não foi apenas o tratamento compreensivo e sistemático de todo o corpo da lei que a especialização artesanal dos advogados impediu; além disso, tal prática jurídica não almejava um sistema racional, mas um esquema prático e útil de contratos e ações, orientado aos interesses de clientes em situações tipicamente recorrentes. O desfecho foi o aparecimento do que tinha sido chamado no direito romano de "jurisprudência cautelar", assim como o de mecanismos práticos como ficções processuais que facilitavam a disposição de novas situações no padrão de casos anteriores. De tais práticas e atitudes, não podia surgir nenhum sistema racional de direito, nem mesmo uma racionalização deste, uma vez que os conceitos assim formados se constroem em relação aos eventos materiais e concretamente experimentados na vida diária e distinguidos uns dos outros por critérios externos, estendido, em seu escopo, conforme o surgimento de novas necessidades, por meio das técnicas já mencionadas. Estes não são "conceitos gerais" formados pela abstração da concretude, pela interpretação lógica do significado ou pela generalização e subordinação; nem eram conceitos aptos a serem usados em normas aplicáveis de modo silogístico. Na conduta puramente empírica da prática e do treinamento jurídicos, sempre nos movemos do particular para o particular mas nunca do particular para as proposições gerais a fim de depois deduzir, a partir delas, as normas para os novos casos específicos. Este raciocínio vincula-se à palavra, à palavra que vai e volta, que é interpretada e alongada para se adaptar às necessidades variáveis, e, à medida que é preciso ir além, é fundamental que se refaçam as "analogias" ou ficções técnicas.

Uma vez que os padrões de contratos e ações, requeridos pelas necessidades práticas das partes interessadas, haviam sido estabelecidos com suficiente flexibilidade, o direito oficial conseguia preservar um caráter bastante arcaico e sobreviver às maiores transformações econômicas sem mudanças formais. A análise arcaica da lei de *seisin*, por exemplo, que no início correspondia às condições de posse do camponês e de domínio de um lorde senhorial do período Norman, persistiu ao limiar da época presente com resultados grotescos, do ponto de vista teórico, no Meio Oeste Americano. Nenhum treinamento ou teoria jurídica racional consegue surgir a partir de tal situação. Onde quer que a educação jurídica tenha estado nas mãos dos praticantes, em especial de advogados, admitidos para a prática do monopólio da associação, um fator econômico, isto é, seu interesse pecuniário, faz valer uma forte influência sobre o processo não somente de estabilização e adaptação do direito oficial às necessidades de mudanças de forma exclusivamente empírica, mas também sobre o processo de prevenção de sua racionalização por meio da legislação ou ciência jurídica. Os interesses materiais dos advogados são ameaçados por toda interferência das formas tradicionais ao processo, e cada interferência, por sua vez, ameaça a situação em que a adaptação do esquema de contratos e ações, tanto para as normas formais quanto para as necessidades das partes interessadas, é deixada apenas ao cargo dos praticantes jurídicos. Os advogados ingleses, por exemplo, conseguiram evitar o modo sistemático e racional de elaboração das leis, além da educação jurídica racional existente nas universidades continentais; a relação entre "advogado" e "juízes" ainda é, da perspectiva fundamental, diferente em países de língua inglesa do que a existente no continente. Em particular, a interpretação das leis recentes ainda fica nas mãos dos juízes que vieram dessas "associações de advogados". O legislador inglês deve, portanto, esforçar-se muito a cada novo ato para excluir todos os tipos de possíveis "construções" feitas pelos advogados que, como tão frequentemente tem acontecido", seriam diretamente contraditórias às suas intenções. Esta tendência, em parte imanente, em parte causada pelas considerações econômicas e, em parte, o resultado do tradicionalismo da profissão jurídica, tem as consequências práticas mais extensas. Por exemplo, a ausência de um sistema de registro de títulos, e como consequência, a ausência de um sistema de crédito imobiliário organizado de forma racional deve-se, em grande parte, ao interesse econômico dos advogados em relação às taxas cobradas para o exame dos títulos que devia, a cada transação, ser realizado em virtude das dúvidas que pairavam sobre todos os títulos de terra. Também exerceu uma influência profunda sobre a distribuição da posse de terra na Inglaterra e, em particular, sobre o arrendamento de terra na forma de "sociedade de negócios".

Na Alemanha, esse tipo de profissão jurídica com *status* claramente definido ou com uma organização associativa não existiu e, além disso, por muito tempo não foi necessário a um litigante ser representado por um advogado. Na França, a situação foi semelhante. É verdade, no entanto, que o formalismo do processo diante dos tribunais populares havia solicitado o uso de um porta-voz, e que o regulamento de suas tarefas havia se tornado necessário em todo mundo. O primeiro regulamento de que se tem notícia foi promulgado na Baviera em 1330. Mas a separação entre advogado e procurador foi estabelecida na Alemanha bem cedo, como o resultado apenas da expansão do direito romano. O requerimento de um treinamento jurídico especial estabeleceu-se relativamente tarde e foi provocado pelas queixas dos estados em um período em que a educação universitária, orientada pelo direito romano, já havia determinado o padrão de classe alta dos praticantes jurídicos. A descentralização da administração judicial evitou o surgimento de uma organização associativa poderosa e, assim, o *status* dos advogados foi determinado pelo regulamento governamental e não pela autonomia profissional.

2. A educação jurídica moderna nas universidades representa o tipo mais puro da segunda forma de treinamento jurídico. Onde a prática jurídica só é delegada aos graduados na escola de Direito, as universidades desfrutam do monopólio desta educação. No momento, esta é complementada pela aprendizagem durante a prática jurídica e por um exame subsequente. As cidades hanseáticas foram os únicos lugares na Alemanha onde o diploma acadêmico por si só era suficiente para a admissão à "associação de advogados", mas mesmo lá foi introduzido recentemente o requerimento da aprendizagem.

Os conceitos jurídicos gerados pelo direito acadêmico possuem o caráter das normas abstratas, que, pelo menos em princípio, são formadas e distinguidas uma das outras por uma interpretação lógica rigorosamente formal e racional do significado. Seu caráter racional e sistemático, assim como o grau relativamente pequeno de concretude de seu conteúdo, resultam em uma emancipação extensa do pensamento jurídico a partir das necessidades diárias do público. A força das doutrinas jurídicas puramente lógicas se afrouxou, e, assim, uma prática jurídica dominada por ela pode consideravelmente reduzir o papel exercido pelas considerações das necessidades práticas na formação da lei. Foi preciso um pouco de esforço para, por exemplo, prevenir a incorporação ao código civil alemão do princípio de que um arrendamento é rescindido pela venda da terra. Tal princípio tinha sido adequado para a distribuição do poder social na Antiguidade, contudo, o plano de inseri-lo ao novo código se deu em virtude de um desejo cego pela consistência lógica.

Um tipo especial e peculiar de educação jurídica racional, embora não sob a forma jurídica, apresenta-se, em sua forma mais pura, no ensinamento jurídico nos seminários para o sacerdócio ou nas escolas de direito vinculadas a tais seminários. Algumas de suas peculiaridades se devem ao fato de que a abordagem jurídica sacerdotal visa a uma racionalização mais material que formal da lei. Este ponto será discutido em um estágio mais adiante; neste momento devemos apenas lidar com os resultados produzidos por certas características gerais deste tipo de educação jurídica. O ensinamento jurídico em tais escolas, geralmente baseado em um livro sagrado ou em uma lei sagrada fixada por uma tradição estável oral ou literária, possui um caráter racional em um sentido muito especial. Seu caráter racional consiste em sua predileção pela construção de uma casuística puramente teórica orientada mais às necessidades do intelectualismo desinibido dos estudantes do que às necessidades práticas dos grupos considerados. Onde o método "dialético" é aplicado, também pode-se criar conceitos abstratos e, desta forma, aproximar-se da doutrina jurídica sistemática racional. Mas, como em toda sabedoria sacerdotal, este tipo de educação jurídica está vinculado à tradição. Sua casuística, uma vez que serve a todas as necessidades intelectuais mais do que às práticas, é, por um lado, formalista no sentido em que deve manter, por meio de reinterpretação, a aplicabilidade prática das normas tradicionais não mutáveis às necessidades em mudança, mas, por outro, não o é, pois criaria um sistema racional de direito. Como regra, também carrega consigo elementos que só representam as exigências idealísticas religiosas ou éticas sobre os seres humanos ou a ordem jurídica, mas que não envolvem nenhuma sistematização lógica de uma ordem jurídica realmente obtida.

A situação é semelhante no caso das escolas de direito que sob o controle imediato, ou parcial, de sacerdotes ainda se vinculam à lei sagrada. Em sua forma externa mais pura, todas as leis "sagradas" tendem a se aproximar de um tipo que é mostrado principalmente na lei hindu. Os mandamentos de tal lei sagrada são, como nas "religiões de livros", fixados por uma revelação das escrituras consideradas um registro inspirado, ou devem ser transmitidos de forma "autêntica", isto é, por uma corrente fechada de testemunhas. Nas "religiões de livros", a interpretação autêntica da norma sagrada, assim como sua complementação, deve também ser garantida desta maneira. A tradição deve ter sido passada de boca em boca diretamente de um homem sagrado para outro. Esta é uma das razões mais importantes de porque a lei hindu, bem como a lei islâmica, rejeitou a tradição das escrituras. A confiança na palavra escrita significaria que se acreditou mais fortemente no pergaminho e na tinta do que nos profetas e mestres qualificados pelo carisma. O fato de que o Corão propriamente dito tenha sido um trabalho de escrita, cujo capítulos (Suras) eram promulgados por Maomé, após uma consulta com Alá, em escrita cuidadosa, foi explicado, no ensino islâmico, por meio do dogma da criação física do próprio Alá como cópias individuais do Corão. Para os hadiths, a oralidade foi uma condição de validade. Só mais tarde as escrituras foram preferidas, isto é, quando a unidade de interpretação tradicional foi ameaçada pela transmissão apenas oral. Neste estágio, as novas relações eram então rejeitadas, normalmente, com o argumento de que a idade carismática havia chegado ao fim. Em tais situações, coloca-se grande ênfase sobre a proposição básica para o caráter "institucional" de uma comunidade religiosa e que recentemente foi bem formulada por Freiherr Von Hertling, isto é, a de que não é o documento sagrado que garante a verdade da tradição e da doutrina eclesiástica, mas a santidade da igreja e sua tradição, para a qual Deus deu a verdade na confiança e que, desta forma, garante a genuinidade do documento sagrado. Essa posição é consistente e prática: o princípio oposto, como foi colocado pelos primeiros Protestantes, expõe o documento sagrado à crítica filosófica e histórica.

    Os Vedas são os livros sagrados do hinduísmo, que contêm pouca "lei", bem menos do que o Corão ou o Torá. Os Vedas eram considerados *srufi* ("revelação"), enquanto todas as fontes sagradas derivadas eram vistas como *smeti* ("recordação" ou tradição). As categorias mais importantes da literatura secundária, a prosa Dharma-Sutras e a Dharma-Sastras versificada (a última totalmente *smeti*, enquanto a primeira ocupa uma posição mediana), são, pelo contrário, um compêndio de ensinamentos dogmáticos, éticos e jurídicos que ocupam posição idêntica à da tradição das vidas exemplares e dos ensinamentos dos homens sagrados. Os hadiths islâmicos correspondem exatamente a esta última fonte; são tradições relativas a feitos exemplares de profetas e suas companhias, e os ditados que não foram incorporados ao Corão. A diferença é que no Islã se considera que a era profética termina com o profeta.

Para os livros Dharma hindus, não é possível encontrar um correspondente nem no Islã, que é uma religião de livro com apenas um documento sagrado escrito, nem no Judaísmo ou Cristianismo. Os livros Dharma, e especialmente um dos últimos, o Código de Manú, foram importantes durante muito tempo nas cortes como "livros de autoridade", isto é, como escritos particulares de estudantes de direito, até que fossem substituídos na prática jurídica por compilações sistemáticas e comentários das escolas. Esta substituição se completou quando a prática jurídica da conquista britânica foi dominada por uma fonte terciária, a Mihaksana, que data do século XI. Um destino semelhante teve a Sunnah Islâmica por meio de compêndios sistemáticos e comentários que alcançaram *status* canônico. O mesmo também é verdade, embora em menor escala, para a Torá em relação aos trabalhos rabínicos na Antiguidade (Talmud) e na Idade Média. A elaboração das leis rabínicas na Antiguidade e, até certo ponto, hoje em dia, e a elaboração de leis islâmicas, em grande parte até hoje, ficou nas mãos dos juristas teólogos que respondiam às questões concretas. Essa característica era desconhecida pelo Hinduísmo e pelas Igrejas Cristãs, pelo menos após a extinção da profecia e didascália carismáticas, que tinham, entretanto, um caráter mais ético do que jurídico.

Os motivos pelos quais o Cristianismo e o Hinduísmo não tiveram este tipo de elaboração de leis foram bem diferentes. Na lei hindu, o sacerdote da casa do rei é um membro de sua corte, e expia suas faltas por meio do jejum. Todos os casos importantes tinham que ser apresentados diante da corte real. A unidade da administração secular e religiosa da justiça era, assim, garantida, e não havia, portanto, nenhuma chance para qualquer classe licenciada de responder como *honoratiores* jurídicos. A Igreja Cristã Ocidental, por outro lado, criou para si órgãos para a elaboração de leis racionais dentro dos Concílios, da Santa Sé, dioceses e, em especial, dentro dos poderes papais de jurisdição e de seu magistério infalível. Nenhuma outra grande religião já possuiu tais instituições. Desta forma, na Cristandade Ocidental, as opiniões e decretos jurídicos das autoridades eclesiásticas, junto com os Concílios e decretos papais, desempenharam um papel que, no Islã, foi executado pelo *Fetwa do Mufti*, e, no Judaísmo, pelas opiniões dos rabinos. A erudição jurídica hindu foi, em grande parte, puramente escolástica, teórica e sistematizante; encontrava-se nas mãos de filósofos e teóricos e possuía, de forma surpreendente, traços de um pensamento jurídico social, teórico e sistematizante que tem pouco contato com a prática jurídica e, em todos estes aspectos, difere-se da lei canônica. Todas as leis tipicamente "sagradas", e desta forma bem particularmente as da Índia, são produtos da doutrina escolar. Os tratados sempre apresentavam uma abundância de casuística sobre as instituições completamente obsoletas. Encontramos exemplos na ordem das quatro castas no Código de Manú, ou na apresentação de todas as partes obsoletas da Sharia nos trabalhos das escolas islâmicas. Mas por causa de um objetivo soberano dogmático e uma natureza racional do pensamento sacerdotal, a estrutura sistemática de tais livros da lei tende a ser mais racional do que as criações semelhantes não vinculadas ao sacerdócio. Os livros da lei hindu, por exemplo, são mais sistemáticos do que o Espelho da Lei Saxônia. Entretanto, a sistematização não é jurídica, mas relacionada à posição das classes sociais e aos problemas práticos da vida. Uma vez que a lei está para servir os fins sagrados, estes livros de lei são, portanto, um compêndio não apenas da lei, mas também da convenção ritual, ética e, ocasionalmente, social e de etiqueta. A consequência é um tratamento casuístico dos dados jurídicos sem definição e concretude e que, assim, permanece juridicamente informal, mas moderadamente racional em suas sistematizações. Para todos estes casos, a força motriz não é o interesse comercial do advogado em relação aos dados concretos e às necessidades, nem as ambições lógicas do doutrinário jurisprudencial apenas interessado nas demandas da lógica dogmática, mas é, com certeza, um conjunto destes fins e objetivos estranhos à lei como tal.

3. Os efeitos do treinamento jurídico relacionam-se e diferenciam-se novamente onde estão nas mãos dos *honoratiores*, cujas relações com a prática jurídica são profissionais, mas não, como as dos advogados ingleses, conduzidas por associações ou voltadas aos rendimentos. A existência de tal classe especial de *honoratiores*, de modo geral, só é possível onde a prática jurídica não é dominada pelo sagrado nem muito envolvida com as necessidades do comércio urbano. Os juristas medievais empíricos do norte do continente europeu se enquadram nesta classe. É verdade, no entanto, que onde a atividade comercial é intensa, os *honoratiores* jurídicos simplesmente passam de consultores a juristas cautelares; mas até mesmo essa mudança só ocorre sob condições especiais.

Após o declínio do Império Romano, os tabeliões eram o único grupo restante na Itália por meio de quem as tradições de um direito comercial desenvolvido podiam ser perpetuadas e transformadas. Estes foram, por muito tempo, a classe específica e dominante dos *honoratiores* jurídicos. Nas cidades de crescimento rápido, formaram associações e constituíram um segmento importante do *popolo grasso*, uma importante classe política de *honoratiores*. De fato, nessas cidades foram operadas as primeiras relações mercantis por meio de documentos notariais. Os códigos processuais de cidades como Veneza preferiam a racionalidade da evidência documentária aos meios irracionais de evidência do antigo procedimento das cortes populares. Já falamos da influência dos tabeliões sobre o desenvolvimento do papel comercial, mas eles também foram um dos mais decisivos pioneiros no desenvolvimento da lei em geral e, até o surgimento da classe de juízes juridicamente treinados na Itália, eram, muito provavelmente, a camada com maior poder decisório; assim como seus precursores no antigo leste helênico, tomaram uma parte decisiva na assimilação interlocal da lei e, acima de tudo, na recepção do direito romano, que, na Itália e na Grécia, foi primeiro realizado na prática documentária. Suas próprias tradições, suas relações duradouras com as cortes imperiais, a necessidade de ter em mãos uma lei racional que atendesse aos requerimentos de um crescimento comercial rápido e o poder social das grandes universidades fizeram com que os tabeliões italianos recebecem o direito romano como um autêntico direito comercial e, desde então, diferentemente do que ocorreu na Inglaterra, nenhum interesse corporativo ou em tarifas ficou em seus caminhos. Desta forma, os tabeliões italianos não eram só a classe mais antiga, mas também uma das mais importantes de *honoratiores* jurídicos interessados, e que participaram na criação dos *usus modrenus* do direito romano. Diferente dos advogados ingleses, não atuaram como os portadores de um corpo nacional de leis. Mais uma vez, não podiam competir com as universidades por meio de um sistema próprio de educação jurídica simplesmente porque, diferentemente dos advogados ingleses, não desfrutavam da organização nacional que se tornou possível na Inglaterra pela concentração da administração da justiça nas cortes reais. Mas graças às universidades, o direito romano na Itália continuou como uma força mundial, influenciando a estrutura formal da lei e a educação jurídica até mesmo depois que seu responsável político e protetor interessado, o Imperador, havia pedido sua importância política. Os *podestas* das cidades italianas eram, com frequência, os escolhidos dentre os *honoratiores* que haviam sido treinados nas universidades; a Signorie os baseava nas doutrinas políticas obtidas a partir dela. Nas cidades do litoral francês e do leste espanhol, a posição dos tabeliões era a mesma. Essencialmente diferente, contudo, foi o *status* dos *honoratiores* na Alemanha e no norte da França. Estes estavam, pelo menos no princípio, menos envolvidos nas relações jurídicas urbanas do que os aldeões (Schofen) ou os oficiais dos assuntos jurídicos e da administração judicial das terras arrendadas. Seus tipos mais influentes, como por exemplo, Eike Von Repgow ou Beaumanoir, criaram uma sistematização da lei baseada em problemas concretos da prática diária e seus conceitos essencialmente empíricos, levemente refinados pela abstração. Os "livros de direito" que compilaram visavam à reafirmação da tradição existente; porém, embora contivessem algum argumento ocasional, tinham pouca proporção especificamente jurídica. De fato, o mais importante destes trabalhos, o Espelho da Lei Saxônia, continha construções muito boas de instituições jurídicas que não faziam parte do direito existente, mas certamente constituíam tentativas fantásticas, inspiradas no desejo do autor pela perfeição ou em sua predileção pelos números sagrados, de preencher espaços ou complementar outras inadequações. Do ponto de vista formal, seus registros sistemáticos eram trabalhos particulares como os dos juristas hindus, romanos e islâmicos. Como estes, eles também influenciaram a prática jurídica com compêndios convenientes, e alguns deles até vieram a ser reconhecidos pelas cortes como livros de fontes confiáveis. Seus criadores foram representantes de um sistema da administração judicial por *honoratiores* mas, diferentemente dos advogados ingleses e dos tabeliões italianos, não constituíam uma associação organizada e forte que, pelos interesses econômicos e corporativos, por meio de um monopólio dos tribunais e de uma posição central nos assentos das principais cortes, podia lhes dar um poder que nem o Rei nem o Parlamento podiam desconsiderar. Por isso, não podiam se tornar, como os advogados ingleses, os portadores de uma educação jurídica corporativa e eram, desta forma, incapazes de produzir uma tradição empírica estável e um desenvolvimento jurídico que pudesse ter fornecido uma resistência duradoura contra a invasão subsequente dos juristas formados na educação racional da universidade. Do ponto de vista formal, a lei dos livros de direito empírico da Idade Média está bem organizada; do ponto de vista sistemático e casuístico, contudo, era menos racional e mais orientada às técnicas concretas de distinção do que à interpretação abstrata do significado ou da lógica jurídica.

A influência dos juristas romanos antigos repousa no fato de que o sistema romano da administração judicial por *honoratiores* era realizado com o uso escasso de oficiais especiais e, desta forma, minimizava sua interferência na conduta concreta de um processo judicial. Porém, este fato específico, que distinguiu Roma, por exemplo, da democracia helênica também excluiu a "justiça de cádi". A presidência oficial ao longo do processo foi preservada junto com a separação do poder entre o magistrado e os aplicadores da lei. A combinação desses fatores gerou uma prática especificamente romana de instrução de julgamento (instrução processual) por meio de uma ordem estritamente formal do magistrado para o juiz do cidadão (o *judex*), que lhe dava as instruções referentes às questões do direito e ao fato de acordo com os quais deveria conceder ou negar a reivindicação do querelante.

O magistrado, especialmente o *aedlis* e o *magistrado*, começou a registrar o esquema destas instruções de julgamento em seu "édito" no início do ano de seu mandato. Foi, contudo, relativamente tarde que, em contraste com o "Lag saga" Nórdico, ele foi considerado vinculado ao conteúdo destes "éditos." Naturalmente, para a composição de seu édito, o magistrado era aconselhado por juristas e os éditos, assim, eram continuamente adaptados às necessidades emergentes. O principal, contudo, era que cada magistrado simplesmente assumia o édito de seu antecessor. Por isso, a grande maioria dos casos reconhecidos de ação havia sido definido não em termos de fatos concretos, mas em conceitos jurídicos da língua cotidiana. Assim, o uso de uma fórmula jurídica não apropriada pela parte que deve escolher a ação adequada resulta na perda do caso. Isso se opõe a nosso princípio do *fact pleading*, no qual uma apresentação de fatos suporta uma ação desde que os fatos justifiquem, de algum ponto de vista, a reivindicação. Obviamente, no "princípio" do "fact pleading" nenhuma definição jurídica dos conceitos é requerida como no caso do direito romano onde o praticante é forçado a definir os termos jurídicos de uso comum com o rigor jurista e elaborar distinções inteligentes entre eles. Mesmo quando o magistrado confina sua instrução processual a assuntos puramente factuais, como no *actiones in factum conceptae*, a interpretação assume um caráter estritamente formal, como resultado dos métodos então aceitos de pensamento jurídico. Nesta descrição de eventos, o desenvolvimento prático da técnica jurídica foi, a princípio, deixado para a "jurisprudência cautelar", isto é, para as atividades dos conselheiros jurídicos que não apenas traçavam a forma dos contratos para as partes, mas também eram os conselheiros técnicos do magistrado em seu "consilium", uma conferência típica a todos os oficiais romanos na preparação de seus éditos e fórmulas. Em última instância, eram os conselheiros do juiz de cidadãos quando este tinha que decidir sobre questões colocadas a ele pelo magistrado e interpretar suas instruções de julgamento.

De acordo com a tradição histórica, as atividades consultivas dos jurisconsultos foram, primeiro, executadas pelos pontífices, dentre os quais eram escolhidos todos os anos para este propósito. Sob a influência do sacerdócio, a administração judicial, apesar da codificação das Doze Tábuas, poderia facilmente ter assumido um caráter irracional e de ligação sagrada, similar ao produzido no direito de Maomé pela atividade consultiva do *mufti*. É verdade que as influências religiosas parecem ter só um papel secundário no conteúdo substantivo do direito romano primitivo, mas em seus aspectos puramente formais, os mais importantes, do ponto de vista histórico geral, a influência do direito sagrado foi bastante considerável, como Demelius tornou plausível por meio de pelo menos alguns exemplos importantes. Por exemplo, tais técnicas jurídicas importantes, como as ficções processuais, parecem ter surgido sob a influência do princípio do direito sagrado do *simulata pro veris accipiuntur*. Devemos nos lembrar do papel exercido no culto aos mortos de muitos povos pela transação simulada e também o papel que a transação simulada tinha que exercer nas situações em que certas obrigações rituais eram fixadas, de modo formal, a um padrão absoluto. Foi a repugnância a uma sociedade essencialmente burguesa dessas atuações simuladas, que também eram economicamente espendiosas, que levou a sua substituição por um simples *pro forma*. A secularização substantiva da vida romana, combinada à impotência política do sacerdócio, tornou o último em um instrumento para o tratamento puramente formalista e jurídico dos assuntos religiosos. Além disso, o desenvolvimento precoce da técnica de jurisprudência cautelar sobre assuntos temporais resultou no avanço da utilização desta técnica na esfera do culto. Porém, podemos assumir com certeza que as técnicas mais primitivas da jurisprudência cautelar eram, a princípio, consideradas como direito sagrado.

Uma das características mais importantes do direito romano primitivo foi sua natureza bastante analítica; pelo menos ainda válida entre os pontos de vista de Jhering, dentre os quais muitos se tornaram obsoletos. Um processo judicial seria reduzido às questões básicas envolvidas e as transações jurídicas seriam sintetizadas a seus componentes lógicos mais elementares; um processo para apenas uma questão; uma transação jurídica para apenas um objeto; uma promessa para apenas uma atuação. A fragmentação das situações complexas da vida em elementos especificamente determinados foi a realização mais importante do primeiro *ius civile*, cujos efeitos metodológicos também foram os mais extensos. Por outro lado, disso resultou certa negligência da capacidade construtiva sintética na percepção das instituições jurídicas concretas, como surge no caso de uma imaginação jurídica ilimitada por análises lógicas. Esta tendência analítica, contudo, corresponde bem de perto ao tratamento das obrigações rituais na religião nacional romana. Devemos nos lembrar de que a peculiaridade da religião romana genuína, isto é, a distinção conceitual, abstrata e completamente analítica das jurisdições da numina sagrada, resultou, em grande parte, em um tratamento judicial racional dos problemas religiosos. Segundo a tradição, os pontífices já haviam inventado um esquema fixo de ações admissíveis. A técnica jurídica pontifícia parece ter permanecido como um segredo profissional monopolizado. A emancipação da elaboração da lei sacra surgiu só no século III. Quando o Censor Appius Claudius estava tentando se estabelecer como um tirano, um de seus libertos publicou o formulário pontifical de ações. O primeiro plebeu Pontifex Maximus, Tiberius Councanius, é apontado como o primeiro a apresentar *responsa* em público. Foi só a partir desse estágio que os éditos de oficiais puderam se desenvolver a seu último significado e que os *honoratiores* leigos vieram a preencher os espaços como jurisconsultos e advogados. A opinião do conselho foi comunicada, de forma oral, às partes privadas e, por escrito, ao oficial que a havia pedido. Até o período do Império a opinião não incluía nenhuma declaração de razões, assemelhando-se, a este respeito, ao oráculo do carismático *lag sag* ou o *fetwa* do mufti. A expansão da atividade profissional do jurista em consonância com uma crescente demanda gerou uma educação jurídica formal, já durante a República, quando os alunos (auditores) eram admitidos para as consultas dos praticantes jurídicos.

Outro caso de suposição do direito romano primitivo com caráter racional e bastante formal, ambos considerando as regras substantivas e seu tratamento processual, foi o crescente envolvimento da lei em atividades comerciais urbanas exercidas por meio de contratos. A este respeito, a lei alemã medieval apresenta uma figura bastante diferente, pois suas principais considerações se relacionavam a assuntos como a ordem social, a propriedade da terra ou o direito familiar e de herança.

Mas apesar deste formalismo, a vida jurídica romana, mesmo no tempo de César, não tinha um caráter sintético-construtivo nem racional-sistemático e realizou muito mais do que, às vezes, tem-se falado. Foi a burocracia bizantina que, por fim, sistematizou o direito existente; mas no que diz respeito ao rigor formal do pensamento jurídico, ela se encontra bem atrás das realizações dos jurisconsultos da República e do Principado. É significativo que o sistematicamente mais útil dentre todos os produtos literários dos jurisconsultos, isto é, os Institutos de Gaius, um compêndio introdutório para o estudo do direito, tenha sido o trabalho de uma pessoa desconhecida que certamente não era uma autoridade e que ficou de fora do círculo dos *honoratiores* jurídicos; pode-se dizer que a relação entre Gaius e eles era análoga à relação do livro moderno de Cram às dissertações de estudantes. Mas a diferença foi que os produtos literários dos juristas romanos praticantes daquela época, a quem o círculo de Gaius não pertence, não possuíam a qualidade de um sistema racional, como o ensino universitário tende a produzir, constituindo apenas coleções racionalmente organizadas de opiniões individuais.

Os jurisconsultos permaneciam em uma classe muito específica de *honoratiores*. Para a camada de posses de Roma, eram os "confessores" universais para todos os assuntos econômicos. Não se sabe ao certo sobre a necessidade, no início, de uma licença formal para publicar as *responsas*, como uma passagem em Cícero poderia nos levar a supor, mas certamente, também não foi requerida mais tarde. Os juristas publicantes de *responsas* se emanciparam dos métodos da jurisprudência cautelar mais antiga à medida que seu refinamento jurídico aumentou e, no final da República, reuniram-se em escolas. É verdade que, durante a República, os oradores, como Cícero, tendiam a uma discussão mais emocional e *"ad hominem"* do que racional, uma vez que as cortes de sessões especificamente políticas chegaram perto de assumir o caráter da justiça popular. Desta forma, os oradores contribuíram para o enfraquecimento da conceitualização jurídica precisa; mas em Roma isso aconteceu quase que exclusivamente nos casos políticos. No Império, a administração da justiça tornou-se um assunto profissional especializado. Uma parte dos jurisconsultos era colocada em um *status* oficial *vis-à-vis* à administração da justiça por concessão do privilégio de Augustus, fazendo com que sua *responsa* se vinculasse aos juízes. Os jurisconsultos não se tornavam mais procuradores (*causidici*) e tampouco se reuniam em uma associação de advogados cujos interesses e treinamento intelectual se dirigiriam à prática diária e às necessidades dos clientes. Também não tinham nenhuma relação com os aspectos técnicos e comerciais da procuradoria, mas se preocupavam apenas com as opiniões jurídicas sobre as fundamentações de fato que haviam sido preparadas por um advogado ou um juiz. Estavam, desta forma, na melhor posição possível para elaborar um esquema rigorosamente abstrato de conceitos jurídicos. Assim, os jurisconsultos respondentes estavam a uma distância suficiente dos negócios jurídicos, o que lhes permitia reduzir os detalhes individuais a princípios gerais por meio de técnicas científicas. Essa distância foi maior em Roma do que na Inglaterra, onde o advogado era sempre o representante do cliente. Foram, contudo, as controvérsias entre as escolas que forçaram esses princípios a uma abstração ainda maior. Enquanto, por causa do caráter obrigatório de suas opiniões, os jurisconsultos dominavam a administração da justiça, a *responsa* continuou, contudo, pelo menos por um tempo, a ser publicada sem uma declaração de razões, como o oráculo Sage ou o Fetwa do mufti. No entanto, começaram a ser reunidas pelos juristas e, então, a serem publicadas com comentários indicando as razões jurídicas. As discussões e disputas entre as escolas sobre os casos jurídicos entre e com os auditores surgiram da presença dos últimos no exercício da prática consultiva, mas foi só no final da República que desenvolveram um curso fixo de treinamento. Assim como o contínuo crescimento do estudo formal da filosofia helênica ganhou um certo significado para o pensamento jurídico, as escolas de filosofia helênica também serviram, em muitos aspectos, como modelos para a organização externa das escolas para advogados. Foi dessa atividade pedagógica e editorial das escolas de direito que a técnica do direito romano se desenvolveu de um estágio, em que tinha um forte caráter empírico, apesar da precisão de seus conceitos, para uma crescente racionalidade de operação e sublimação científica. Porém, o treinamento jurídico teórico permaneceu em segundo plano para a prática jurídica, e tal fato explica como um grau sutil do desenvolvimento dos conceitos jurídicos abstratos poderia estar lado a lado de um alto grau de abstração do pensamento jurídico sempre que os conceitos jurídicos abstratos servirem mais aos interesses essencialmente teóricos do que aos requisitos práticos. O tratamento de inúmeras, e aparentemente heterogêneas, situações de fato em uma categoria de *locatio*, por exemplo, não tinha consequências práticas importante, pelo menos, nenhuma consequência prática e direta que pudesse surgir da elaboração do conceito de "transação jurídica", planejado para servir a um mero desejo por uma organização intelectual. Desta forma, nem este conceito nem outros semelhantes, como o de "reivindicação" ou "disposição", existiram no direito romano na Antiguidade e, até a era de Justiniano, sua sistematização geral não foi racionalizada além de um grau relativamente modesto. A sublimação dos conceitos aconteceu quase que de forma exclusiva em conexão com algum tipo concreto de contrato ou forma de ação.

    Duas são as razões responsáveis para o fato de que esta sublimação tenha gerado os resultados que temos diante de nós. Primeiro, a completa secularização da administração da justiça foi decisiva, incluindo o gabinete de jurisconsultoria. A *responsa* obrigatória do jurista romano encontra seu paralelo perfeito no fetwa do mufti islâmico, que também é um consultor jurídico com licença oficial, mas treinado em uma escola islâmica. Estas escolas, para ser claro, desenvolveram-se no padrão das escolas de direito com reconhecimento oficial do final do império romano. Sob a influência do treinamento formal por meio da filosofia antiga também se desenvolveram, durante certo tempo, os métodos semelhantes àqueles da Antiguidade, porém, sua instrução permaneceu predominada pela teologia, e as tendências, apenas mencionadas, foram contrárias à fixação da lei sagrada por meio da tradição e do credo devido à sua incerteza, à precariedade de seu *status* na prática real e a outros recursos característicos de toda justiça teocrática ligada a um documento sagrado. Assim, a educação jurídica permaneceu limitada à memorização mecânica e empírica e à casuística teórica sem contato com a vida.

A segunda razão para a diferença entre a lei islâmica e a romana está no tipo de organização judicial e nos limites condicionados pela política, ajustados para a racionalização no campo econômico. O elemento teológico estava completamente ausente do desenvolvimento jurídico romano. O Estado romano puramente secular e cada vez mais burocrático selecionou a única coleção das Pandectas dentre os produtos dos jurisconsultores respondentes e seus discípulos, cujo pensamento jurídico foi, sobretudo, preciso, independente da imperfeição existente em seu "sistema". Complementado pelas ideias autônomas bizantinas, os materiais romanos coletados nas Pandectas forneceram material para o pensamento jurídico das universidades medievais nos séculos seguintes. Mesmo antes, isto é, durante o Império, o caráter cada vez mais abstrato dos conceitos jurídicos havia sido adicionado como um novo elemento à antiga qualidade analítica nativa dos conceitos jurídicos romanos. De certa forma, tal caráter abstrato havia sido antecipado pela essência das fórmulas das formas de ação romana. Em cada uma delas, o estado dos fatos operantes era expresso na forma de um conceito jurídico. Entretanto, alguns destes aspectos foram formulados de tal forma que concediam aos praticantes, fossem eles juristas cautelares, advogados ou jurisconsultos a oportunidade de incluir, sob um único conceito, uma gama de diversidade extraordinária de situações da vida. Assim, a adaptação às novas necessidades econômicas ocorreram, em grande parte, por meio da interpretação racional e da extensão de velhos conceitos. Foi desta maneira que o pensamento construtivo e lógico-jurídico elevou-se ao nível mais alto dentro do método puramente analítico. Goldschmidt apontou, de modo muito apropriado, a extraordinária flexibilidade de tais conceitos jurídicos na forma de *locatio-conduction, emptio-venditio, mandatum* (e, em especial, *actio quod iussu depositum*) e, acima de tudo, a capacidade ilimitada da estipulação como um dos constituintes para a maioria das obrigações de pagamento de um certo valor, para a qual temos hoje a letra de câmbio e outros contratos formais.

O caráter específico da lógica jurídica romana, desenvolvido a partir das condições dadas, torna-se bastante claro quando comparado com outros modos de operação da jurisprudência cautelar inglesa, que também utilizou e manipulou, com muita audácia, inúmeros conceitos individuais para alcançar a acionabilidade em situações das mais diversas. Porém, podemos, sem muitos esforços, visualizar a diferença entre a maneira que, por um lado, os juristas romanos usavam o conceito de *iussum* para alcançar tanto a autoridade do sacado em pagar o sacador quanto a garantia deste último e, por outro lado, as formas usadas pelos advogados ingleses para derivar a acionabilidade de inúmeros contratos heterogêneos a partir do conceito ilícito de "transgressão". No último caso, os fenômenos mais diversos são colocados juntos para se obter a acionabilidade por via indireta. No exemplo romano, porém, as novas situações, que aparentam ser diversas da perspectiva econômica, isto é, externa, são classificadas sob um conceito jurídico adequado ao resultado. É verdade, contudo, que o caráter abstrato de muitos conceitos jurídicos, hoje considerados de origem "romana", não era encontrado e, em alguns casos, nem se originou na Antiguidade. O tão discutido conceito romano de domínio, por exemplo, é um produto da desnacionalização do direito romano e de sua transformação em direito mundial. A propriedade, no direito nacional romano não era, de forma alguma, uma instituição disposta de modo particular e abstrato e tampouco foi unitária. Foi Justiniano quem primeiro aboliu as diferenças fundamentais e as reduziu a poucas formas observáveis na lei de terra; e só depois que as interdições das antigas condições sociais e processuais pretorianas haviam desaparecido, as análises medievais puderam se preocupar com o conteúdo conceitual das duas instituições das Pandectas, de domínio e posse, como conceitos totalmente abstratos. O mesmo também se passou com muitas outras instituições. Em sua forma mais primitiva, em particular, a maioria das instituições jurídicas romanas genuínas não era, em sua essência, mais abstrata do que as da lei alemã. A forma peculiar das Pandectas surgiu das transformações peculiares do Estado romano. A sublimação do pensamento jurídico foi em si mesma, no que diz respeito à sua direção, influenciada pelas condições políticas que operaram de maneiras diferentes no período republicano e no final do império. Os traços técnicos importantes da administração judicial primitiva e dos jurisconsultos foram, como vimos, os produtos das regras criadas pelos *honoratiores* republicanos. Porém, tais regras não eram totalmente favoráveis a um treinamento jurídico profissional dos magistrados políticos das classes superiores e com mandatos de curto prazo. Enquanto as Doze Tábuas sempre haviam sido ensinadas nas escolas, o conhecimento das leis, contudo, foi adquirido pelo magistrado republicano romano por meio da experiência prática e seus jurisconsultos tomavam conta do restante por eles. Em contraste, a necessidade por estudos jurídicos sistemáticos cresceu em virtude do sistema imperial de administração jurídica por meio de oficiais designados e de sua racionalização e burocratização, especialmente no serviço provincial. O efeito geral de toda essa burocratização da autoridade será visto mais tarde em um contexto maior. A racionalização sistemática da lei na Inglaterra, por exemplo, foi tardia por que nenhuma burocratização ocorreu por lá. Assim que os jurisconsultos dominaram a administração jurídica da justiça romana, como *honoratiores* jurídicos, a luta pela sistematização se enfraqueceu e não houve nenhuma intervenção codificatória e sistematizante da autoridade política. A queda da aristocracia romana no *Severi* se correlaciona ao declínio do papel dos jurisconsultos respondentes e, em paralelo, com a crescente importância das ordens imperiais na prática das cortes. No último período, a educação jurídica continuou nas escolas aprovadas pelo Estado e assumiu a forma de livros didáticos resultantes dos trabalhos de juristas. Também as cortes os usaram como fontes confiáveis e, no caso de discordância entre os livros, os Imperadores, pela então chamada "Lei de Citações", estabeleciam uma ordem de prioridade entre eles, além do princípio de que a maioria dos autores aprovados é a que deveria prevalecer. Assim, as coleções de *responsas* vieram a ocupar a posição mantida na Lei Comum pela coleção de precedentes. Tal situação condicionou a forma peculiar das Pandectas e a conservação da parte de literatura jurídica clássica que havia sido incorporada a eles.

Capítulo VIII

A RACIONALIZAÇÃO SUBSTANTIVA E FORMAL NA LEI
(Da Lei Sagrada ao Direito Sagrado)

1. As considerações do último capítulo abordam uma questão importante, mencionada anteriormente, da influência da forma de autoridade política sobre as qualidades formais da lei. Uma análise definitiva deste problema requer a análise dos diferentes tipos de autoridade, as quais discutiremos mais tarde. No entanto, algumas observações gerais podem ser feitas neste momento. As formas mais antigas de justiça popular tiveram origem em protocolos conciliatórios entre os clãs. A irracionalidade primitiva formal destas formas mais antigas de justiça foi rejeitada em todos os lugares, sob o impacto da autoridade de príncipes ou magistrados,[9] ou, em certas situações, de um sacerdócio organizado. Com esse impacto, o conteúdo da lei foi também influenciado de forma duradoura, embora a natureza dessa influência variasse com os diferentes tipos de autoridade. Quanto mais racional se tornou o exercício da autoridade da máquina administrativa dos príncipes ou hierarcas, ou seja, quanto maior o grau de envolvimento dos oficiais administrativos no exercício do poder, maior a probabilidade de que o procedimento jurídico também se tornasse racional,[10] tanto em conteúdo como em forma. À medida que a autoridade da racionalidade da organização aumentou, foram eliminadas formas irracionais de procedimento, e, assim, o direito substantivo foi sistematizado, ou seja, a lei foi racionalizada como um todo. Esse processo ocorreu, por exemplo, na antiguidade, no *jus honorarium*, nas soluções pretorianas, nos capitulares dos reis francos, nas inovações processuais dos reis ingleses e juízes supremos, ou no procedimento inquisitorial da Igreja Católica. No entanto, essas tendências de racionalização não faziam parte de uma política articulada e clara por parte dos detentores do poder. Eles eram bem orientados nesse sentido pelas necessidades de sua própria administração racional, como, por exemplo, no caso dos órgãos da máquina administrativa do Papado ou por poderosos grupos de interesse com os quais eram aliados e a quem a racionalidade no direito substantivo e do processo constituíam uma vantagem (exemplo: as classes burguesas de Roma, do final da Idade Média, ou dos tempos modernos). Onde esses interesses não existiam, a secularização da lei e o crescimento de um modo especializado e estritamente formal do pensamento jurídico permaneciam em um estágio incipiente ou eram neutralizados de maneira positiva. Em termos gerais, isso pode ser atribuído ao fato de que a racionalidade das hierarquias eclesiásticas, bem como dos soberanos patrimoniais, é de caráter material, de modo que o seu objetivo não é o de atingir o mais alto grau de precisão jurídica formal que maximizaria as chances para a correta previsão das consequências legais e para a sistematização racional do direito e dos procedimentos. O objetivo é achar um tipo de direito que seja mais apropriado ao expediente e metas éticas das autoridades em questão.

---

9   *Imperium, bannus.*

10 Em diferentes sentidos.

Para esses emissários do desenvolvimento legal, o tratamento "jurídico" autossuficiente e especializado de perguntas legais é uma ideia estrangeira e não há interesse em separar a ética do direito. Em geral, isto é particularmente verdade em sistemas jurídicos teocraticamente influenciados, que são caracterizados por uma combinação de normas legais e exigências éticas. Entretanto, no decurso deste tipo de racionalização do pensamento jurídico de um lado e das formas de relações sociais do outro, as consequências mais variadas poderiam surgir a partir dos componentes não jurídicos de uma doutrina legal de fazer sacerdotal. Uma dessas possíveis consequências foi a separação de *fas*, o comando religioso, de *jus*, a lei estabelecida para a resolução de tais conflitos humanos, que não tinham importância religiosa. Nesta situação, foi possível para *jus* passar por um curso independente de desenvolvimento em um sistema jurídico formal e racional, em que a ênfase poderia ser sobre a lógica ou sobre elementos empíricos. Isso realmente aconteceu em Roma e na Idade Média. Discutiremos mais tarde as formas como eram determinadas, neste caso, as relações entre a lei vinculada à religião e a lei livremente estatuída. Como veremos a seguir, era perfeitamente possível, haja vista que o pensamento tornou-se cada vez mais secular, para a lei sagrada rivalizar ou ser substituída por uma "lei natural" que operaria, em parte, ao lado do direito positivo como um postulado ideal e, em parte, como uma doutrina com influência real variando sobre a legislação ou a prática jurídica. Também foi possível, no entanto, que as exigências religiosas nunca fossem diferenciadas das regras seculares e que a combinação caracteristicamente teocrática de exigências religiosas e ritualísticas com normas jurídicas se mantivesse inalterada. Nestes casos, surgiu uma interpenetração difusa de deveres éticos e jurídicos, exortações morais e mandamentos legais sem explicitações formalizadas e o resultado foi um tipo específico de direito não formal. Exatamente qual dessas duas possibilidades ocorria, de fato, dependia das características já mencionadas da religião em questão e dos princípios que governavam sua relação com o sistema jurídico e o Estado; em parte, dependia da posição de poder do sacerdócio com relação ao Estado; e, finalmente, da estrutura do Estado. Foi por causa de sua estrutura particular de autoridade que, em quase todas as civilizações asiáticas, veio a prevalecer e continuou prevalecendo a última situação mencionada.

Mas, apesar da possível semelhança entre certas características na estrutura lógica de sistemas jurídicos diferentes, elas podem, todavia, ser resultantes de diferentes tipos de autoridade. Poderes autoritários, especialmente aqueles apoiados na lealdade pessoal, e mais particularmente na teocracia e na monarquia patrimonial, geralmente criam um tipo não formal de direito. Mas um tipo não formal de direito também pode ser produzido por certos tipos de democracia. A explicação reside no fato de que não só tais detentores do poder, como hierarcas e déspotas e particularmente déspotas esclarecidos, mas também demagogos democráticos podiam recusar-se a serem restritos por regras formais, mesmo por aquelas por eles mesmos estabelecidas, com exceção, no entanto, das normas que eles consideravam religiosamente sagradas e, portanto, absolutamente obrigatórias. Estão todos diante de um conflito inevitável entre o formalismo abstrato da segurança jurídica e seu desejo de concretizar objetivos materiais. O formalismo jurídico permite que o sistema jurídico funcione como uma máquina tecnicamente racional. Assim, garante aos indivíduos e grupos o máximo de liberdade e aumenta bastante a possibilidade de prever as consequências jurídicas de seus atos. O procedimento torna-se um tipo específico de competição pacificada comprometido com "regras do jogo" fixas e invioláveis.

Procedimentos primitivos para ajustar os conflitos de interesses entre os clãs são caracterizados por regras de evidências rigorosamente formalistas. O mesmo acontece com o processo judicial em *Dinggenossenschaften*. Estas regras foram inicialmente influenciadas por crenças mágicas que exigiam que as questões de evidência deveriam ser feitas de maneira adequada pela parte interessada. Mesmo depois, levou um longo tempo para que o procedimento desenvolvesse a ideia de que um fato, como é entendido hoje, poderia ser "estabelecido" por um procedimento racional, em especial pelo exame de testemunhas, algo que é, atualmente, o método mais importante, sem falar das provas circunstanciais. Os compurgadores de épocas anteriores não juravam que uma declaração de fato era verdade, mas confirmavam a retidão do seu lado, expondo-se à ira divina. Podemos observar que esta prática não era muito menos realista do que a de nossos dias, quando um grande número de pessoas, talvez a maioria, acredita que sua tarefa como testemunhas é simplesmente a de "juramento" sobre qual parte "está no seu direito". Na lei antiga, a prova não era considerada como um "fardo", mas sim como um "direito" de uma ou de outra das partes em disputa, e a lei antiga era liberal em permitir a uma das partes esse direito. O juiz, entretanto, era estritamente regido por regras e pelos métodos tradicionais de prova. A teoria moderna do processo jurídico comum é diferente do antigo procedimento apenas à medida do tratamento da prova como um fardo. Ela também vincula o juiz às moções e às provas apresentadas pelas partes, e, certamente, o mesmo princípio aplica-se à conduta inteira da ação judicial: em conformidade com o princípio do processo adversário, o juiz tem que esperar as propostas das partes. Fatos que não são estipulados, nem alegados e provados, e fatos que permanecem não revelados pelos métodos reconhecidos de prova, sejam eles racionais ou irracionais, não existem para o juiz à medida que está preocupado em apenas estabelecer aquela verdade relativa que pode ser conseguida dentro dos limites fixados pelos atos processuais das partes.

Exatamente semelhantes nesses aspectos eram as mais antigas formas claras de adjudicação, ou seja, a arbitragem e reparação entre os clãs, com oráculo ou provação constituindo o processo de julgamento. Tal procedimento jurídico antigo era rigorosamente formal como todas as atividades orientadas à invocação de poderes mágicos ou divinos, mas, por meio do caráter sobrenatural irracional dos atos decisivos do processo, tentava obter a substantiva decisão "correta". Quando, porém, a autoridade e a crença nesses poderes irracionais foram perdidas, e quando elas foram substituídas pela prova racional e pela derivação lógica das decisões, a adjudicação formalista teve que se tornar uma competição simples entre os litigantes, regulamentada de modo a atingir uma ótima possibilidade de descobrir a verdade. A promoção do progresso da ação judicial é de maior interesse das partes do que do Estado. As partes não são obrigadas pelo juiz a fazer qualquer coisa que elas não desejem por iniciativa própria. É por esse mesmo motivo que o juiz não pode corresponder à necessidade de um cumprimento mais adequado de demandas materiais de caráter político, ético ou afetivo, por meio de uma adjudicação que satisfaça o sentimento de conveniência concreta ou de equidade, em casos individuais. A justiça formal garante liberdade máxima para os interessados na defesa de seus interesses formalmente legais. Porém, por causa da distribuição desigual de poder econômico, que o sistema de justiça formal legaliza, esta mesma liberdade deve repetidamente produzir consequências contrárias aos postulados substantivos de éticas religiosas ou de conveniência política. A justiça formal é, portanto, considerada um obstáculo para todos os poderes autoritários, tanto para a teocracia como para o patriarcalismo, porque diminui a dependência do indivíduo à graça e ao poder das autoridades. Para a democracia, no entanto, tem sido um obstáculo, porque ela diminui a dependência da prática jurídica e, com isso, a dos indivíduos sobre as decisões dos demais cidadãos. Além do mais, o desenvolvimento de um julgamento em uma competição pacífica de conflito de interesses pode contribuir para uma concentração adicional de poder econômico e social. Em todos estes casos, a justiça formal, devido ao seu caráter necessariamente abstrato, viola os ideais de justiça substantiva. É justamente esse caráter abstrato que constitui o mérito decisivo da justiça formal para aqueles que detêm o poder econômico, em determinado momento, e que, portanto, estão interessados no seu funcionamento sem entraves, bem como para aqueles que, por razões ideológicas, tentam romper o controle autoritário ou conter as emoções de massas irracionais com a finalidade de abertura de oportunidades individuais e capacidades libertadoras. Para todos esses grupos, a justiça não formal simplesmente representa a possibilidade de arbitrariedade absoluta e instabilidade subjetivista. Entre os grupos que defendem a justiça formal, devemos incluir todos os de interesses políticos e econômicos, para os quais a estabilidade e a previsibilidade do processo jurídico são de grande importância, ou seja, particularmente para organizações racionais, econômicas e políticas destinadas a um caráter permanente. Acima de tudo, os detentores de poder econômico consideram a administração racional formal da justiça como uma garantia de "liberdade", um valor que não só é repudiado por grupos teocráticos ou patriarcal-autoritários, mas, sob certas condições, também por grupos democráticos. A justiça formal e a "liberdade" que ela garante são realmente rejeitadas por todos os grupos ideologicamente interessados em justiça substantiva. Para tais grupos não serve a justiça formal, mas a justiça de cádi. A justiça popular da direta democracia ateniense, por exemplo, era decididamente uma forma de justiça de cádi. O julgamento moderno pelo júri também é, frequentemente, justiça de cádi na prática, embora talvez não de acordo com o direito formal; mesmo nesse tipo altamente formalizado de uma adjudicação limitada, pode-se observar uma tendência em se sujeitar a regras jurídicas formais somente à medida que o procedimento jurídico diretamente o exige, por motivos técnicos. De modo geral, em todas as formas de justiça popular as decisões são obtidas com base em considerações concretas, éticas, políticas ou de sentimentos voltados para a justiça social. Esse último tipo de justiça prevaleceu, sobretudo, em Atenas, mas também pode ser encontrado até hoje. A esse respeito, há tendências semelhantes exibidas pela democracia popular, por um lado, e pelo poder autoritário da teocracia ou de monarcas patriarcais, por outro.

Quando, por exemplo, os jurados franceses, contrários ao direito formal, regularmente absolvem um marido que matou o amante de sua esposa apanhado em flagrante, eles estão fazendo exatamente o que Frederico, o Grande, fez quando dispensou "a justiça real" para o benefício de Arnold, o moleiro.

A característica distintiva de uma administração de justiça teocrática consiste inteiramente na primazia de considerações éticas concretas; sua indiferença ou aversão ao formalismo só é limitada à medida que as regras da lei sagrada são explicitamente formuladas. Mas até onde as últimas normas se aplicam, o tipo de direito teocrático resulta exatamente no oposto, ou seja, num direito que, de modo a ser adaptável às circunstâncias em permanente mudança, desenvolve um casuísmo extremamente formalista. A administração secular da justiça patrimonial-autoritária é muito mais livre do que a da justiça teocrática, até mesmo onde tenha que estar em conformidade com a tradição, o que normalmente permite um alto grau de flexibilidade.

Finalmente, a administração da justiça por *honoratiores* apresenta dois aspectos, dependendo de quais interesses jurídicos estão envolvidos: os da própria classe de *honoratiores* ou os da classe dominada por eles. Na Inglaterra, por exemplo, todos os casos apresentados nos tribunais de justiça central eram julgados de maneira estritamente formal. Mas os tribunais de justiça de paz, que lidavam com os problemas diários e contravenções das massas, eram informais e representantes da justiça de cádi de uma forma completamente desconhecida na Europa Continental. Além disso, os altos custos dos processos judiciais e serviços jurídicos sobrecarregavam os desprovidos de recursos financeiros e significavam uma negação de justiça, que era bastante similar ao que existiu, por outras razões, no sistema judicial da República Romana.

Esta negação da justiça estava em conformidade estreita com os interesses dos proprietários, especialmente das classes capitalistas. Mas tal política judicial dual de adjudicação formal de disputas da classe alta, em conjugação com a arbitrariedade ou a negação de justiça *de facto* para os economicamente mais fracos, nem sempre é possível. Os interesses capitalistas terão melhor êxito sob um sistema rigorosamente formal de adjudicação, que se aplica em todos os casos e opera sob o processo adversário. Em qualquer caso, a adjudicação dos *honoratiores* tende a ser essencialmente empírica e seu procedimento é complicado e caro. Dessa forma, pode ser um obstáculo para os interesses das classes burguesas e realmente deve-se dizer que a Inglaterra alcançou a supremacia capitalista entre as nações não por causa do seu sistema judicial, mas sim apesar dele. Por essas razões, as camadas burguesas tendem a se interessar por um sistema processual racional e, portanto, em uma sistematização do direito substantivo, inequivocamente formal e construído propositadamente, eliminando as tradições obsoletas e as arbitrariedades nas quais os direitos podem ter sua origem exclusivamente em normas objetivas gerais. Tal direito codificado tão sistematicamente foi exigência feita pelos puritanos ingleses, pela plebe romana, e pela burguesia alemã do século XV. Mas em todos esses casos, tal sistema teria ainda um longo caminho a percorrer.

    Na administração da justiça do tipo teocrático, em adjudicação proferida por *honoratiores* seculares, em um sistema de tribunal de justiça guiado por consultores jurídicos particulares ou oficialmente titulados, bem como no desenvolvimento do direito e procedimento baseado no *imperium* e nos desprezados poderes dos magistrados, príncipes ou funcionários públicos, que têm em suas mãos a direção do processo judicial, a visão adere rigorosamente ao que a lei sempre foi e que não mais é necessário do que a interpretação de suas ambiguidades e sua aplicação para casos especiais. No entanto, como vimos, o aparecimento de normas racionalmente compactadas é possível em si mesmo, inclusive sob condições econômicas bastante primitivas, uma vez que o estereótipo da posse de mágica foi quebrado. A existência de técnicas irracionais de revelação como o único meio de inovação muitas vezes implicava um elevado grau de flexibilidade nas normas; a ausência, delas, por outro lado, resultou em um maior grau de estereotipação, porque, nesse caso, a tradição sagrada como tal continua como o único elemento sagrado, sendo, portanto, exaltada pelos sacerdotes para formar um sistema de direito sagrado.

O direito sagrado e a criação das leis sagradas surgiram em formas bem distintas, em diferentes áreas geográficas e em diferentes ramos da lei: a sua persistência igualmente varia. Vamos ignorar por completo, neste momento de nossa análise, a atenção especial que o direito sagrado presta para todos os problemas de punição e expiação, uma preocupação inicialmente causada por normas de natureza puramente mágica; nem vamos considerar aqui os seus interesses em direito político ou as normas originalmente mágicas condicionadas que regulavam os horários e os locais em que os julgamentos eram autorizados a acontecer, ou os métodos de prova. Vamos, em geral, tratar apenas do "direito privado" como é comumente entendido. Neste ramo do direito, os princípios fundamentais sobre a permissividade e os incidentes do casamento, a lei da família e, estreitamente relacionado com ele, o de herança, têm constituído um ramo importante do direito sagrado na China e Índia, bem como na *fas* romana, na Shariah islâmica e no direito canônico medieval. As antigas proibições mágicas de incesto foram as primeiras formas de regulamento religioso do casamento. Além disso, existia a importância de sacrifícios apropriados para os antepassados e outros da família, o que causou a invasão do direito sagrado na lei da família e da herança, e, nesse último domínio, o interesse da Igreja em obter receita e, consequentemente, na validade dos testamentos, tratando de manter o seu controle, quando, nas áreas do cristianismo, os interesses sagrados pagãos tinham desaparecido. O direito secular era suscetível de entrar em conflito com as normas religiosas relacionadas com objetos e lugares dedicados a fins religiosos, consagrados por outros motivos ou magicamente considerados tabus. No âmbito do contrato, o direito sagrado intervinha por razões meramente formais sempre que uma forma religiosa de promessas, especialmente um juramento, tinha sido utilizada, uma situação que ocorria com frequência, e, no início, como podemos inferir, de modo regular. Quanto ao mérito, o direito sagrado envolveu-se sempre que normas importantes de caráter ético-religioso, como, por exemplo, a proibição da usura, entravam em cena.

As relações entre o direito profano e o direito sagrado, em geral, podem variar consideravelmente, dependendo de determinados princípios subjacentes, em especial na questão da ética religiosa. Desde que a ética religiosa permaneça na fase do formalismo mágico ou ritual, ela pode, sob certas circunstâncias, tornar-se paralisada e completamente ineficaz através de seus próprios meios inerentes de racionalização refinada do casuísmo mágico. O *fas* sofreu tal destino no decurso da história da República Romana. Simplesmente não havia norma sagrada para cuja eliminação não tivesse sido inventado um meio sacrotécnico apropriado ou uma forma de evitar seu cumprimento. O Colégio de Adivinhos tinha o poder de intervenção nos casos de faltas formais religiosas e omina negativos, o que significava, na prática, o poder de revogar as resoluções das assembleias populares, que nunca foram formalmente abolidas em Roma, como tinha sido por Péricles e Ephialtes, no caso do poder igualmente sagradamente condicionado do Areiopagus ateniense. Mas, sob a dominação absoluta do sacerdócio, pela nobreza magistral secular, este poder serviu apenas para fins políticos, e sua aplicação, como a do *fas* substantivo, tornou-se praticamente inócuo por técnicas sagradas peculiares. Assim como a lei helênica do final do período, o *jus* perfeitamente secularizado foi garantido contra intervenções vindas desta direção, apesar do papel extraordinariamente importante desempenhado na vida romana por considerações de deveres rituais. A subordinação do sacerdócio para o poder profano na antiga *polis*, algumas características peculiares do Olimpo romano e os modos de tratamento do qual falamos, foram os fatores pelos quais essa linha de desenvolvimento foi determinada em Roma.

    A situação era inversa onde um sacerdócio dominante era capaz de regular o conjunto da vida ritualística, e, dessa forma, em grande medida, controlar todo o sistema jurídico, como foi o caso na Índia. Segundo a teoria hindu predominante, a totalidade do direito está contida nos Dharma-Sutras. O desenvolvimento puramente secular do direito foi limitado ao estabelecimento de sistemas específicos de direitos para as diversas propriedades profissionais dos comerciantes, artesãos e assim por diante. Ninguém duvidava do direito dos grupos de profissionais e de castas para estabelecer suas próprias leis, de modo que o estado vigente de negócios poderia ser resumido na máxima: "O direito especial prevalece sobre o direito geral." Quase tudo obtido do direito secular veio dessas fontes. Este tipo de lei, que abrangia quase todo o campo de questões da vida cotidiana, foi, no entanto, ignorado em doutrina sacerdotal e nas escolas filosóficas. Uma vez que ninguém se especializou no seu estudo e na sua administração, ficou faltando toda a racionalização e também uma garantia de confiança de validade em casos de divergência do direito sagrado, que, mais tarde foi vinculada à teoria, embora tenha sido amplamente ignorada na prática.

A aplicação da lei na Índia representou aquela mesma característica da mistura de elementos mágicos e racionais que correspondem aos tipos peculiar da religião e do regulamento teocrático-patriarcal de vida. O formalismo do processo era em geral bastante ignorado. Os tribunais não eram do tipo de justiça popular. As regras de que o rei está vinculado à decisão do chefe de justiça e de que os leigos (a saber, os comerciantes e os escribas das fontes mais velhas e das corporações de mestres e escribas que apareceram mais tarde) devem estar entre os membros do tribunal são, ambas, expressivas de tendências racionais. A grande importância da arbitragem privada correspondeu à criação da lei autônoma pelas associações. Como regra geral foram autorizados os recursos dos tribunais organizados de associações para os tribunais públicos. O direito probatório é hoje essencialmente de caráter racional; o recurso é principalmente de documentos escritos e depoimentos de testemunhas. As provações eram reservadas para os casos em que os resultados dos meios racionais de provas não eram suficientemente claros. Nessas situações, no entanto, eles preservaram os seus significados mágicos intactos. Isso era especialmente verdadeiro do juramento que devia ser seguido por um período de espera para determinar as consequências da automaldição. Da mesma forma, os meios mágicos de execução, especialmente de o credor ficar sem comer até morrer em frente à porta do devedor, existiam junto com a execução oficial de julgamentos e autoajuda legalizada. Um paralelismo praticamente completo do direito sagrado e do direito secular existia no processo penal. Havia também uma tendência para a fusão destes dois tipos de direito, e, de maneira geral, o direito sagrado e o secular constituíam um corpo indiferenciado, que obscureceu os remanescentes do antigo direito ariano. Este corpo legal foi, por sua vez, e em grande parte, substituído pela administração autônoma de justiça das associações, especialmente as castas, que possuíam o mais eficaz de todos os meios de coação, ou seja, a expulsão.

Dentro do território onde prevaleceu o Budismo como religião do Estado, ou seja, no Ceilão, Sião, Malásia, Indochina e especialmente

Camboja e Birmânia, a influência legislativa da ética budista estava longe de ser ignorada. A ética budista foi a responsável pelo estatuto de igualdade entre marido e mulher, como expresso, por exemplo, na regra de herança cognata ou no sistema de propriedade da comunidade, ou no dever de piedade paternal, estabelecido no interesse do destino dos pais no além, e requerendo, entre outras coisas, a responsabilidade do herdeiro para as dívidas do falecido. Todo o direito passou a ser permeado por elementos éticos que encontraram expressão na defesa dos escravos, na leniência da lei penal (exceto os frequentes casos de punição extremamente cruéis para os crimes políticos), e na admissão de acordos para manter a paz. Mesmo que a ética relativamente mundana do budismo estivesse tão preocupada com a consciência e o formalismo ritual, o sistema de direito "sagrado" dificilmente poderia desenvolver-se como o objeto de uma aprendizagem especializada. No entanto, desenvolveu-se uma literatura de livros de direito marcada pelo Hinduísmo, e tornou possível a proclamação na Birmânia em 1875 da "lei budista" como a lei oficial, significando por lei budista uma lei de origem hindu, modificada de acordo com o Budismo.

Na China, por outro lado, os deveres mágicos e animistas foram restringidos pelo poder de monopólio da burocracia para a esfera puramente ritual. Assim, como vimos e veremos ainda, houve uma influência profunda sobre a atividade econômica. As irracionalidades da administração de justiça chinesa foram causadas por fatores patrimoniais em vez de fatores teocráticos. O direito de profecia, como a profecia em geral, era desconhecido na China, pelo menos em tempos históricos; também não havia uma classe de juristas nem treinamento jurídico especializado. Tudo isso correspondia ao caráter patriarcal da associação política, que se opunha a qualquer evolução do direito formal. O "Wu" e o "Wei"[11] eram os conselheiros em questões de ritual de magia. Aqueles dos seus membros que tivessem passado nos exames, e que tinham, portanto, educação literária, eram consultores para as famílias, clãs e aldeias em questões cerimoniais e legais.

No Islã, havia, pelo menos teoricamente, não uma única esfera de vida na qual o direito secular pudesse ter se desenvolvido independentemente das reivindicações das normas sagradas. Na verdade, houve

---

[11] Mágicos taoístas.

uma recepção bastante abrangente do direito helênico e romano. Oficialmente, no entanto, toda a estrutura do direito privado foi reivindicada como sendo uma interpretação do Corão, ou a sua elaboração através do direito consuetudinário. Isso ocorreu quando, após a queda do Califado Omíada e o estabelecimento de regra dos Abbassides, os princípios do cesaropapismo dos Sassânidas Zoroastrianos foram transplantados para o Islã, em nome de um retorno à tradição sagrada. O *status* do direito sagrado no Islã é um exemplo ideal da forma como o direito sagrado opera na criação de um "livro religioso" verdadeiramente profético. O próprio Corão contém muito poucas regras do direito positivo.[12] Mas a maior parte das prescrições legais são de uma origem diferente. Formalmente, elas aparecem, via de regra, como *hadith*, ou seja, modelos de escrituras e dos ditos do Profeta, cuja autenticidade foi atestada por uma linha sucessiva de transmissores reconhecidos desde tempos remotos, por meio de transmissão oral aos contemporâneos do profeta, o que originalmente significava voltar para os seguidores especialmente qualificados de Mohammed (Maomé). Devido a esta cadeia ininterrupta de transmissores pessoais, as prescrições são, ou são tidas como, exclusivamente transmitidas oralmente e constituem a Sunna, o que não é uma interpretação do Corão em si, mas uma tradição ao lado do Corão. Sua parte mais antiga decorre principalmente do primeiro período da história islâmica, em particular do direito consuetudinário de Medina, a compilação e edição dos quais como o Sunna foram atribuídas a Malik-ibn-Anas. Mas nem o Corão nem o Sunna foram por si mesmos as fontes das leis utilizadas pelos juízes. Essas fontes eram particularmente o *fikh*, ou seja, o produto do trabalho especulativo das escolas de direito, que são coleções de hadiths organizadas de acordo com autores[13] ou assunto.[14] O *fikh* é constituído de comandos éticos como também legais, e desde que a lei se tornou consolidada, contém uma seção cada vez maior de caráter completamente obsoleto. A consolidação foi oficialmente alcançada através da crença de que os poderes

---

12 Tais como, por exemplo, a abolição da proibição do casamento entre um homem e sua nora, liberdade da qual muito se beneficiou Mohammed.

13 Musnad.

14 Mussunaf, seis das quais constituem o cânone tradicional.

carismático e jurídico-profético de interpretação legal[15] foram extintos desde o século VII ou VIII, ou seja, no século XIII ou XIV da era Cristã, uma crença semelhante à da Igreja Cristã e do Judaísmo quanto à suposição de que a idade profética tinha chegado ao fim. Os carismáticos profetas jurídicos da época, os mujtahids, ainda eram considerados como os agentes da revelação jurídica, embora apenas os fundadores das quatro escolas de direito,[16] conhecidos como ortodoxos, eram completamente reconhecidos. Após a extinção do ijtihad, apenas comentaristas[17] permaneceram e a lei tornou-se absolutamente estabelecida. A luta entre as quatro escolas de direito ortodoxas era basicamente a de um conflito sobre os componentes dos Sunitas ortodoxos, mas também era um conflito sobre métodos de interpretação, e tais diferenças eram cada vez mais estereotipadas conforme o estabelecimento do direito. Apenas a pequena Escola de Hanbalite rejeita toda a *bida*, ou seja, todo direito novo, todo novo *hadith* e todos os sistemas racionais de interpretação. Portanto, por causa de seu postulado da *Coge intrare*, desligou-se das outras escolas que, em princípio, são tolerantes umas com as outras. As escolas diferem pelos diferentes papéis atribuídos à ciência jurídica na criação do novo direito. A Escola Malekita dominou durante muito tempo na África e Arábia. Considerando que se originou no mais antigo centro político do Islã, Medina, era especialmente sem restrições, talvez como poderia ter sido esperado, incorporando o direito pré-islâmico. Mas estava mais ligada à tradição do que a Escola Hanefita, que surgiu do Iraque e, consequentemente, era profundamente influenciada pelos Bizantinos. O seu papel foi particularmente importante no Tribunal do Califa e ainda é a escola oficial na Turquia e a dominante no Egito. A contribuição principal da jurisprudência de Hanefita, que estava em contato estreito com as ideias do palácio, parece ter sido o desenvolvimento das técnicas empíricas de juristas islâmicos, ou seja, o uso de analogia.[18] Também proclamou a *ra'y*, ou seja, a ideia de que a doutrina instruída era uma fonte independente

---

15 Ijtihad.
16 Madhas.
17 Mugallidin.
18 Gijas.

de lei, juntamente com a interpretação recebida do Corão. A escola de Shafiite, que teve origem em Bagdá e espalhou-se pelo sul da Arábia, Egito e Indonésia é considerada não só em oposição a estas características de Hanefita, ou seja, ao papel atribuído à opinião aprendida e empréstimos do direito estrangeiro, mas também para a atitude elástica dos Malekitas para com a tradição. É, portanto, considerada como mais tradicionalista, embora tenha alcançado resultados semelhantes por sua ampla recepção dos *hadith* de autenticidade questionável. O conflito entre o Ashab-alhadith, os tradicionalistas conservadores, e os Ashab-al-fikh, os juristas racionalistas, persiste ao longo de toda a história do direito islâmico.

O direito sagrado islâmico em toda sua extensão é especificamente o "direito de juristas". A sua validade repousa sobre *ijmâ*[19], que é definido na prática como o acordo entre os profetas jurídicos, ou seja, os grandes juristas.[20] Além do profeta infalível, somente os *ijmâ* são oficialmente infalíveis. O Corão e o Sunna são somente as fontes históricas do *ijmâ*. Os juízes não consultam o Corão ou a Sunna, mas as compilações do *ijmâ*, e eles não têm permissão para interpretar as escritas sagradas ou tradições independentemente. Os juristas islâmicos estavam em uma posição semelhante à dos juristas romanos, especialmente porque a organização de suas escolas é uma reminiscência das de Roma. As atividades do jurista incluíam tanto a consulta jurídica como o ensino dos alunos. Portanto, ele estava em contato com os requisitos práticos dos seus clientes, como também das demandas práticas pedagógicas, que careciam de classificação sistemática, além da subordinação para ambos os métodos interpretativos fixos estabelecidos pelos chefes das escolas e para os comentários que excluíram, desde o fim do período de *ijtihad*, toda a liberdade de interpretação. Nas universidades oficiais, como o Azhar, no Cairo, que reúne como professores representantes de cada uma das quatro escolas ortodoxas, o ensino transformou-se na recitação rotineira de sentenças fixas. Algumas características essenciais da organização islâmica, a saber, a ausência dos Conselhos, como também a aceitação da infalibilidade da doutrina, influenciaram o desenvolvimento do direito sagrado na direção de "juristas da lei" estereotipados.

---

19 Ijmah-al-ammah – *tácito consensus omnium*.
20 Fukaha.

Porém, de fato, a aplicabilidade direta do direito sagrado era limitada a certas instituições fundamentais dentro de uma gama de domínio legal substantivo ligeiramente mais abrangente do que o direito canônico medieval. No entanto, o universalismo que foi reivindicado pela tradição sagrada resultou no fato de que inovações inevitáveis teriam que ser apoiadas ou por um *fetwa*, que quase sempre poderia ser obtido em um caso particular, às vezes de boa-fé e às vezes através de artifícios, ou por disputas casuísticas das várias escolas ortodoxas, concorrentes entre si. Como consequência desses fatores, juntamente com a já mencionada inadequação da racionalidade formal do pensamento jurídico e a criação da lei sistemática, almejar a uniformidade legal ou consistência era impossível. O direito sagrado não poderia ser desconsiderado; nem poderia, apesar de muitas adaptações, ser realmente executado na prática. Tal como no sistema romano, juristas oficialmente licenciados podem ser chamados para fornecer seus pareceres pelas *cádis*, ou partes, sempre que necessário. Seus pareceres são autoritários, mas também variam de pessoa para pessoa; como os pareceres de oráculos, eles são determinados sem indicação de qualquer fundamentação racional. Assim, eles, na verdade, aumentam a irracionalidade do direito sagrado em vez de contribuir, mesmo que um pouco, para a sua racionalização.

O direito sagrado só se aplica aos muçulmanos, garantindo a eles o direito de *status* grupal, mas não à população de incrédulos. Como consequência, o particularismo legal continuou a existir não só para as várias denominações toleradas, que eram em parte positiva e negativamente privilegiadas, mas também como costume local ou profissional. O alcance prático da máxima de que "direito especial prevalece sobre o direito geral da terra", embora tenha reivindicado uma validade absoluta, era de aplicação duvidosa sempre que leis particulares entravam em conflito com as normas sagradas, uma vez que elas mesmas estavam sujeitas a interpretações completamente instáveis. O direito comercial do Islã cresceu a partir das técnicas jurídicas da antiguidade, algumas das quais foram assumidas diretamente pelo Ocidente. No próprio Islã, no entanto, a validade dessas normas comerciais não derivou de representação ou de princípios estáveis de um sistema jurídico racional. Sua garantia consistia em nada mais do que o senso de honestidade e influência econômica dos comerciantes. As tradições sagradas mais ameaçavam do que promoviam a maioria das instituições particularistas. Elas existiam *praeter legem*.

Este impedimento para a unificação legal e coerência sempre existiu como uma consequência natural, onde quer que a validade do direito sagrado ou tradição imutável fosse levada a sério, tanto na China e na Índia quanto nos territórios do Islã. Até dentro do próprio Islã, o sistema de leis pessoais aplica-se às escolas puramente ortodoxas, da mesma forma em que uma vez foi aplicado como parte das leis populares no império dos Carlovingianos. Teria sido impossível criar uma *lex terrae*, assim como o Direito Comum havia se tornado desde a Conquista Normanda e, oficialmente, desde Henrique II. Na verdade, encontramos, ainda hoje, por toda parte, em todos os grandes impérios islâmicos, o dualismo entre a justiça religiosa e administração da justiça secular: o funcionário leigo fica ao lado do cádi, e o direito secular ao lado do Shariah. De forma semelhante, para os capitulares dos Carlovingianos, este direito secular[21] começou a se expandir a partir do início, ou seja, desde os tempos dos califas Omíadas, e assumir crescente importância em relação ao direito sagrado, à medida que o último se tornou estereotipado. Tornou-se vinculado para os tribunais seculares cuja jurisdição viera a prevalecer em todas as questões, exceto as referentes a títulos honoríficos, casamento, herança, divórcio e, até certo ponto, bens e fundações, e, por extensão, bens de raiz em geral. Esses tribunais não estão nada preocupados com as proibições do direito sagrado, mas em decidir de acordo com o costume local, uma vez que toda sistematização, até mesmo da lei secular, foi evitada pela intervenção contínua das normas espirituais. Assim, o Codex Turco, que começou a ser promulgado em 1869, não é um código no sentido verdadeiro, mas simplesmente uma compilação das normas de Hanefite. Veremos que essa situação teve consequências importantes em termos da organização econômica.

Na *Pérsia*, onde a forma xiita do Islã é a religião estabelecida, a irracionalidade do direito sagrado é ainda maior, já que nem sequer possui as bases relativamente firmes dadas pela Suna. A crença em um professor invisível[22] que, pelo menos em teoria oficial, é considerado

---

[21] Q'anon.
[22] Imame.

infalível, é apenas um substituto pobre. Os membros do judiciário são "admitidos" pelo Xá, que, como um governante ilegítimo religiosamente, é obrigado a levar em grande consideração os desejos dos *honoratiores* locais. Esta "admissão" não é uma nomeação, mas sim a colocação de um dos diplomados das escolas profissionais teológicas. Há distritos judiciais, mas as jurisdições dos juízes individuais não parecem ser claras, haja vista que as partes podem escolher entre um número de juízes concorrentes. O caráter carismático desses profetas jurídicos é, portanto, visivelmente indicado. O sectarismo rigoroso dos xiitas, que é acentuado por influências zoroastrianas, teria proibido e considerado impuras todas as relações econômicas com os não crentes. Mas através de uma série de ficções, este sectarismo reivindicado pelo direito sagrado foi, por fim, quase que completamente abandonado. Assim, provocou uma retirada ampla de influências legais sagradas de quase todas as esferas de atividade que são de qualquer consequência econômica e política. A recessão do direito sagrado aconteceu na esfera política, quando o constitucionalismo foi justificado, pelos fetwas, na base de trechos do Corão. No entanto, a teocracia ainda hoje está longe de ser um fator insignificante na vida econômica. Apesar do encolhimento de sua gama de influências, o elemento teocrático na adjudicação foi e ainda é, juntamente com as características peculiares do patrimonialismo oriental como forma de dominação, de grande importância para a atividade econômica. Aqui, como em outros lugares, este fato se deve menos ao conteúdo positivo das normas do direito sagrado do que às atitudes predominantes em administração judicial, que é destinada à justiça "material" em vez de a um regulamento formal de conflitos de interesses. Ele chega em suas decisões em conformidade com as considerações de equidade, mesmo nos casos relativos a bens imóveis que pertencem à sua jurisdição. Estas considerações são mais prováveis onde a lei não é codificada. A previsibilidade das decisões da justiça Khadi é, portanto, reduzida ao mínimo. Contanto que os tribunais religiosos tivessem jurisdição sobre casos de terras, a exploração capitalista da terra era impossível, como, por exemplo, na Tunísia. Toda essa situação é típica do modo pelo qual a administração judicial teocrática interferiu e deve necessariamente interferir com o funcionamento de um sistema econômico racional. É apenas a extensão precisa dessa interferência que varia de lugar para lugar.

O direito sagrado judeu tem algumas semelhanças formais com o direito sagrado islâmico, embora seu contexto fosse completamente o inverso ao do direito sagrado islâmico. Também entre os judeus, a Torá e a tradição sagrada interpretativa e complementar pretendiam obter uma norma de validade universal em todas as áreas da vida, semelhante ao direito sagrado obtido apenas para os correligionários. Mas, ao contrário do Islã, os portadores deste sistema jurídico não eram uma sucessão de governantes, mas sim um povo. Assim, o comércio com estranhos era juridicamente comércio exterior, devendo ser governado, em parte, por diferentes normas éticas. Para as normas legais existentes em seu ambiente, os judeus tentavam se adaptar à medida do permitido pelo ambiente e à medida que tais normas não fossem contrárias aos seus próprios escrúpulos ritualísticos. Logo no início do período dos reis, os oráculos locais antigos, o Urim e Tumim, já haviam sido suplantados por profetas jurídicos, que contestavam a competência do rei para emitir ordens jurídicas com muito mais eficácia do que suas contrapartes no direito germânico.

Na era pós-Exílica, o Nabim, ou seja, os adivinhos e profetas da lei do período dos reis, foram substituídos pelos fariseus, que eram originalmente um estrato de intelectuais oriundos da classe alta, com acentuados traços helenísticos; depois, eles também incluíram um grupo pequeno de pessoas de classe média que se engajaram na interpretação bíblica como um passatempo. Assim se desenvolveu, no mais tardar do último século pré-Cristão, o tratamento escolástico de ritual e questões legais, e, deste modo, a técnica jurídica dos expositores da Torá e dos juristas consultores dos dois centros orientais do Judaísmo: Jerusalém e Babilônia. Como os advogados islâmicos e hindus, eles eram portadores de uma tradição que, em parte, baseava-se na interpretação da Torá, e ao mesmo tempo independente dela. Deus tinha dado aquela tradição a Moisés durante o encontro de quarenta dias que mantiveram no Sinai. Por meio dessa tradição, as instituições oficiais, por exemplo, o casamento levirato, foram significativamente transformadas, como foi no Islã e na Índia. Além disso, como ocorrera no Islã e na Índia, foi a primeira de uma tradição estritamente oral. Sua fixação escrita pelo Tannaim começou com a fragmentação crescente da diáspora e do desenvolvimento de um tratamento escolástico nas escolas de Hillel e Shammai após o início da era Cristã. Isto foi, sem dúvida, feito para garantir a unidade e a coerência depois do estabelecimento do compromisso dos juízes com as respostas dos sábios jurídicos consultores e, por isso, com os precedentes judiciais. Tal como em Roma e na Inglaterra foram citadas as autoridades para as declarações legais privadas e a formação profissional, exames e licenciamento finalmente substituíram a antiga profecia jurídica gratuita. A Mishnah é ainda o produto das atividades dos réus coletadas pelo Patriarca Rabbi Judá. O comentário oficial da Gemara é, por outro lado, o produto das atividades dos advogados voltados ao ensino, o Amoraim, que tinha conseguido os primeiros intérpretes que traduziam para o aramaico e interpretavam para o público as passagens hebraicas recitadas pelo declamador. Na Palestina, eles tinham o título de Rabbi e um correspondente na Babilônia[23]. Um tratamento "dialético" ao longo das linhas da teologia ocidental poderia ser encontrado na "academia" de Pumbedita na Babilônia.

Mas este método se tornou fundamentalmente suspeito durante o período posterior da ortodoxia e é condenado hoje. Desde então, um tratamento teológico especulativo da Torá tem sido impossível. Mais explicitamente do que na Índia e no Islã, a dogmática-edificante e os elementos legais da tradição, do haggadah e halachach, foram separados um do outro, tanto na literatura como na divisão do trabalho. Em seus aspectos externos, o centro de atividade aprendida e a organização deslocaram-se progressivamente para a Babilônia. O Exilarca[24] viveu na Babilônia a partir do período de Adriano até o século XI. Seu cargo, transmitido hereditariamente na família de Davi, foi oficialmente reconhecido pelos partos e persas, e, mais tarde, pelos islâmicos, os governantes; concederam-lhe uma residência pontifical, sua jurisdição foi reconhecida por muito tempo, mesmo em assuntos criminalísticos, e, por fim, com os árabes, obteve o poder da excomunhão. Os portadores do desenvolvimento jurídico foram as duas academias concorrentes de Sura e Pumbedita, das quais a primeira foi a mais distinta. Seus presidentes, os Gaonim, combinavam a atividade judicial como membros do Sanhedrin com a prática consultiva para toda a Diáspora e com o ensino acadêmico do direito. Os Gaonim eram, em parte, eleitos por professores reconhecidos e, por outro lado, designados pelo Exilarca.

---

[23] Mor.

[24] Roshgalath.

A organização externa acadêmica assemelhava-se àquela das escolas medievais e orientais. Os alunos regulares residiam na escola; no mês de Kalla eles se reuniam com um grande número de candidatos estrangeiros, mais maduros, aspirantes ao cargo de rabino, que vinham participar das discussões acadêmicas do Talmud. O Gaon emitia suas respostas espontaneamente, ou após a discussão no Kalla ou com os alunos.

As obras literárias dos Gaonim, que começaram aproximadamente no século VI, foram, na sua forma, não mais do que comentários. Portanto, sua tarefa foi mais modesta do que a dos seus antecessores, os Amoraim, que expuseram de forma criativa o Mishnah, ou dos sucessores destes últimos, os Saboraim, que comentaram sobre tal assunto de forma relativamente livre, para não falar dos Tannaim. Mas, na prática e como resultado de sua forte e elaborada organização, eles conseguiram que a autoridade do Talmud Babilônico triunfasse sobre a dos palestinos. É verdade que esta supremacia foi em princípio limitada aos países islâmicos, mas, do século X em diante, ela também foi aceita pelos judeus do Ocidente. Foi só depois disso e após a extinção do cargo dos Exilarcas que o Ocidente se libertou da influência Oriental. Os rabinos francos da época Carolíngia, por exemplo, provocaram a transição para a monogamia. Após o aprendizado dos tratados de Maimônides e Asher, apesar de terem sido rejeitados pelos ortodoxos como racionalistas, foi finalmente possível para o judeu espanhol Joseph Karo, em seu Shulchan Aruch, criar um compêndio que, comparado com os tratados canônicos islâmicos, era breve e fácil de manejar. Na prática, este trabalho substituiu a autoridade das respostas Talmúdicas, e em Argel, por exemplo, assim como na Europa Continental, ele veio, em muitos casos, para orientar a prática como um verdadeiro código.

A jurisprudência Talmúdica originou-se em uma atmosfera altamente acadêmica e, durante o mesmo período do aparecimento do comentário sobre o Mishnah, teve relações muito mais flexíveis com a prática jurídica do que em ambos os períodos anteriores e posteriores. Por causa destes dois fatores, o seu aspecto formal demonstrou com muita clareza as características típicas do direito sagrado, ou seja, sua predominância marcante puramente construída teoricamente, mas sem vida, casuística, que, dentro dos estreitos limites de uma interpretação puramente racionalista, não pode ser elaborado em um sistema genuíno. A sublimação casuística da lei não era de modo algum leve. Além disso, o direito do vivo e o direito do morto eram completamente mesclados e não foram feitas distinções entre as normas jurídicas e éticas.

Em questões substanciais, inumeráveis recepções já haviam ocorrido em tempos talmúdicos, a partir do Oriente Próximo, especialmente as babilônicas, e, mais tarde, nos ambientes helenísticos e bizantinos. Mas nem tudo no direito judaico que corresponde ao direito comum do Oriente Próximo é emprestado. Por outro lado, é intrinsecamente improvável o que a teoria moderna postula, de que algumas das instituições jurídicas mais importantes de comércio capitalista, como, por exemplo, o documento pago ao portador, foram inventadas pelos judeus na sua própria lei e, então, importadas por eles para o Ocidente. Documentos contendo uma cláusula ao portador já tinham sido conhecidos no direito babilônico dos tempos de Hamurabi, e a única questão é se eles eram simplesmente documentos que permitiam ao devedor o cumprimento da sua dívida, mediante o pagamento ao titular, ou se eles eram documentos negociáveis ao portador. O tipo anterior de documento também pode ser encontrado no direito helenístico. Mas a construção jurídica é diferente do documento negociável ao portador ocidental (*Inhaberurkunden*), que foi influenciado pela concepção germânica do papel como a "incorporação" de direitos, sendo, então, muito mais eficaz para fins de comercialização. A origem judaica dos tipos modernos de títulos torna-se improvável por um fato adicional, ou seja, o fato de que os precursores ocidentais de tais títulos originaram nas necessidades peculiares do processo medieval, cujas diferentes formas eram puramente territoriais. De fato, as cláusulas que prepararam o caminho para a negociabilidade originalmente não serviram para fins comerciais, mas para fins processuais, sobretudo o de fornecer um meio para a substituição de um representante para a parte legítima interessada. Até agora, nem uma única importação de uma instituição jurídica foi demonstrada claramente como atribuível aos judeus.

Não foi no Ocidente, mas sim no Oriente que o direito judaico teve um papel real como uma influência nos sistemas jurídicos de outros povos. Elementos importantes do direito mosaico foram incorporados com a Cristianização no direito armênio como um dos componentes do seu desenvolvimento futuro. No reino dos Kazares, o Judaísmo era a religião oficial e, portanto, o direito judaico era aplicado mesmo que formalmente. Finalmente, a história jurídica dos russos faz com que pareça provável que, através dos Kazares, certos elementos da mais antiga lei russa surgiram sob a influência do direito judaico-talmúdico. Não havia nada similar no Ocidente. Embora não seja impossível que através da mediação dos judeus certos tipos de empresas comerciais possam ter sido importadas para o Ocidente, é improvável que estas formas tenham sido de origem nacional judaica. É mais provável que elas tenham sido instituições sírio-bizantinas, ou, através destas, helenísticas, ou, por fim, e talvez, instituições de direito comum oriental oriundas da Babilônia. Devemos lembrar que na importação de técnicas comerciais orientais para o Ocidente os judeus concorriam com os sírios, pelo menos no final da Antiguidade. No que diz respeito ao seu caráter formal, o direito judaico genuíno como tal, e, particularmente, o direito judaico de obrigações, não eram de forma alguma adequados ao contexto para o desenvolvimento de instituições como são exigidas pelo capitalismo moderno. Seu desenvolvimento relativamente desembaraçado do tipo contratual de transação não altera em nada esta situação.

Naturalmente, a influência do direito sagrado judaico era ainda mais poderosa na vida interna da família e da sinagoga. Era especialmente significativa enquanto abarcava os rituais. As normas estritamente econômicas eram como o ano sabático, confinados à Terra Santa[25], ou tornadas obsoletas por mudanças no sistema econômico, ou, como em qualquer outra parte, podiam ser evitadas, na prática, por atos construtivos. Mesmo antes da emancipação dos judeus, a extensão e sentido com que o direito sagrado ainda era válido variavam muito de lugar para lugar. Formalmente, o direito sagrado judaico não manifestou nenhuma característica peculiar. Como um corpo legal especial que só foi sistematizado e racionalizado de modo imperfeito, e o qual, enquanto elaborado casuisticamente, ainda não era consistente em termos lógicos, o direito sagrado judeu possuía características gerais de um produto que tinha se desenvolvido sob o controle de normas sagradas e elaborado por padres e advogados teológicos. No entanto, por mais interessante que o tema possa ser por si só, não temos neste momento nenhuma razão para lhe dar uma atenção especial.

---

[25] Até mesmo lá, tais normas se tornaram obsoletas, por meio de dispensa rabínica.

O Direito Canônico do Cristianismo ocupa uma posição relativamente especial com referência a todos os outros sistemas de direito sagrado. Em muitas de suas partes era muito mais racional e mais altamente desenvolvido em seu lado formal do que os outros sistemas de direito sagrado. Além disso, desde o início de sua relação com o direito secular, era de um dualismo relativamente claro, com as respectivas jurisdições definitivamente marcadas de modo imparcial, algo não encontrado em outro lugar. Esta situação foi, em primeiro lugar, devido ao fato de que a igreja antiga havia se recusado durante séculos em ter qualquer coisa a ver com o Estado e a lei. No entanto, seu caráter relativamente racional era o produto de várias causas. Quando a Igreja se viu obrigada a buscar relações com as autoridades seculares, ela preparou essa relação com a ajuda da concepção estóica de "lei natural", isto é, um corpo racional de ideias. Além disso, as tradições racionais da lei romana mantiveram-se vivas em sua própria administração. No início da Idade Média a igreja ocidental adotou como modelo os componentes mais formais da lei germânica em uma tentativa de criar o seu primeiro corpo legal, os *penitenciais*. Além disso, a estrutura da universidade medieval ocidental separou o ensino de teologia e direito secular do de direito canônico e, portanto, impediu o crescimento de tais estruturas híbrido-teocráticas como desenvolvidas em outros lugares. A técnica jurídica de rigor lógico e profissional, que foi desenvolvida através da filosofia antiga e da jurisprudência, também foi obrigada a influenciar o tratamento do direito canônico. A atividade compiladora dos juristas da igreja não somente tinha que se preocupar, como em quase todos os lugares, com *responsa* e precedentes, mas com resoluções conciliares, mandatos oficiais e decretos, e, por fim, começou até mesmo a "criar" tais fontes por falsificação deliberada – um fenômeno que não aconteceu em qualquer outra igreja. Finalmente, e acima de tudo, após o término da época carismática da igreja antiga, o caráter da criação de leis eclesiásticas foi influenciado pelo fato de que os funcionários da igreja eram titulares de funções burocráticas racionalmente definidas. Essa concepção, que era peculiarmente característica da organização da igreja e que, igualmente, era uma consequência da conexão com a antiguidade clássica, foi temporariamente suspensa pelo interlúdio feudal do início da Idade Média, mas reviveu e tornou-se toda-poderosa com o período gregoriano. Assim, a igreja ocidental percorreu o caminho da legislação, através de representação racional muito mais pronunciadamente do que qualquer outra comunidade religiosa. A organização rigorosamente racional hierárquica da Igreja também possibilitou a emissão de decretos gerais, onerosos economicamente e, por conseguinte, instruções impraticáveis, como, por exemplo, a proibição da usura, que poderia ser tratada como permanente ou temporariamente obsoleta. É verdade que em muitos aspectos o Direito Canônico não consegue esconder o padrão geral, tão característico de todo o direito teocrático, ou seja, a mistura do poder legislativo substantivo e moral termina com os elementos formalmente relevantes da normatização e a consequente perda de precisão. Mas foi, no entanto, mais fortemente orientada para uma técnica jurídica estritamente formal do que qualquer outro organismo de direito sagrado. Ao contrário dos sistemas jurídicos islâmico e judaico, não cresceu por meio das atividades de juristas responsáveis. Além disso, em consequência do retrocesso da escatologia do Novo Testamento do mundo, o mandado de base do cristianismo contém apenas o mínimo de normas formalmente vinculativas de caráter ritual ou jurídico, de modo que foi deixado completamente livre para a representação puramente racional. Os *muftis*, rabinos e *Gaonim* encontraram paralelos apenas nos padres de confissão e *directeurs de l'âme* da Contrarreforma, e em certos teólogos das velhas igrejas protestantes. Tal ministério casuísta era, então, prontamente produtivo de certas semelhanças remotas aos produtos talmúdicos, especialmente dentro do reino católico. Mas tudo estava sob a supervisão da sede central da Santa Sé, e foram exclusivamente elaboradas normas vinculativas de ética social por meio de seus decretos altamente flexíveis. Desta forma, surgiu essa relação única entre o direito sagrado e o direito secular, na qual o direito canônico se tornou realmente um dos guias do direito secular no caminho para a racionalidade. O fator relativamente decisivo foi a organização exclusiva da Igreja Católica como uma instituição formal[26]. Quanto ao conteúdo da lei, além de detalhes como o *actio spolii* e o *Summariisimum*, as contribuições mais significativas do direito canônico foram o reconhecimento dos contratos informais, a promoção do interesse das doações piedosas e da liberdade testamentária, e a concepção canonista

---

[26] Anstalt.

da corporação. As igrejas foram, de fato, as primeiras "instituições" no sentido legal, e foi aqui que a construção jurídica das organizações públicas como as empresas tiveram o seu ponto de partida, como já vimos. O significado prático de direito canônico para o direito secular, até onde dizia respeito ao direito substantivo privado e, especialmente ao comercial, variou muito no decorrer do tempo; no geral, entrementes, era relativamente igual na Idade Média. Na Antiguidade, o direito canônico não tinha sido capaz de provocar a abolição legal do divórcio livre, até mesmo no período de Justiniano, e a submissão de qualquer caso aos tribunais espirituais tinha permanecido inteiramente uma questão de discrição. A afirmação teórica para uma abrangente regulamentação substantiva de toda a condução da vida, que o direito canônico compartilhava com todos os outros sistemas de direito teocrático, teve, no Ocidente, efeitos relativamente inofensivos sobre a técnica jurídica. O motivo foi que o direito canônico tinha encontrado no direito romano um concorrente secular que havia alcançado uma extraordinária perfeição formal e que, no curso da história, havia se tornado a lei universal do mundo. A Igreja antiga tinha considerado o Império Romano e suas leis como definitivas e eternas. E onde a lei canônica tentou estender o seu domínio, encontrou a oposição enérgica e bem-sucedida dos interesses econômicos da burguesia, incluindo os das cidades italianas, com as quais o Papado teve de aliar-se. Nos estatutos municipais da Alemanha e Itália, e em estatutos de guildas italianas, encontramos penalidades severas para cidadãos que apresentam ação judicial a um tribunal eclesiástico, e também podemos achar regulamentos que permitem, com um cinismo quase surpreendente, a dispensa de penalidades espirituais que poderiam incorrer em "usura" através de pagamentos da quantia total pelas guildas. Além disso, nas guildas racionalmente organizadas dos advogados, bem como nas assembleias estamentais, os mesmos interesses de classe material e ideal, em especial dos advogados, viraram-se contra o direito eclesiástico da mesma maneira que eles fizeram contra o direito romano. Com exceção de algumas instituições particulares, a principal influência do direito canônico era na área processual. Em contraste com a prova formal de um processo secular baseado no princípio do processo adversário, o esforço de toda a justiça teocrática para a verdade ser substantiva, em vez de meramente formal, produziu muito cedo uma técnica racional mas especificamente substantiva de procedimento inquisitorial. A administração da justiça teocrática não poderia mais deixar a descoberta da verdade à discrição arbitrária dos litigantes, como também a expiação de uma injustiça. Tem que operar pelo *ex officio* e criar um sistema de provas que parece oferecer ótimas possibilidades de estabelecer a verdade dos fatos. Portanto, o direito canônico desenvolveu, no mundo ocidental, o processo por inquisição, que foi assumido subsequentemente pela justiça criminal secular. Os conflitos sobre o direito canônico substantivo tornaram-se, mais tarde, essencialmente de interesse político. Suas reivindicações ainda existentes já não se encontram mais, quanto ao seu alcance prático, em áreas de relevância econômica.

Após o término do primeiro período bizantino, a situação das *Igrejas Orientais* começou a assemelhar-se à do Islã, em virtude da ausência de uma agência infalível para a exposição da doutrina e de uma legislação conciliar. A diferença estava essencialmente apenas em reivindicações cesaropapistas mais fortes dos monarcas bizantinos, em comparação com aquelas que poderiam ser expressas pelos Sultões do Oriente após a separação do Sultanato do Califado de Abbasside, ou até mesmo em comparação com aquelas que os sultões turcos poderiam tornar efetivas após a transferência do Califado de Mutawakkil para o Sultão Selim, para não falar da legitimidade precária dos xás persas com relação aos seus assuntos xiitas. Entretanto, nem a última autoridade bizantina nem a russa e outras cesaropapistas alegaram poder criar um novo direito sagrado. Não havia órgãos para esse propósito, nem mesmo escolas de direito de natureza islâmica. Por conseguinte, e como resultado, o direito canônico oriental, limitado à sua esfera original, permaneceu completamente estável, mas também sem qualquer influência sobre a vida econômica.

Capítulo IX

O *IMPERIUM* E O PODER MONÁRQUICO PATRIMONIAL E SUAS INFLUÊNCIAS SOBRE AS QUALIDADES FORMAIS DA LEI: AS CODIFICAÇÕES

1. *Imperium*. O segundo poder autoritário que interferiu no formalismo e irracionalismo da administração da justiça do povo antigo é o *imperium* dos príncipes, magistrados e funcionários. Não vamos considerar, neste momento, o direito especial que um príncipe pode criar para seu séquito pessoal, seus servidores oficiais – em especial o seu exército – e cujos remanescentes altamente significativos persistem até hoje. Essas criações jurídicas levaram no passado a estruturas de direitos especiais muito importantes, como, por exemplo, o direito do patrono e cliente, senhor e servo e do senhor e vassalo, que, tanto na

Antiguidade, quanto na Idade Média escaparam do controle do direito geral ou comum e da jurisdição dos tribunais ordinários e se diferenciaram do direito geral de forma muito diversa e complexa. Embora esses fenômenos sejam de grande importância política, eles não têm em si nenhuma estrutura formal própria. De acordo com o caráter geral do sistema jurídico, as estruturas do direito especial eram governadas. Um bom exemplo está na Antiguidade: o direito do patrão e do cliente era governado por uma mistura de normas sagradas, por um lado, e regras convencionais, por outro; ou eles tinham, como as leis medievais do mestre e servo ou senhor e vassalo, um *status* de caráter grupal, ou eram regulamentados, como o atual direito do serviço público e militar, através de algumas normas especiais do direito administrativo e público, ou são simplesmente submetidos a regras especiais substantivas e autoridades processuais.

O que nos interessa são os efeitos do *imperium* sobre o direito geral (comum), sua alteração, e o surgimento de um novo direito com vigência geral que venha a existir ao lado do direito comum, em lugar dele ou contra ele. Estamos, sobretudo, interessados nos efeitos desta situação sobre a estrutura formal do direito em geral. Apenas um ponto geral deve ser mencionado aqui: o grau de desenvolvimento das estruturas de leis especiais deste tipo é uma maneira de avaliar a relação mútua de poder entre o *imperium* e as camadas com as quais ele tem que contar, como apoios ao seu poder. Os reis ingleses foram bem-sucedidos em impedir que surgisse um direito feudal como um direito especial, como ocorreu na Alemanha, para que ele fosse, em vez disso, integrado ao *lex terrae*, o Direito Comum. Como consequência da lei da terra, o direito da família e o direito sucessório adquiriram um caráter fortemente feudal. O direito estatutário romano menciona a clientela em algumas normas isoladas, principalmente em fórmulas de execração, mas o principal é que deliberadamente se absteve de incluir no âmbito da regulação pelo direito privado esta instituição importante para o *status* social da nobreza romana. Os estatutos italianos da Idade Média criaram, de modo semelhante ao direito inglês, um *lex terrae* uniforme. Na Europa Central, somente o estado principesco absolutista tomou esta iniciativa, mas, mesmo assim, teve o cuidado de preservar os elementos substantivos das várias leis especiais, até que foram totalmente absorvidos pela moderna instituição estatal.

As condições sob as quais o príncipe, o magistrado, ou o funcionário público pareciam legitimados para criar ou influenciar o direito comum e sob as quais eles tinham poder para fazer isso, e até que ponto se estendeu este poder nas diversas áreas geográficas e jurídicas, bem como os motivos subjacentes dessa intervenção, são questões que serão discutidas quando tratarmos das formas de dominação. De fato, aquele poder assumiu muitas formas e, consequentemente, produziu muitos resultados diferentes. Em geral, uma das primeiras criações do poder principesco para proteger a paz (*Banngewalt*) foi o direito penal nacional. Tanto considerações militares quanto o interesse geral na "lei e ordem" reclamaram a regulamentação dessa área particular. Próximo aos linchamentos religiosos, o poder oficial principesco foi de fato a segunda fonte mais importante de um "processo criminal" diferenciado. Muitas vezes influências sacerdotais interferiam diretamente nesse desenvolvimento, como, no Cristianismo, por causa do seu interesse na extinção da vendeta e do duelo. Na Rússia, o *knyaz* (príncipe), que em épocas anteriores presumia-se somente exercer a função de um mero árbitro, foi imediatamente, após a cristianização, influenciado pelos bispos a criar um direito penal casuístico; a própria palavra *nakazanie* ("punição") aparece nesse momento. Da mesma forma no Ocidente, no Islã e, sem dúvida, na Índia, as tendências racionais do sacerdócio desempenharam um papel.

Parece plausível que o estabelecimento dessas tarifas detalhadas de Wergeld e de multas que aparecem em todos os antigos processos legislativos deveu-se à influência dos príncipes. Uma vez que as condições típicas de reparação foram desenvolvidas, parece que aquele sistema que mostrou ter existido no direito alemão foi um fenômeno universal: nele encontramos dois conjuntos de *wergilt*, a saber, um de magnitude considerável para atos de homicídio culposo e outros danos morais que requerem reparação pela vingança, e um muito menor indiscriminadamente aplicável a todos os outros tipos de lesão. Foi provavelmente sob a influência do príncipe que surgiram então aquelas taxas quase grotescas para todos os tipos de delitos imagináveis, que permitiam a todo mundo, tanto antes de cometer um crime quanto antes da instituição de uma ação judicial, ponderar se "valia a pena". A forte predominância de uma atitude puramente econômica voltada para o crime e punição foi praticamente comum a todas as camadas camponesas de todos os tempos. No entanto, o formalismo expresso no estabelecimento fixo de todas as indenizações é o resultado da recusa em submeter-se à arbitrariedade do senhor. Somente quando a administração da justiça tinha se tornado extremamente patriarcal, este formalismo rigoroso rendeu-se a uma determinação mais elástica, e por fim, completamente arbitrária de punição.

Na área do direito privado, que nunca poderia ser tão acessível ao poder de paz (*Banngewalt*) do príncipe, da mesma maneira como a justiça criminal, considerada como um meio de garantir uma ordem formal e de segurança, a intervenção do soberano ocorreu em todos os lugares muito mais tarde e com resultados variados e em diferentes formas. Em alguns lugares, surgiu um direito principesco ou magistrático, o qual, em distinção ao direito comum, fez referência explícita à sua fonte particular de origem, como, por exemplo, o *ius honorarium* romano do edito pretoriano, o direito ao "writ" dos reis ingleses, ou a "equidade" dos chanceleres ingleses. Esse direito foi criado pelo "poder magistral" especial (*Gerichtsbann*) do funcionário encarregado da administração da justiça; ele encontrou cooperação complacente por parte dos *honoratiores* jurídicos, que, como advogados, à maneira dos juristas romanos ou dos advogados ingleses, estavam ansiosos para satisfazer as solicitações dos seus clientes. Em virtude desse poder, o funcionário público poderia ter o direito, como o magistrado tinha, para emitir instruções vinculativas para os juízes ou, como foi finalmente decidido na Inglaterra por Jaime I no conflito entre o Lord Chancellor, Francis Bacon, e os tribunais comuns emitir injunções às partes; ou tomar providências para que, por apresentação voluntária ou através de coerção, um caso fosse trazido para o próprio tribunal do magistrado, como, por exemplo, para os Tribunais dos Reis na Inglaterra, ou depois para a Chancelaria.

Desta forma, os funcionários públicos criaram novas soluções jurídicas, que, no longo prazo, vieram a substituir o direito geral vigente *(ius civiles*, direito comum). O elemento comum nessas inovações burocráticas no direito substantivo é que todas tiveram seu início no desejo de um procedimento mais racional, que emanasse de grupos envolvidos em atividade econômica racional, ou seja, as camadas burguesas. O muito antigo julgamento *interdicta* (Interdiktionsprozess) e as *actiones in factum* parecem confirmar que o magistrado romano tinha adquirido a sua posição dominante no processo, ou seja, seu poder de instruir os jurados, algum tempo antes do *Lex Aebutia*. Porém, como mostra um olhar ao conteúdo substantivo do Edito, as necessidades comerciais da burguesia, com a intensificação do comércio, criaram o procedimento do formulário. As mesmas necessidades resultaram na eliminação de determinadas formalidades que, na origem, eram condicionadas à magia. Na Inglaterra e na França, a maior atração dos tribunais reais era, como tinha sido em Roma, a emancipação do formalismo verbal. Em muitas partes do Ocidente, a parte adversária poderia ser obrigada a depor sob juramento. Na Inglaterra também foram dispensadas as formalidades das citações; o rei emitia suas citações "*sub poena*"; também a corte do rei usava o júri em lugar do duelo e de outros métodos irracionais de prova que eram insuportáveis para a burguesia.

Novas criações de direito substantivo na base da equidade surgiram em maior número na Inglaterra somente a partir do século XVII. Tanto Luís IX, quanto Henrique II e seus sucessores, particularmente Eduardo III, criaram acima de tudo um sistema relativamente racional de provas e eliminaram os restos do formalismo de origem na justiça influenciada pela magia ou na justiça do povo. A "Equidade" do Chanceler Inglês foi, por sua vez, eliminada de seu domínio, o que foi uma grande conquista para os Tribunais Reais – o júri. No dualismo de "Direito" e "Equidade" que ainda hoje prevalece na Inglaterra e nos Estados Unidos, e que frequentemente permite que o requerente escolha entre os remédios jurídicos, a distinção formal consiste no fato de que casos de Direito são julgados com, e em Equidade sem, um júri.

Os instrumentos técnicos do direito oficial são puramente empíricos e formalistas em caráter; amiúde, por exemplo, há o emprego de histórias fictícias que podem ser encontradas nas capitulares francas. Esta característica é, naturalmente, esperada no caso de um sistema jurídico que cresce diretamente da prática jurídica. Em consequência, o caráter técnico do direito permanece inalterado. De fato, o seu formalismo foi muitas vezes intensificado, apesar de que, como o termo "Equidade" indica, postulados ideológicos também poderiam fornecer o estímulo à intervenção. Na verdade, trata-se de um caso em que o *imperium* tinha que competir com um sistema de direito, cuja legitimidade tinha que ser aceita como inviolável e cujos fundamentos gerais não poderiam ser eliminados. Com grande esforço ele poderia ir somente onde, como no caso do formalismo verbal e da irracionalidade da prova, o *imperium* acomodasse exigências urgentes de fortes grupos de pressão.

O poder do *imperium* é intensificado onde o direito vigente pode ser mudado diretamente por meio de decretos do príncipe, de validade igual à do direito comum, como ocorre, por exemplo, nos casos de capitulares francos (*capitula legibus addenda*), nas ordenanças e decretos dos *signories* das cidades italianas, ou nos decretos do antigo principado romano, os quais tinham a mesma validade que as *leges*. No começo do Império, lembremo-nos, os decretos imperiais eram somente vinculados sob ordens oficiais. Em geral, ordens desse tipo não eram, naturalmente, emitidas sem a aprovação dos *honoratiores* (Senado, assembleia de oficiais imperiais) ou mesmo dos representantes da comunidade. Também se conservou por muito tempo, pelo menos entre os francos, a consciência de que tais decretos não pudessem criar um "direito" real, e isso constituía um obstáculo considerável à legislação principesca. Entre esse caso e a manipulação onipotente da lei por parte de ditadores militares do Ocidente ou por parte de príncipes patrimoniais do Oriente podemos encontrar inúmeras situações intermediárias. A legislação por monarcas patrimoniais normalmente respeitava, também, e em grande parte, a tradição. Mas quanto mais ela conseguia eliminar a administração da justiça pela comunidade, como geralmente tendia a fazer, mais frequentemente desenvolvia suas próprias qualidades formais específicas e exercia boa impressão sobre o sistema jurídico. Estas qualidades podiam ser de dois diferentes tipos, correspondendo às diferentes condições políticas da existência do poder do monarca patrimonial.

Uma das formas em que a criação de lei principesca se realizou foi para o próprio príncipe, cujo poder político era considerado como um direito legitimamente adquirido, da mesma forma que qualquer outro direito de propriedade. Ele devia renunciar a certa parte dessa plenitude de poder ao conceder a um ou mais de seus funcionários ou súditos, ou a comerciantes estrangeiros, ou a qualquer outra pessoa ou pessoas, alguns direitos especiais (privilégios), que passavam, então, a ser respeitados pela administração da justiça principesca. À medida que fosse este o caso, lei e direito, "normas" e "reivindicações" coincidiram de tal forma que, se considerada cuidadosamente de forma sistemática, toda a ordem jurídica pareceria com um mero pacote de privilégios de todo o tipo. A outra forma de criação de lei principesca ocorreu de forma oposta: o príncipe não concederia a ninguém quaisquer reivindicações que fossem vinculadas a ele ou ao seu tribunal de justiça. Nesse caso, há novamente duas possibilidades: o príncipe dá ordens caso por caso, totalmente de acordo com o seu critério, e quando isso ocorre não há lugar para os conceitos de "lei" ou "direito"; ou o príncipe expede "regulamentos" que contenham diretrizes gerais para os seus funcionários. Tais regulamentos significam que os funcionários devem, até o recebimento de novas diretrizes, determinar as questões dos súditos e resolver seus conflitos da forma indicada. Nessa situação, a perspectiva de um indivíduo obter uma determinada decisão em seu favor não é um "direito" seu de fato, mas sim um "reflexo" efetivo, um efeito do regulamento, que não é juridicamente garantido a ele. É o mesmo que no caso de um pai que atende às vontades de seu filho sem pensar, no entanto, que assim se vincula a quaisquer princípios jurídicos formais ou formas fixas de procedimento. E, de fato, as consequências extremas da administração de uma justiça "patriarcal" pelo *parens patriae* é simplesmente a transferência do modo de resolução de conflitos intrafamiliares dentro do corpo político. Todo o sistema jurídico seria dissolvido na "administração" se tal sistema fosse alguma vez levado até as suas consequências lógicas.

Denominaremos a primeira dessas duas formas como tipo "estamental" (*standische*) de justiça principesca patrimonial e a segunda como "patriarcal". No tipo estamental da administração judicial e da criação de lei, a ordem jurídica é rigorosamente formal, mas completamente concreta, e, nesse sentido, irracional. Somente pode surgir um tipo "empírico" de interpretação jurídica. Toda "administração" é negociação, regateio e contratação sobre "privilégios", cujo conteúdo deve ser determinado. Assim sendo, funciona como um processo judicial e não é formalmente distinto da administração da justiça. Esta era a forma do procedimento administrativo do Parlamento Inglês e dos grandes Conselhos Reais decanos, que, ao mesmo tempo, eram originalmente órgãos administrativos e judiciais. O exemplo mais importante e o único plenamente desenvolvido do patrimonialismo estamental é o órgão político do Ocidente medieval.

Na administração puramente patriarcal da lei, a lei é, pelo contrário, completamente informal, desde que se possa falar de "direito" em um sistema onde predominam os "regulamentos". A administração judiciária anseia a verdade substantiva e, portanto, elimina as regras formais da prova. Por isso, muitas vezes entrava em conflito com os antigos procedimentos de magia, mas a relação entre os procedimentos seculares e sagrados poderia assumir várias formas. Na África, o requerente pode ter uma chance de recorrer da sentença do príncipe para a provação ou a visão julgadora estática dos sacerdotes-feiticeiros (*Orghanghas*), os representantes do antigo processo sacro. Por outro lado, a justiça principesca rigorosamente patriarcal neutraliza a garantia formal dos direitos e do estrito princípio do processo adversário em favor da tentativa de resolver um conflito de interesse objetivamente "certo" e de forma equitativa.

Embora o sistema patriarcal de justiça possa ser bem racional no sentido de adesão a princípios fixos, não é assim no sentido de uma racionalidade lógica de seus modos de pensamento, mas sim no sentido da perseguição dos princípios substantivos de justiça social, sejam estes de conteúdo político, bem-estar utilitário ou ético. Mais uma vez, direito e administração são idênticos, mas não no sentido de que toda a administração assumiria a forma de adjudicação, e sim no sentido oposto, de que toda adjudicação adota o caráter da administração. Os servidores públicos de caráter administrativo e, portanto, subordinados ao príncipe, são, ao mesmo tempo, juízes; e o próprio príncipe, intervindo de acordo com sua vontade na administração da justiça, sob a forma de "justiça de gabinete", decide a seu critério, à luz das considerações de equidade, conveniência, ou da política. Ele trata da concessão de remédios jurídicos, em grande parte como um dom gratuito da graça ou um privilégio a ser concedido caso a caso, determina suas condições e formas e elimina as formas e os meios de prova irracionais, em favor de uma livre investigação oficial da verdade. O exemplo ideal desse tipo de administração racional da justiça é a "justiça de cádi" do julgamento "Salomônico", da forma como pelo herói lendário, assim como por Sancho Pança quando foi governador. Toda justiça principesca patrimonial tem uma tendência inerente a seguir esse caminho. Os "writs" dos reis ingleses eram obtidos através do apelo à graça ilimitada do rei. As *actiones in factum* permitem-nos adivinhar até onde os magistrados romanos podiam chegar para a concessão gratuita ou a negação de ações (*denegatio actionis*). A justiça magistral inglesa do tipo pós-medieval também aparece na equidade. As reformas de Luís IX na França foram de caráter completamente patriarcais. A justiça do Oriente, como a indiana, à medida que não é teocrática, é essencialmente patriarcal. A administração chinesa da justiça constitui um tipo de obliteração patriarcal do limite entre justiça e administração. Os decretos do imperador, tanto educativos como de comando, interferem na justiça de modo geral ou em casos concretos. A aplicação do julgamento, à medida que não está condicionado a alguma forma de magia, é orientado por normas substantivas em lugar de padrões formais. Quando medido através de "expectativas" formais ou econômicas, é, portanto, um tipo fortemente irracional e concreto de equidade doméstica. Esta forma de intervenção do *imperium* na formação do direito e na administração da justiça ocorre nos "níveis culturais" mais diversos; e não é o resultado relativo à economia, mas, basicamente, das condições políticas. Assim, na África, nos lugares em que o poder do chefe se torna forte devido a sua combinação com o sacerdócio mágico ou a importância da guerra ou, ainda, por meio do monopólio comercial, os antigos procedimentos formalistas e mágicos e o domínio exclusivo da tradição muitas vezes desaparecem por completo. Em seu lugar surgiu um processo com citações públicas, em nome do príncipe (muitas vezes através de Anschworung do réu), a execução pública do julgamento e a prova racional feita por testemunhas em lugar da provação; também surgiram práticas de decreto-lei realizadas exclusivamente pelo próprio príncipe, como entre os Ashantics, ou, por ele com a aclamação da comunidade, como na Guiné. Mas muitas vezes o príncipe ou chefe ou juiz decide inteiramente de acordo com seu próprio critério e senso de equidade, sem nenhuma vinculação formal a determinadas regras. Esta situação pode ser encontrada em áreas de cultura tão diversas como Basuto, Baralong, Daomé, reino de Muata Cazembe ou Marrocos. A limitação consiste apenas na apreensão de perder o trono por causa de excessivos flagrantes de infração da lei e, especialmente, uma infração das normas tradicionais que são consideradas sagradas, nas quais a legitimidade dos governantes se baseia. Esse caráter antiformal substantivo da administração patriarcal atinge seu ponto culminante quando o príncipe (secular ou sacerdotal) se coloca a serviço de interesses religiosos positivos e, mais particularmente, quando ele propaga uma religiosidade que postula certas atitudes éticas em lugar do mero desempenho de rituais. Todas as tendências antiformais da teocracia, que neste caso são liberadas até mesmo dos limites estabelecidos pelas normas ritualistas e vigentes em outras partes, e, portanto, normas sagradas formais, reúnem-se com a forma indefinida de uma política de bem-estar patriarcal, que visa ao cultivo de atitudes corretas, e cuja administração se aproxima do caráter pastoral da "cura de almas". Os limites entre direito e moralidade, coação jurídica e advertência paternal, fins legislativos e advertência paternal, e entre os motivos legislativos, finalidades e técnicas, acabam sendo derrubados. A conduta mais próxima a esse tipo "patriarcal" é apresentada pelos editos do rei budista Asoka. Via de regra, no entanto, uma combinação de bens e elementos patriarcais, juntamente com os procedimentos formais da justiça popular, prevalece no sistema de justiça principesca patrimonial. Até que ponto predomina um ou outro desses componentes depende essencialmente, como veremos em nossa discussão sobre "dominação", das condições políticas e relações de poder. No Ocidente, além delas, a tradição (politicamente condicionada) da justiça praticada nas assembleias públicas, a qual negava ao rei, em princípio, a função de julgador foi de grande importância para a preponderância da forma "estamental" na administração da justiça.

    O crescimento do predomínio de elementos racional-formalistas à custa destas características típicas do direito patrimonial, como ocorreu no mundo ocidental, surgiu a partir das necessidades internas da administração monárquica patrimonial, em especial no que diz respeito à eliminação da supremacia dos privilégios estamentais e com o caráter estamental do sistema jurídico e administrativo em geral. Neste aspecto, as necessidades daqueles interessados na racionalidade crescente, que significa, neste caso, predominância crescente da igualdade jurídica formal e das normas objetivas formais, coincidem com os interesses de poder do príncipe, como contra os detentores de privilégios. Ambos os interesses são servidos simultaneamente pela substituição de "regulamento" por "privilégio".

    No entanto, nenhuma coincidência existiu onde a demanda era, em primeiro lugar, de limitações da discrição patriarcal arbitrária através de regras fixas e, em segundo, para o reconhecimento definitivo das reivindicações dos súditos contra a administração da justiça ou, em outras palavras, para os "direitos" garantidos. Como sabemos, estes dois elementos não são idênticos. Um método de resolução de conflitos que proceda da existência de regulamentos administrativos fixos não significa, em absoluto, "direitos" garantidos; mas o último, ou seja, a existência não apenas de normas objetivas e fixas, mas de "direito" no sentido estrito, é, pelo menos na esfera do direito privado, a única garantia de adesão a normas objetivas. Tal garantia foi procurada por grupos de interesses econômicos que os príncipes queriam favorecer e também se vincular, porque eles serviam a seus interesses de poder fiscal e político. Os mais importantes entre estes eram os interesses burgueses, que exigiam um sistema jurídico inequívoco e explícito, o qual fosse livre de arbitrariedades administrativas irracionais, assim como de perturbações irracionais por privilégios concretos, e que também oferecesse garantias firmes do caráter legal dos contratos, e que, em virtude de todas essas características, funcionasse de modo calculado. A aliança de interesses monárquicos e burgueses foi, portanto, um dos principais fatores que conduziram à racionalização jurídica formal. Porém, tal aliança não deve ser entendida no sentido de que uma cooperação direta entre esses dois poderes teria sempre sido necessária. A característica do racionalismo utilitarista de todo tipo de administração burocrática já tinha uma tendência por si mesmo na direção do racionalismo econômico privado das camadas burguesas. O interesse fiscal do príncipe também o levou a preparar o caminho para os interesses capitalistas, estendendo-se para muito além do âmbito da importância da demanda existente naquela época pelos próprios interesses. Por outro lado, a garantia de direitos que seriam independentes da discrição do príncipe e seus oficiais não era, de modo algum, produto das tendências genuínas imanentes à burocracia. Ademais, também não estava dentro do interesse incondicional dos grupos capitalistas. O oposto era o caso com respeito às formas politicamente orientadas do capitalismo, que contrastaremos oportunamente, como um tipo especial de capitalismo, com seu tipo específico de "burguesia" moderna. Mesmo no começo, o capitalismo burguês não mostrou nenhum interesse, ou tão somente em diminuta escala, em direitos garantidos, e às vezes até mesmo aspirava o contrário. Uma posição não apenas dos grandes monopolistas coloniais e mercantis, mas também, em grande escala, dos grandes empresários monopolizadores do período manufatureiro mercantilista, regularmente apoiado sobre privilégios principescos, os quais muitas vezes transgrediam o direito comum vigente, ou seja, neste caso, o direito corporativo. Este último fato provocou violenta resistência da classe média burguesa, induzindo, portanto, os capitalistas a pagarem pelas suas oportunidades de negócios privilegiados devido à precariedade de sua situação jurídica com relação ao príncipe. O capitalismo orientado por interesses políticos e de monopólio, e mesmo o início do capitalismo mercantilista, tornaram-se, pois, interessados na criação e manutenção do poder principesco patriarcal como sendo contra as propriedades e também contra os artesãos burgueses, como aconteceu na época dos Stuarts, como vem acontecendo hoje em dia, e como é provável que aconteça cada vez mais frequentemente em amplas áreas da vida econômica. Apesar de tudo isso, a intromissão do *imperium*, especialmente do monarca, no sistema jurídico, contribuiu para a unificação e sistematização do direito e, portanto, à "codificação". Quanto mais forte e mais estável o poder do monarca era, mais ele estava propenso nesse sentido. O príncipe desejava "ordem", como também "unidade" e "coesão" de seu reino. Estes objetivos não só surgiram a partir de requisitos técnicos de administração, mas também dos interesses pessoais dos seus funcionários administrativos: torna possível a uniformidade jurídica de emprego de todos os funcionários públicos em todo o território do reino, caso no qual as oportunidades de carreira são melhores do que o distrito de origem a que cada funcionário está vinculado e limitado por sua ignorância das leis de qualquer outra parte do reino. Embora as classes burguesas busquem segurança na administração da justiça, o funcionalismo em geral está interessado em leis claras e compreensíveis.

2. AS FORÇAS MOTRIZES POR TRÁS DA CODIFICAÇÃO. Embora os interesses dos funcionários de alta hierarquia, os interesses comerciais da burguesia e os interesses monárquicos com finalidades fiscais e administrativas sejam fatores usuais para fomentar a codificação, eles não são os únicos. Também outras camadas politicamente dominadas, além da burguesia, podem estar interessadas na fixação

inequívoca da lei, e os poderes dominantes aos quais suas exigências são dirigidas e que, voluntariamente ou sob pressão, cedem a estas, nem sempre são constituídas por monarcas.

A codificação sistemática da lei pode ser o produto de uma reorientação universal e consciente da vida jurídica, tal como se torna necessária em consequência de novas criações políticas externas, ou de um compromisso de estamentos ou classes visando à unificação social interna de uma associação política, ou pode ainda resultar de uma combinação de ambas as circunstâncias. A codificação pode, portanto, ser uma criação planejada de uma comunidade em territórios novos, como no caso das *leges datae* das colônias da Antiguidade; ou pela formação de uma nova comunidade política, que em certos aspectos deseja submeter-se a um sistema jurídico unificado, como, por exemplo, da confederação israelita; ou pelo término de uma revolução por um compromisso de estamentos ou classes, como teria sido o caso das Doze Tábuas. O registro sistemático da lei também pode ocorrer no interesse da segurança jurídica após um conflito social. Em tais situações, as partes interessadas no registro da lei são, naturalmente, aquelas que até agora mais sofreram pela falta de normas inequivocamente estabelecidas e acessíveis a todos, ou seja, das normas apropriadas ao controle da administração da justiça. Na Antiguidade, esses grupos eram tipicamente o campesino e a burguesia, que lutavam contra um sistema de administração da justiça continuada, ou dominada pelos *honoratiores* aristocráticos ou sacerdotes. Nesses casos, o registro sistemático da lei estava apto a conter uma grande dose de novas leis e, portanto, era com bastante regularidade imposto como *lex data* por intermédio de profetas ou homens de confiança com caráter de profetas (*Aisymnetas*) em virtude de uma revelação ou de um oráculo consultado. Os interesses a serem garantidos eram provavelmente entendidos de maneira bastante clara pelos participantes. As formas possíveis de resoluções jurídicas, ademais, costumavam ser esclarecidas mediante prévia discussão e agitação de modo que elas estivessem prontas para o pronunciamento do profeta ou do *aisymneta*. Quanto ao resto, as partes interessadas estavam mais preocupadas com uma resolução formal e clara dos pontos em questão do que com um direito sistemático. A normatização jurídica, desta forma, costumava ser expressa na concisão epigramática, própria de provérbios jurídicos, que é característica dos oráculos, das disposições jurídicas da sabedoria antiga ou *responsa* de juristas. O próprio fato de encontrarmos este estilo em Doze Tábuas deveria ser suficiente para dispersar as dúvidas quanto a sua origem em um único ato de legislação. Do mesmo tipo é o estilo do Decálogo e do Livro da Aliança. Em ambos os complexos de mandamentos e proibições, o romano e o judeu, o estilo é indicativo da sua origem nas verdadeiras leis proféticas e aisymnéticas. Ambos igualmente apresentam a mesma característica de combinar mandamentos civis e religiosos. As Doze Tábuas proferem o anátema (*sacer esto*) contra o filho que bate em seu pai e contra o patrono desleal com o seu cliente. Consequências legais estavam excluídas em ambos os casos. Obviamente os mandamentos se tornaram necessários porque a disciplina e a piedade domésticas estavam em decadência. As codificações judaica e romana diferem, no entanto, à medida que, no Decálogo, o contexto religioso é sistematizado, enquanto que o da *lex* romana compõe-se de prescrições isoladas; os fundamentos do direito religioso foram fixados e não havia nenhuma nova revelação religiosa. Outra questão, porém de caráter secundário tão somente, é se as "Doze Tábuas", nas quais, segundo foi dito, estavam escritas as leis da cidade de Roma, estabelecidas por profetas jurídicos, e que foram destruídas em um incêndio quando da conquista da Gália, têm caráter muito mais histórico do que as duas tábuas da lei mosaica. Mas a rejeição da tradição, como a idade e a homogeneidade da legislação romana, não é obrigatória nem por considerações de ordem substantiva, nem linguística; realmente, os últimos são particularmente irrelevantes, devido à natureza puramente oral da transmissão da tradição. A opinião de que as Doze Tábuas eram nada mais do que uma coleção de provérbios jurídicos ou de *responsa* dos juristas é contrariada por probabilidade intrínseca. Trata-se de um conjunto de normas gerais de caráter bastante abstrato: muitas delas são claras e, de maneira consciente, apontam em uma direção definida; e as outras claramente aparecem como compromissos entre interesses estamentais. É bastante improvável que um mero registro da prática de juristas ou o produto literário de um *Appius Claudius Caecus* ou de algum outro colecionador de casos pudesse ter conquistado tal autoridade em uma cidade e numa época permeada de conflitos entre interesses racionalmente concebidos. Também a analogia de outras leis aisymnéticas é demasiado óbvia. Em verdade, e apenas em sentido puramente formal, a codificação "sistemática" resulta de uma situação que é típica da legislação aisymnética e das necessidades a serem por ela satisfeitas. Tal codificação "sistemática" não é constituída nem pelo Decálogo, no que concerne à ética, nem pelas Doze Tábuas ou o Livro da Aliança, com referência à regulamentação das atividades de negócios. Foi só através do trabalho dos práticos do direito que o sistema e a "relação jurídica" foram introduzidos, e mesmo assim, de maneira limitada. Maiores foram os efeitos das necessidades do ensino jurídico, mas a ampliação da sistematização e racionalização foi resultado do trabalho dos oficiais monárquicos. Estes são os verdadeiros codificadores sistemáticos, uma vez que eles têm um interesse especial em uma codificação mais "abrangente". Por esta razão, as codificações monárquicas, no que diz tange à sistemática, eram geralmente muito mais racionais do que até mesmo as promulgações aisymnéticas ou proféticas mais abrangentes.

A codificação monárquica era, portanto, uma forma de sistematizar a lei. O único outro caminho era o da atividade didático-literária, particularmente a criação dos chamados "livros de direito", que muitas vezes alcançam autoridade canônica, dominando a prática jurídica quase com força estatuída. Em ambos os casos, no entanto, uma fixação escrita sistemática da lei nada mais é do que uma compilação da legislação já vigente, destinada a eliminar as dúvidas e controvérsias. Muitas coleções de leis e regulamentos criados a mando de monarcas patrimoniais, tendo aparência de códigos, como, por exemplo, a compilação oficial chinesa, têm, apesar de um certo elemento de classificação "sistemática", pouco a ver com a codificação real; eles nada mais são do que arranjos mecânicos. Outras "codificações" pretendem somente organizar a legislação em vigor de forma ordenada e sistemática. A *Lex Salica* e a maioria das outras *leges barbarorum* foram compilações para a prática de debates das comunidades locais. O Assize de Jerusalém, com sua imensa influência, incorporou precedentes no uso comercial: as *Siete Partidas* e outras "codificações" semelhantes, tão antigas como as *leges Romanae* remanescentes do direito romano. Mas mesmo esse tipo de compilação implicava necessariamente um certo grau de sistematização e, nesse sentido, a racionalização dos dados jurídicos, e os grupos que estavam interessados em realizar tal compilação eram os mesmos daqueles interessados em uma verdadeira codificação, ou seja, em uma revisão sistemática do conteúdo substantivo da legislação em vigor. Os dois casos não podem ser claramente distinguidos um do outro. Naquela "segurança jurídica" que resulta da codificação, geralmente existe um forte interesse político. Dessa forma, todas as novas criações de entidades políticas costumam ser particularmente propensas a codificações. Encontramo-las, assim, na criação do reino mongólico por Gêngis Khan, onde a compilação da Yasa constituiu uma codificação incipiente, assim como em muitas outras situações semelhantes, até a fundação do Império Napoleônico. Para o Ocidente, aparentemente em contradição à ordem histórica, ocorreu uma época de codificação no início de sua história: nas *leges* dos novos reinos germânicos fundados em solo romano. A necessidade de pacificar essas estruturas políticas etnicamente heterogêneas exigia obrigatoriamente a determinação da legislação vigente, e o caos da conquista militar facilitou o radicalismo formal com o qual a tarefa foi executada.

O interesse no funcionamento exato da máquina administrativa através do estabelecimento de segurança jurídica, ao lado das necessidades de prestígio do monarca, especialmente no caso de Justiniano, foram os motivos para as compilações do antigo Império Romano até o Código de Justiniano, assim como das codificações monárquicas do direito romano da Idade Média, semelhante às *Siete Partidas* espanholas. Em todos esses casos, é pouco provável que interesses econômicos privados tivessem qualquer participação direta. Por outro lado, o código mais antigo e relativamente bem conhecido, que é, neste aspecto, o mais original de todos aqueles que chegaram até nós, ou seja, o Código de Hamurabi, nos permite inferir, com algum grau razoável de certeza, que existiam interesses comerciais relativamente fortes, e que o rei desejava fortalecer a segurança jurídica do comércio para seus próprios propósitos políticos e fiscais. A situação é tipicamente a de uma cidade-reino. As reminiscências de decretos anteriores nos permitem deduzir que o estamento e os conflitos de classes que eram típicos das cidades da Antiguidade exerciam sua influência, exceto que, devido à diferença da estrutura política, eles levaram a um resultado diferente. Pode-se dizer do Código de Hamurabi que, à medida que as provas dos registros mais antigos são disponibilizados, ele não estabeleceu qualquer lei realmente nova, mas sim codificou a legislação vigente, e não foi o primeiro desse tipo. Como na maioria das outras codificações monárquicas, o interesse político na unificação do sistema jurídico como tal, dentro do reino inteiro, desempenhou um papel dominante, além dos interesses econômicos e religiosos que são tão claramente aparentes no regulamento intensivo das obrigações familiares, especialmente a de piedade filial, que, como em qualquer lugar, estava bem próximo do coração do monarca patriarcal. Pelas mesmas razões anteriormente mencionadas, a maioria das outras codificações monárquicas também foi destinada a superar o antigo princípio sob o qual leis especiais deveriam prevalecer sobre a lei geral da terra. Estes mesmos motivos foram ainda mais influentes e causaram o aumento da frequência de codificações monárquicas na época da ascensão do estado burocrático. Eles também trouxeram inovações apenas de forma limitada. Pelo menos na Europa Central e Ocidental, pressupunha-se a validade do direito romano e do direito canônico como uma lei universal. O direito romano, como direito subsidiário, reconheceu as reivindicações anteriores das leis especiais e locais. Quanto ao direito canônico, a situação vigente não era muito diferente, embora tenha reivindicado para si próprio efeito absoluto e universal.

Nenhuma das codificações monárquicas pode comparar-se à importância da revolução no pensamento jurídico e no direito substantivo vigente, provocada pela recepção do direito romano. Mas este não é o lugar para investigar sua história; tudo o que nós podemos fazer é apresentar algumas observações.

3. A RECEPÇÃO DO DIREITO ROMANO E O DESENVOLVIMENTO DA LÓGICA JURÍDICA MODERNA. À medida que os imperadores, especialmente Frederico I, e mais tarde os príncipes territoriais, participaram da recepção, esta foi impulsionada essencialmente pela posição soberana do monarca como aparece na codificação de Justiniano. Quanto ao resto, ainda está em aberto, e talvez seja impossível responder se houve, por trás da recepção, interesses econômicos, e em que medida eles foram promovidos por ela; uma outra questão em situação semelhante é a da causa do prestígio dos instruídos, ou seja, daqueles com formação universitária, já que os juízes eram os portadores do Romanismo, bem como dos procedimentos principescos patrimoniais. E, sobretudo, não se sabe se eram principalmente as partes interessadas (Rechtsinteressenten) que, através de acordos de arbitragem, recorriam aos oficiais administrativos – juridicamente instruídos – dos príncipes, em lugar dos tribunais, introduzindo assim a decisão "*ex officio*" em vez da decisão "*ex lege*", e acabando com os tribunais antigos (cf. Stolzel), ou se, como Rosenthal tentou mostrar em detalhe, os tribunais receberam, como resultado da iniciativa dos príncipes, um número cada vez maior de pessoal com formação jurídica ("assessores") do que os leigos *honoratiores*.

Quaisquer que possam ser as respostas a estas perguntas, isto parece ser claro: uma vez que, como as fontes indicam, mesmo os grupos que viam com desconfiança a penetração do direito romano não se opunham, em geral, à presença no tribunal de alguns "doutores", mas apenas à preponderância deles, especialmente à nomeação de estrangeiros, é evidente que o avanço dos juristas formados foi causado por necessidades intrínsecas da administração da justiça, em especial pela necessidade de racionalizar os procedimentos jurídicos e pelo fato de que os juristas possuíam aquela capacidade especial resultante de treinamentos profissionais especializados, ou seja, a capacidade de expressar de forma clara e inequívoca a questão jurídica envolvida em uma situação complexa. Neste escopo, os interesses profissionais dos práticos jurídicos coincidiram com os dos grupos privados interessados na lei: burgueses e nobres. No entanto, na recepção do direito romano substantivo, os "mais modernos", ou seja, os grupos burgueses, não estavam interessados de maneira nenhuma; suas necessidades eram atendidas pelas instituições do direito mercantil e de propriedades das cidades medievais. Somente as qualidades gerais e formais do direito romano eram as que, com o crescimento inevitável do caráter da prática do direito como profissão, lhe possibilitavam a supremacia, exceto onde já existiam, como na Inglaterra (um sistema nacional de formação jurídica, protegido por interesses poderosos). Estas qualidades formais também foram responsáveis para que a justiça patrimonial monárquica do Ocidente não seguisse o caminho de se transformar em uma administração patriarcal de justiça, em conformidade com as normas de bem-estar material e equidade. Um fator muito importante neste contexto foi o treinamento formalista dos juristas, dos quais os príncipes e seus oficiais qualificados dependiam, e que foi o grande responsável pelo fato de que, no Ocidente, a administração da justiça adquiriu um caráter formal do ponto de vista jurídico, que lhe é peculiar, em contraste com a maioria dos outros sistemas de administração patrimonial de justiça. O respeito pelo direito romano e à formação romanista também dominou todas as codificações monárquicas do início da época moderna, que eram, em sua grande maioria, criações do racionalismo de juristas com formação universitária.

A recepção do direito romano criou um novo *stratum* de *honoratiores* jurídicos, os juristas doutos que receberam das universidades o diploma de doutor com base em sua formação jurídico-literária. De fato, esse novo *stratum* foi o ponto basilar da força do direito romano. As consequências disso para as qualidades formais do direito foram muito importantes. Já no Império Romano, o direito começara a tornar-se objeto de atividades puramente literárias, o que representou algo bem diferente da produção de "livros de direito" pelos *honoratiores* jurídicos medievais da Alemanha ou da França ou das teses elementares dos juristas ingleses, por mais importantes que tenham sido tais livros. Sob a influência da formação filosófica, por mais superficial que fosse, dos juristas da Antiguidade, aumentou consideravelmente a importância do elemento puramente lógico no pensamento jurídico. Na verdade, ele veio a ser especialmente relevante para a prática jurídica vigente, uma vez que não havia nenhuma força vinculativa a um direito sagrado e o pensamento estava livre de qualquer preocupação ética (teológica ou substantiva) que pudesse forçá-lo na direção de um casuísmo puramente especulativo. Na realidade, tendências incipientes voltadas para a visão de que aquilo que o jurista não pode "pensar" e "construir" não pode ser aceito como tendo existência jurídica já podiam ser encontradas entre os juristas romanos. A esse contexto, também pertencem as numerosas máximas puramente lógicas como: *quod universitati debetur singulis non debetur* ou *quod ab initio vitiosum, est, non potest tractu temporis convalescere*. Tais máximas eram simplesmente produções ocasionais, não sistemáticas, de lógica jurídica abstrata, acrescentadas para apoiar as decisões concretamente motivadas e pronunciadas, mas que em outros casos eram totalmente ignoradas até pelo mesmo jurista. O caráter essencialmente indutivo e empírico do pensamento jurídico não foi afetado, e, se foi, muito pouco. A situação era completamente diferente, no entanto, na recepção do direito romano. Inicialmente, fomenta-se essa tendência das instituições jurídicas a que se tornem cada vez mais abstratas, com a transformação do *ius civile* romano para o direito imperial. Como foi devidamente salientado por Ehrlich, as instituições romanas de direito, a fim de que fossem recebidas, tinham que ser purificadas de todos os remanescentes de associação do contexto nacional e então elevadas à esfera do logicamente abstrato; e o direito romano tinha que ser absolutizado como a própria personificação do logicamente correto. Os seis séculos da jurisprudência do Direito Civil têm produzido exatamente esse resultado. Ao mesmo tempo, o caráter do pensamento jurídico foi se voltando mais e mais para a direção da lógica formal. Os ocasionais *apercus* brilhantes dos juristas romanos e os tipos das máximas citadas foram afastados do contexto dos casos concretos das Pandectas, e foram elevados ao último nível de princípios jurídicos, dos quais argumentos dedutivos seriam derivados. Nessa época houve a criação de algo que tão obviamente faltava aos juristas romanos, ou seja, as categorias puramente sistemáticas, como, por exemplo, a "transação legal" ou a "declaração de vontade", que nem tinham nomes na jurisprudência da Antiguidade. Acima de tudo, a proposição segundo a qual aquilo que o jurista não pode conceber não existe juridicamente adquiriu agora uma importância prática. Entre os juristas da Antiguidade, como resultado da natureza analítica historicamente condicionada do pensamento jurídico romano, a capacidade propriamente construtiva, embora não estivesse totalmente ausente, teve pouca importância. Agora, quando esse direito foi transposto para situações factuais completamente novas, desconhecidas na Antiguidade, a tarefa de "interpretação" da situação de uma maneira logicamente impecável se tornou tarefa quase exclusiva. Desta forma, essa concepção de direito que ainda prevalece hoje e que vê na lei um conjunto de "normas" logicamente consistentes e sem lacunas à espera de aplicação se tornou decisiva para o pensamento jurídico. As necessidades práticas, como as da burguesia, para um direito "calculável", que foram determinantes na tendência em direção a um direito formal como tal, não tiveram, de modo algum, participação decisiva neste processo em particular. Como mostra a experiência, estas necessidades podem ser satisfeitas, muitas vezes até melhor, por uma jurisprudência amorfo-empírica. As consequências da construção jurídica puramente lógica frequentemente produzem relações muito irracionais ou mesmo inesperadas em relação às expectativas dos interesses comerciais. É esse fato que dá origem à acusação usualmente feita de que o direito puramente lógico é "alheio à vida" (*lebensfremd*). Esta sistematização lógica do direito é a consequência das necessidades intrínsecas intelectuais dos teóricos jurídicos e seus discípulos, os doutores, ou seja, de uma típica aristocracia *literati* jurídica. Em casos problemáticos, as opiniões emitidas pelo corpo docente de faculdades de direito eram aceitas como máximas no continente. O juiz e notário da universidade, em conjunto com o advogado com formação universitária, eram os típicos *honoratiores* jurídicos.

O direito romano triunfou onde não existia um estamento de juristas nacionalmente organizados. Com exceção da Inglaterra, do norte da França e da Escandinávia, conquistou toda a Europa, da Espanha até a Escócia e a Rússia. Na Itália, pelo menos no início, os notários foram os principais representantes do movimento, enquanto no Norte foram os juízes doutos, com o apoio dos monarcas em quase toda parte. No sistema jurídico Ocidental, nem mesmo a Inglaterra conseguiu manter-se totalmente livre dessas influências. Seus vestígios aparecem na estrutura sistemática do direito inglês, em muitas de suas instituições, e em muitas definições das fontes do Direito Comum: precedente judicial e "princípio jurídico", não importa a diferença da estrutura interna. Mas a verdadeira pátria do direito romano continuou sendo a Itália, especialmente sob a influência dos tribunais genoveses e de outros tribunais doutos (*rotae*), cuja coleção de decisões elegantes e construtivas foi impressa na Alemanha, no século XVI, e, assim, contribuiu para trazer a Alemanha sob a influência do Reichskammergericht e dos tribunais doutos dos territórios.

4. Tipos de Codificação Patrimonial. Somente na época do "despotismo esclarecido" plenamente desenvolvido que, começando no século XVIII, foram feitos esforços conscientes para transcender especificamente a lógica legal formal do Direito Civil e de seus *honoratiores* jurídicos acadêmicos, o que de fato constituíra um fenômeno único no mundo. O papel decisivo foi disputado, primeiramente, pelo racionalismo geral desenvolvido pela burocracia em seu auge, juntamente com sua crença ingênua de "saber melhor". A autoridade política, com seu núcleo patriarcal, assumiu a forma do Estado de bem-estar social e prosseguiu sem levar em conta os desejos concretos dos grupos interessados no direito e no formalismo do pensamento jurídico acadêmico.

De fato, gostaria de suprimir completamente este tipo de pensamento, pois acredita que o ideal era privar o direito do seu caráter especialista e formulá-lo de uma maneira que não somente instruiria os oficiais, mas sobretudo esclareceria os súditos sobre os seus direitos e deveres, de forma completa e sem ajuda externa. Este desejo por uma administração da justiça que lutaria por justiça substantiva não influenciada por minúcias e formalismos jurídicos é, como vimos, característica de todo patriarcalismo monárquico. Mas nem sempre foi possível continuar nessa direção sem encontrar obstáculos. Os codificadores justinianos não podiam ser considerados "leigos", como os estudantes e os intérpretes de seus trabalhos, quando eles sistematizaram o exaltado direito dos juristas. Eles simplesmente não podiam eliminar a necessidade de formação jurídica especializada, diante das realizações dos juristas clássicos e de sua autoridade, uma vez que era oficialmente reconhecida pela Lei de Citas. Assim, somente podiam apresentar o seu trabalho como a única coleção autorizada de citados para atender às necessidades educacionais dos alunos, e, para tanto, tinham que fornecer um compêndio (com função de livro didático) apresentado na forma de uma lei, ou seja, as *Instituições*.

O Patriarcalismo podia agir mais livremente nesse monumento clássico do "Estado de bem-estar" moderno, o Allgemeine Landrecht Prussiano. Em acentuado contraste com o universo estadista antigo de "direitos", neste Código Prussiano o "direito" é principalmente um sistema de deveres. A universalidade dos "malditos deveres e obrigações" (*verdammte Pfticht und Schuldigkeit*) é a principal característica da ordem jurídica, e seu atributo mais relevante é um racionalismo sistemático, não de natureza formal, mas substantiva, que sempre é típica de tais casos. Onde "a razão quer reinar", todo o direito que não tenha outro motivo para sua existência além do fato de que ele existe, assim como, especialmente, o direito costumeiro, deve desaparecer. Todas as codificações modernas, desde o primeiro esboço do Código Civil Alemão, estiveram em guerra com ele. Essas práticas jurídicas não baseadas em provisões explícitas do legislador, como toda a forma tradicional de interpretação jurídica, são consideradas pelo legislador racionalista como fontes deficientes de direito, para serem toleradas enquanto a lei não se manifestasse. A intenção era de que o processo de codificação fosse "exaustivo", e acreditava-se que pudesse sê-lo. Por conseguinte, a fim de evitar toda a criação do novo direito pelos juristas odiados, o juiz prussiano era direcionado, em caso de dúvida, a recorrer a uma comissão especialmente criada para este propósito. As consequências dessas tendências gerais eram aparentes nas qualidades formais do direito criado. Devido aos hábitos firmes dos profissionais, que tiveram que ser levados em consideração, mesmo no Landrecht prussiano, sendo orientados na direção dos conceitos do direito romano, a tentativa dos advogados profissionais de emancipar o direito mediante o esclarecimento direto ao público através do próprio legislador resultou na necessidade de uma casuística muito detalhada, que, devido à aspiração por justiça material, tinha a propensão para ser imprecisa em vez de formalmente clara. Mesmo assim, a dependência nas categorias e metodologia do direito romano permaneceu inevitável, apesar de inúmeras divergências individuais e da tentativa vigorosa, a primeira realizada num processo legislativo alemão, em usar uma terminologia alemã. A ocorrência de inúmeras disposições de caráter meramente didático ou eticamente admonitório deu origem a muitas dúvidas quanto à possibilidade ou não de que uma disposição especial deveria realmente constituir uma norma juridicamente vinculativa. Apesar do esforço de explicitação, a clareza foi obscurecida pelo fato de que o sistema de código não tomou como ponto de partida conceitos jurídicos formais, mas relações práticas de vida; assim, recorria-se frequentemente a mesma instituição jurídica fragmentada que tinha que ser reunida em lugares diferentes.

O objetivo de impedir a elaboração do direito por juristas profissionais foi, de fato, alcançado pelo legislador de forma considerável, embora não exatamente da maneira pretendida. Um verdadeiro conhecimento do direito pelo público não poderia de modo algum ser alcançado, com base numa obra em vários volumes, com dezenas de milhares de parágrafos, e se o objetivo era o de provocar a emancipação da influência dos advogados e de outros práticos jurídicos profissionais, a própria natureza dos acontecimentos impediu a sua realização, nas condições da vida jurídica moderna. Tão logo o Tribunal Superior (Obertribunal) começou a publicar uma série de relatórios semioficiais das suas decisões, o culto do *stare decisis* cresceu tão fortemente na Prússia, como em qualquer lugar fora da Inglaterra. Por outro lado, ninguém poderia sentir-se estimulado a realizar um tratamento erudito de um direito que não criara normas formalmente precisas, nem instituições claramente inteligíveis, pois nenhuma das situações era objetivada pela legislação utilitária. Na realidade, o racionalismo substantivo patrimonial não foi capaz de fornecer muito estímulo para o pensamento jurídico formal.

A codificação assim contribuiu para uma situação em que a atividade acadêmica jurídica foi direcionada ainda mais para o direito romano, ou sob a influência do nacionalismo, para as instituições jurídicas do direito alemão antigo, com o objetivo de apresentar os dois, por meio do método histórico, na sua forma original "pura". Para o direito romano o resultado foi que, sob as mãos de juristas com especialização histórica, ele teve que se desfazer daquelas transformações às quais se submetera desde a recepção para tornar-se adaptado às necessidades dos tempos. *O Usus Modernus Pandectarum*, produto da reformulação da lei de Justiniano por juristas de Direito Civil, caiu no esquecimento e foi condenado pelo purismo histórico-científico, tanto quanto o latim medieval pelos filólogos humanistas. E assim como a eliminação do latim como língua universal dos cultos, a lei romana perdeu sua adequação às necessidades da vida moderna. Só então o caminho para a lógica jurídica abstrata ficou completamente livre. O racionalismo erudito foi, portanto, simplesmente transferido de um domínio para outro em vez de superá-lo, como muitas vezes acreditam os historiadores.

Uma ressistematização puramente lógica do antigo direito não foi, naturalmente, realizada pelos juristas históricos de forma convincente. É bem conhecido, e realmente não é nenhum acidente, que até o Compendium de Windscheid, quase todos os compêndios sobre as *Pandectas* ficaram inacabados. Ademais, a ala germanista da escola histórica do direito não conseguiu realizar uma sublimação jurídica estritamente formal das instituições não provenientes do direito romano. Em verdade, os elementos irracionais e antiformalistas derivados da ordem jurídica da antiga sociedade estamental foram os atrativos para os historiadores nesse campo.

Sistematização e codificação sem perda de adaptabilidade prática podiam apenas serem obtidas para aqueles campos especiais que os interesses burgueses tinham, de forma independente, adaptado as suas necessidades e que tinham sido empiricamente racionalizadas na prática dos tribunais especiais, ou seja, o direito comercial e o direito dos instrumentos negociáveis. Isto foi possível porque as necessidades econômicas urgentes e claramente definidas eram operacionais. Mas quando, depois de sete décadas de supremacia dos historiadores, e no auge de um desenvolvimento da historiografia jurídica nunca alcançada em qualquer outro país, a criação do Reich alemão dramaticamente exigiu a unificação do direito privado como uma tarefa nacional, os juristas alemães foram divididos nos dois campos de romanistas e germanistas, aproximando-se da tarefa com relutância e não totalmente preparados.

O tipo de codificação monárquica patrimonial é representado também por outros códigos, especialmente o austríaco e o russo. O último, na verdade, era fundamentalmente um direito estamental para as poucas camadas privilegiadas, o que deixava intocadas as particularidades jurídicas dos estamentos, especialmente dos camponeses, ou seja, da grande maioria dos súditos. Tal código inclusive os abandonava com sua administração própria de justiça a um grau praticamente pandêmico. A mais importante concisão dos códigos russos e austríacos, em comparação com o prussiano, foi alcançada à custa de precisão e, no código austríaco, por uma maior dependência do direito romano. Este código também não atraiu o pensamento acadêmico nas décadas anteriores ao trabalho de Unger, e, mesmo assim, o seu tratamento foi realizado quase que inteiramente dentro da estrutura das categorias romanísticas.

Capítulo X

DIREITO NATURAL: AS QUALIDADES FORMAIS DO DIREITO REVOLUCIONÁRIO

1. O Caráter Único do Código Civil Francês. Se compararmos esses produtos da época pré-revolucionária com o fruto da revolução, o Código Civil Francês, e suas imitações em todo o oeste e sul da Europa, veremos que as diferenças formais entre ambos são muito grandes. O Código é completamente livre de interferências de elementos não jurídicos, advertências de cunho ético ou didático e de qualquer casuística. Grande número de suas disposições tem caráter epigramático e magnífico como as disposições das Doze Tábuas, e muitas delas vieram a ser patrimônio popular da mesma forma que, por exemplo, os antigos provérbios jurídicos; o que certamente não aconteceu com nenhuma disposição do *Allgemeine Landrecht* da Prússia nem de outras codificações alemãs. Como um produto da legislação racional, o Código Civil tornou-se o terceiro maior sistema jurídico do mundo, ao lado do direito anglo-saxão, produto da prática jurídica; e do direito comum romano, produto do ensino jurídico teórico-literário. Tornou-se também a fundação da grande maioria das codificações da Europa oriental e central. Todo esse sucesso pode ser atribuído às suas qualidades formais, pois suas disposições possuem, ou aparentam possuir, transparência extraordinária e compreensibilidade precisa. O Código deve a objetividade de muitas de suas disposições à orientação de numerosos institutos jurídicos pelo direito dos *coutumes*. Por essa objetividade e simplicidade, muito se sacrificou das qualidades formal-jurídicas e também da profundidade da consideração substantiva. Entretanto, como resultado da estrutura totalmente abstrata do sistema jurídico e do caráter axiomático de várias disposições, o pensamento jurídico não é estimulado a uma elaboração realmente construtiva de instituições jurídicas em suas interrelações pragmáticas. No mais, foi levado a aceitar como meras normas aquelas formulações do Código que são apenas regras e não articulações de princípios mais amplos e adaptá-las às necessidades da prática. Provavelmente, as qualidades formais da jurisprudência francesa moderna talvez possam ser atribuídas, em parte, a essa peculiaridade um tanto contraditória do Código. Essas características, por sua vez, são manifestações de um tipo específico de racionalismo da consciência soberana de que, pela primeira vez e conforme o ideal de Bentham, foi criada de maneira puramente racional e livre de qualquer "preconceito" histórico; e que recebe seu conteúdo exclusivamente pelo bom senso, associado com a específica *raison d'etat* da grande nação que deve seu poder ao gênio, e não à legitimidade. Em certos casos o Código sacrifica a sublimação jurídica à forma realista. Essa atitude em relação à lógica é oriunda diretamente da intervenção pessoal de Napoleão, enquanto o caráter dramatizado e epigramático de algumas de suas disposições corresponde ao tipo de formulação dos "direitos humanos e de cidadão" nas constituições americana e francesa. Determinados axiomas sobre o conteúdo substantivo de normas jurídicas não são apresentados na forma de regras práticas, mas como máximas postuladas, com a alegação de que um sistema jurídico é legítimo apenas quando não contradiz essas máximas. Veremos agora, de forma resumida, esse método de formar proposições jurídicas abstratas.

2. O Direito Natural como um Padrão Normativo do Direito Positivo. Os conceitos de "Justiça da lei" são sociologicamente relevantes em uma ordem jurídica positiva e racional, somente na medida em que a solução específica para esse problema resulte em consequências práticas para o comportamento dos criadores, praticantes e grupos sociais interessados na lei. Em outras palavras, esses conceitos tornam-se sociologicamente relevantes apenas quando a vida jurídica prática é materialmente afetada, tanto pela convicção da "legitimidade" específica de determinadas máximas jurídicas e, também, quanto pela força de determinados princípios jurídicos que não são desviados por concessões impostas ao direito positivo. Isso ocorreu, de fato, várias vezes no curso da história, especialmente no começo dos Tempos Modernos e durante o período da Revolução, e continua a existir na América até os dias de hoje. O conteúdo substantivo dessas máximas costuma chamar-se "direito natural".

Como já vimos anteriormente, a *lex naturae* é uma criação substancialmente estoica que o *Cristianismo* adotou para construir uma ponte entre sua própria ética e as normas do mundo. Era a lei reconhecida pela vontade de Deus, para todos os homens deste mundo do pecado e da violência, e, portanto, em oposição aos mandamentos de Deus que eram diretamente revelados a seus crentes e somente evidentes aos religiosamente eleitos. Agora veremos a *lex naturae* de um ângulo diferente. O direito natural é a soma de todas as normas válidas que sejam independentes e superiores a qualquer direito positivo, que devam sua dignidade a um decreto não arbitrário, e que forneçam legitimação à força vinculativa do direito positivo. Sendo assim, tornou-se o termo coletivo usado para todas as normas que não devam sua legitimidade a um legislador legítimo, mas sim as suas qualidades imanentes e teleológicas. Quando as revelações religiosas e a santidade autoritária da tradição (e de seus portadores) perdem a força, a única coisa que permanece é a forma consequente e específica de legitimidade de uma ordem jurídica. O direito natural é, por isso, a forma específica de legitimar uma ordem revolucionariamente criada.

A invocação do "direito natural" sempre foi o método usado pelas classes, que se revoltavam contra a ordem existente, para conferir legitimidade à suas reivindicações, desde que não se apoiassem em revelações ou normas religiosas positivas. Sem dúvida, nem todo direito natural orienta-se para ser "revolucionário", até o ponto de considerar justa a imposição de determinadas normas, seja por meio de atos violentos ou pela desobediência passiva de uma ordem existente. O direito natural também serve para legitimar poderes autoritários dos mais diversos tipos. Um "direito natural do tipo historicamente verdadeiro" tornou-se muito mais influente do que aquele baseado em normas abstratas. Um axioma de direito natural dessa proveniência pode ser encontrado, por exemplo, na teoria da escola histórica que se refere à preeminência do "direito consuetudinário", um conceito claramente formulado por ela pela primeira vez. Isso se manifesta claramente na afirmação de que um legislador não "poderia", de forma jurídica, limitar o âmbito de validade do direito costumeiro por intermédio de qualquer decreto ou, muito menos, excluir a força derrogatória da lei estatuída através do costume, pois é impossível proibir que o desenvolvimento histórico se realize. A mesma teoria, pela qual o direito estatuído é reduzido para o posto de um "simples" direito positivo, pode ser encontrada também em todas as teorias, parte históricas e parte naturalistas do Romantismo. O Romantismo considera os *Volksgeist* como a única fonte natural e legítima da qual o direito e a cultura podem emanar, e de acordo com a qual todo direito "genuíno" cresce organicamente e deve ser amparado diretamente pelo sentimento de justiça espontâneo, em oposição ao "artificial" (ao decreto intencionalmente estatuído). O irracionalismo desses axiomas confrontam-se, de forma contraditória, aos axiomas do direito natural do racionalismo jurídico, que sozinhos foram capazes de criar normas de tipo formal, para as quais o termo "direito natural" possui um *potiori* reservado.

3. As Origens do Direito Natural Moderno. Sua elaboração em tempos modernos foi, em parte, associada à motivação religiosa das seitas racionalistas, e oriunda do conceito de natureza da Renascença, que buscava descobrir as vontades da "natureza". Em parte, surgiu também apoiando-se na ideia, arraigada sobretudo na Inglaterra, de que cada membro da comunidade possui determinados direitos

nacionais inatos. Esse conceito inglês de "direito de primogenitura" nasceu substancialmente sob a influência da interpretação popular de que certos direitos, que foram garantidos na Magna Carta (por exemplo, os direitos especiais aos barões), eram direitos de liberdade de todos súditos ingleses e que, portanto, não podiam ser violados nem pelo rei nem por qualquer outro poder político. No entanto, a transição ao conceito de que todo ser humano tem determinados direitos realizou-se com a participação, por vezes muito forte, das influências religiosas, sobretudo batistas, durante o Iluminismo racionalista dos séculos XVII e XVIII.

4. A Transformação do Direito natural formal em Direito Natural Substantivo. Os axiomas do direito natural podem pertencer a grupos diversos. Examinaremos somente aqueles que estão associados de forma íntima à ordem econômica. A legitimidade natural do direito positivo pode estar ligada a condições formais ou substantivas. No entanto, a diferença entre ambos não é tão simples, pois não pode haver um direito natural puramente formal; teria que consistir em conceitos jurídicos gerais e ser desprovido de qualquer conteúdo. Mesmo assim, essa distinção é de grande importância. O conceito mais puro de "direito natural" surgiu primeiro nos séculos XVII e XVIII, sob as influências já mencionadas, sobretudo na forma da "teoria de contrato" e, especialmente, em relação ao seu aspecto individualista. Todo direito legítimo baseia-se em um decreto, e o decreto, por sua vez, em um acordo racional. Esse acordo pode ser: a) real, oriundo de um contrato autêntico entre indivíduos livres, que regula também a forma pela qual o direito novo será decretado no futuro; ou b) ideal, no sentido de que apenas aquele direito é legítimo, e cujo conteúdo não contradiz o conceito de uma ordem ditada pela razão e decretada por livre acordo. Os elementos essenciais de um direito são as "liberdades", sobretudo a "liberdade de contrato". O contrato racional voluntário tornou-se um dos princípios formais e universais da formulação do direito natural; tanto como o fundamento histórico real de todas as relações associativas, inclusive o Estado, quanto como o critério regulador da avaliação. Como todo direito natural formal, este tipo é concebido como sendo um sistema dos direitos legitimamente adquiridos pelo contrato funcional, que, de acordo com os bens econômicos, depende da base de uma comunidade, economicamente consensual, criada pelo desenvolvimento pleno da propriedade. Seus componentes essenciais são a propriedade e a liberdade de disposição da propriedade; ou seja, uma propriedade legitimamente adquirida por meio de uma transação contratual livre do tipo "contrato primário". A liberdade de competição também é considerada um elemento integrante. A liberdade contratual tem limites formais somente à medida que os contratos e a conduta social em geral não violem o direito natural que os legitima, nem prejudiquem as liberdades inalienáveis. Esse princípio básico aplica-se tanto a acordos individuais privados quanto a ações institucionais de órgãos da sociedade. Ninguém pode, em sã consciência, submeter-se à escravidão política ou privada. Mas, de resto, nenhum decreto pode limitar, de forma válida, a livre disposição do indivíduo sobre sua propriedade ou força de trabalho. Por exemplo, toda lei de bem-estar social que proíbe determinados conteúdos do contrato de trabalho "livre" constitui uma violação da liberdade de contrato. O Supremo Tribunal dos Estados Unidos sustentava, até há pouco tempo, que uma lei é inválida sob aspectos puramente formais, quando é incompatível com os preâmbulos do direito natural.

A "natureza" e a "razão" são os critérios substantivos daquilo que é legítimo segundo o direito natural. Ambas, juntamente com as normas que produzem, são consideradas como um só elemento, fazendo com que as preposições gerais, sobre a ordem das ocorrências factuais e normas gerais de conduta, coincidam. O conhecimento obtido pela "razão" humana e considerado idêntico à "natureza das coisas" ou, como diríamos hoje em dia, à "lógica das coisas". O "dever" é idêntico ao "é", ou seja, àquilo que de fato normalmente existe. Essa "normas", obtidas pela análise lógica dos conceitos jurídicos e éticos, pertencem tanto às "leis naturais" quanto àquelas normas universalmente compromissórias que "nem Deus poderia mudar" e com às quais uma ordem jurídica não deve entrar em conflito. Por exemplo, o único tipo de dinheiro que atende aos requisitos da "natureza das coisas" e ao princípio da legitimidade dos direitos garantidos por lei é aquele que obteve sua função monetária pela livre troca de bens, isto é, o dinheiro metálico. Alguns fanáticos do século XV argumentavam que, de acordo com o direito natural, o Estado deveria primeiro sucumbir, em vez de manchar a estabilidade legítima da lei com a ilegitimidade da criação "artificial" do papel-moeda. O "conceito" de Estado é considerado violado quando uma lei legítima é desobedecida.

Entretanto, esse formalismo do direito natural foi suavizado de várias formas. Primeiro, para estabelecer relações com a ordem existente, o direito natural precisava aceitar razões legítimas para a aquisição de direitos que não fossem oriundos da liberdade de contrato, especialmente em relação à herança. Foram inúmeras as tentativas, muito mais de origem jurídica filosófica do que positiva, de fundamentar o direito de sucessão no direito natural. Na última análise feita, motivos de caráter substantivo estiveram sempre presentes, ocasionando, com frequência, o surgimento de construções extremamente artificiais. Muitas outras instituições do sistema jurídico vigente só puderam ser justificadas legalmente por razões práticas e utilitárias. Ao "justificá-las", a "razão" do direito natural foi facilmente levada ao caminho do pensamento utilitário, e isso se manifestou na mudança do conceito da "racionalidade". No direito natural puramente formal, o razoável é aquilo que se pode deduzir das ordens eternas da natureza e da lógica, ambas estando mescladas entre si. Desde sua origem, o conceito inglês do "razoável" envolvia o significado de "racional", no sentido de "praticamente conveniente". Podemos concluir, portanto, que aquilo que, na prática, conduz a consequências absurdas, não pode constituir a lei pretendida pela natureza e pela razão. Isso significa a inclusão expressa de pressupostos substantivos no conceito da razão, que, na verdade, sempre foram implícitos nele. De fato, foi com a ajuda dessa transformação que a Corte Suprema Americana foi capaz de subtrair-se do direito natural formal, para que pudesse ser capaz de reconhecer a validade de alguns atos da legislação social.

Em princípio, porém, o direito natural formal era transformado em direito natural substantivo, quando a legitimidade de um direito adquirido não dependesse mais das características formais de sua aquisição, mas sim de suas características econômicas substantivas. No sistema dos direitos adquiridos de Lassalle, tenta-se ainda decidir um problema, de acordo com o direito natural, por meios formais, neste caso, por aqueles oriundos da doutrina hegeliana. Pressupõe-se a inviolabilidade de um direito adquirido formalmente e legitimamente na base de um decreto positivo. A limitação do direito natural deste tipo de positivismo jurídico, no entanto, torna-se evidente quando associada ao problema da chamada força retroativa das leis, e a questão que envolve o dever de indenização do Estado em casos de revogação de privilégios. A tentativa de resolver este problema, que aqui não interessa, é de um caráter formal e baseia-se no direito natural.

O passo decisivo em direção a um direito natural substantivo é associado, primeiramente, com as teorias socialistas da legitimidade exclusiva da aquisição de riqueza pelo próprio trabalho. Esse ponto de vista deixa de reconhecer não apenas a aquisição de renda por intermédio da herança ou de monopólios garantidos, mas também o princípio formal da liberdade de contrato e do reconhecimento da legitimidade de todos os direitos adquiridos com o auxílio contratual. De acordo com essas teorias, todas as apropriações de bens materiais devem ser examinadas sob o aspecto substantivo, na medida em que se fundamentam no trabalho como forma de aquisição.

5. Ideologia do Direito Natural: As Classes Sociais. Naturalmente, tanto o direito natural formal racionalista da liberdade de contrato quanto o direito natural substantivo da legitimidade exclusiva do produto de trabalho estão vinculados a classes sociais específicas. A liberdade de contrato e todas as proposições que consideram legítimas as propriedades obtidas a partir deste ponto obviamente pertencem ao direito natural dos grupos interessados no mercado, ou seja, na apropriação definitiva dos meios de produção. Por outro lado, o princípio de que a terra não é produzida pelo trabalho humano, sendo assim, incapaz de ser tomada como posse, constitui um protesto contra a comunidade de proprietários de terra. Essa situação corresponde com o que acontece com a classe de camponeses proletariados, cuja margem restrita de produção de alimentos os obriga a submeter-se à opressão dos monopolizadores do solo. É claro que esse *slogan* precisa adquirir força dramática onde: a) o produto agrícola ainda depende das condições naturais do solo; b) a apropriação da terra ainda não está fechada internamente; c) a agricultura não é utilizada por empresas de grande porte racionalmente organizadas; e d) a renda dos proprietários de terras é oriunda do arrendamento destas ou é obtida pelo uso do equipamento e da mão de obra de camponeses. Todas essas condições existem em grande escala na região russa conhecida como "terra preta". Do ponto de vista positivo, este direito natural dos pequenos camponeses é passível de interpretação. Por um lado, pode significar o direito a uma parte da terra em relação à própria força de trabalho do camponês (*trudovaya norma*); por outro, um direito à propriedade da terra em relação ao padrão de vida tradicional (*potrebityelnaya norma*), Em outras palavras, o "direito ao trabalho" ou o "direito a um padrão de vida mínimo", e que podem ser associados com a reivindicação pelo direito ao produto total do próprio trabalho.

Provavelmente, o mundo jamais verá uma revolução agrária baseada no direito natural, como foi a revolução agrária russa da década passada. Foi derrotada com a ajuda de suas próprias contradições internas, incluindo àquelas de teor ideológico. Aquelas duas normas de direito natural, discutidas acima, são incompatíveis entre si e com os programas agrários dos camponeses e dos marxistas evolucionistas. O resultado disso é uma grande contradição entre os próprios dogmas da Revolução.

Aqueles três direitos individuais "socialistas" desempenham também um papel importante nas ideias do proletariado industrial. O primeiro e o segundo são teoricamente viáveis, tanto em termos de trabalho manual quanto sob condições capitalistas da classe trabalhadora; o terceiro, entretanto, é possível apenas sob condições de trabalho manual ou quando os preços são estrita e universalmente mantidos em todas as transações de troca. Na agricultura, pode ser aplicado apenas onde a produção não seja capitalista, pois o capitalismo desloca a atribuição da produção agrícola do solo do seu ponto de origem de produção até as oficinas produtoras de instrumentos agrícolas, adubos artificiais, etc.; o mesmo acontece na indústria. Normalmente, onde a valorização é determinada pela venda do produto em um mercado competitivo, o conteúdo do direito do indivíduo perde sua significância em relação ao valor total do seu produto. Simplesmente, não existe mais um "rendimento de trabalho" individual; e qualquer reivindicação nesse sentido só terá valor quando feita coletivamente por todos aqueles que se encontram na mesma situação. Na prática, isso demanda um "salário mínimo", ou seja, uma variante especial do "direito ao padrão de vida mínimo como determinado pelas necessidades habituais". Essa condição assemelha-se ao "preço justo" (exigido pela ética eclesiástica na Idade

Média) que, em caso de dúvida, era determinado mediante a possibilidade do preço dado ser ou não suficiente para que o artesão mantivesse um padrão de vida adequado ao seu nível social.

O próprio "preço justo", que era o elemento mais importante do direito natural contido na doutrina econômica canonística, foi vítima do mesmo destino. Durante as discussões canonísticas sobre os fatores determinantes do "preço justo", podemos observar como esse preço referente ao valor do trabalho, que corresponde ao "princípio de subsistência", é substituído gradualmente pelo novo preço "natural", à medida que o mercado progride. Nas escritas de Antonino de Florença, o preço "natural" já havia prevalecido. Na concepção dos puritanos, como se sabe, já era completamente dominante. O preço considerado "antinatural" era aquele que não se baseava na concorrência do mercado livre, isso é, aquele influenciado pelo monopólio ou outras intervenções humanas arbitrárias. Em todo o mundo anglo-saxão influenciado pelo puritanismo, esse princípio exerce seus efeitos até os dias de hoje. E por ter sua dignidade derivada do direito natural, tem permanecido como um forte aliado da "livre concorrência", e não das teorias econômicas puramente utilitárias de Bastiat.

6. Direito Natural: da importância prática à desintegração. Todos os dogmas do direito natural influenciam, com intensidade maior ou menor, tanto a criação quanto a aplicação da lei. Alguns sobreviveram às condições econômicas da época do seu surgimento, constituindo um fator independente no desenvolvimento do direito. Formalmente, intensificaram a tendência orientada ao direito logicamente abstrato e, em especial, ao poder da lógica no pensamento jurídico. De forma substancial, a influência desses dogmas é importante, mas tende a variar. Tanto as codificações do Estado moderno (pré-revolucionário e racionalista), quanto às codificações revolucionárias eram influenciadas por dogmas do direito natural e extraiam a legitimidade da lei que era criada, a partir de sua "racionalidade". Vimos anteriormente com que facilidade, em relação a esse conceito, aconteceu à mudança do ético e juridicamente formal para o utilitário e tecnicamente substantivo. Essa transformação, por razões que já discutimos, foi favorável principalmente às forças patriarcais pré-revolucionárias; enquanto as codificações da revolução, realizadas sob a influência das classes burguesas, ressaltavam e fortaleciam o direito natural formal que garantia ao indivíduo seus direitos em comparação às autoridades políticas.

O crescimento do socialismo significou, primeiramente, o domínio crescente de doutrinas do direito natural substantivo nas cabeças das massas e, mais ainda, nas cabeças de seus teóricos da elite intelectual. No entanto, essas doutrinas não conseguiram exercer influência direta sobre a administração da justiça, pois antes de estarem capacitadas para isso, desintegraram-se diante do ceticismo positivista, relativista e evolucionista dessas mesmas camadas intelectuais. Sob a influência deste radicalismo antimetafísico, as expectativas escatológicas das massas procurou apoio em profecias, e não em postulados. Na esfera das teorias revolucionárias da lei, a doutrina do direito natural foi destruída pela dogmática evolucionista do marxismo. Enquanto isso, pelo lado do conhecimento "oficial", foi aniquilada pelos esquemas de desenvolvimento comteanos e pelas teorias históricas do crescimento orgânico. Uma contribuição semelhante foi feita pela Realpolitik que, sob o impacto da força política moderna, veio afetar a forma como o direito público era tratado.

O método dos teóricos da lei pública foi, e continua sendo, usado para apontar os absurdos de ordem prática e política como sendo a consequência da teoria jurídica da qual se opõem. Esse método é diretamente oposto ao do direito natural formal e, além disso, totalmente carente do direito natural substantivo. A jurisprudência continental, até há pouco tempo, continua fundamentada no axioma amplamente incontestado da "restrição" lógica do direito positivo. Provavelmente, foi Bentham o primeiro que protestou expressamente contra o comportamento da jurisprudência e da irracionalidade do direito comum; sendo apoiado por aquelas tendências que rejeitam todos os direitos transcendentais, especialmente o direito natural. Mesmo parecendo difícil a eliminação total da influência latente de axiomas não reconhecidos do direito natural, por uma variedade de razões, os mesmos foram profundamente descreditados. O conflito entre os axiomas do direito formal e do substantivo é insolúvel. As teorias evolucionistas desenvolvem-se de várias formas. Todos os axiomas metajurídicos, em geral, são sujeitos a um ciclo contínuo de desintegração e relativização. Em consequência do racionalismo judicial e do ceticismo intelectual moderno em geral, os axiomas do direito natural perderam sua capacidade de fornecer as bases fundamentais de um sistema jurídico. Em comparação com a crença depositada no caráter religioso e positivo de uma norma jurídica ou na santidade inviolável de uma tradição, até mesmo as normas mais convincentes, obtidas por abstração, são sutis demais para servirem como base para um sistema jurídico. Em consequência disso, o positivismo jurídico, pelo menos por um tempo, avançou de modo irrefreável. O desaparecimento dos conceitos das antigas leis naturais destruiu totalmente a possibilidade de atribuir à lei uma dignidade metafísica em virtude de suas qualidades imanentes. Na grande maioria de suas disposições mais importantes, a lei natural foi exposta em demasia, tornando-se o produto ou o recurso técnico de um acordo entre interesses conflitantes.

Porém, a extinção das implicações metajurídicas da lei é um daqueles desenvolvimentos ideológicos que, apesar de aumentar o ceticismo diante da dignidade de algumas normas de uma ordem jurídica concreta, estimula a atual obediência ao poder das autoridades que reivindicam a legitimidade. Essa condição ocorre principalmente entre os praticantes da lei.

7. O Positivismo Jurídico e a Profissão Jurídica. A responsabilidade profissional de conservar o sistema jurídico parece colocar os praticantes da lei em geral entre os poderes "conservadores". Em grande parte, esse é realmente o caso, no duplo sentido de que os práticos do direito devem enfrentar com imparcialidade a pressão de postulados substantivos: vindos tanto de "baixo", em nome de ideias "sociais", quanto de "cima", em nome do interesse patriarcal ou da autoridade política. No entanto, nem sempre é assim. O papel de representante dos menos privilegiados e de defensor da igualdade formal perante a lei é apropriado ao advogado, por causa da sua relação direta com seus clientes, do seu caráter como pessoa privada e do seu prestígio social. É por esse motivo que juristas em geral receberam os papéis principais nos movimentos dos popolanis das comunas italianas e, mais tarde, em todas as revoluções burguesas da Época Moderna e, também, nos partidos socialistas. Explica também por que em países puramente democráticos

(como na França Itália, ou nos Estados Unidos), os juristas, como técnicos especializados na arte jurídica, *honoratiores* e representantes de seus clientes, são os candidatos mais indicados para a carreira política.

Sob certas circunstâncias, também os juízes formavam, por razões ideológicas, por solidariedade profissional e às vezes por motivos econômicos, uma oposição muito forte aos poderes patriarcais. Para eles, a determinação fixa e regular de todos os direitos e deveres externos deve aparecer como um valor digno a ser perseguido para o seu próprio bem; esse pensamento "burguês" determinou suas atitudes nos conflitos políticos que buscavam limitar o favoritismo e a arbitrariedade patrimonial.

Dependendo da ênfase, isto é, mais no fato da "ordem" como tal ou mais na "liberdade" que esta concedia à garantia e segurança do indivíduo, e uma vez que a "obrigação" da ordem social fosse obedecida, a profissão jurídica escolhia entre apoiar os poderes autoritários ou os antiautoritários. Nas palavras de Radbruch, essa escolha variava, dependendo de como o direito era visto: mais como uma "regularidade" ou mais como fonte de "direitos". Com exceção desse antagonismo, foi a alternativa entre ideais jurídicos formais e substantivos, além da forte reanimação econômica (acima e abaixo da camada da hierarquia social), que enfraqueceu as tendências oposicionistas dos juristas como tais. Os meios técnicos usados pelos poderes autoritários para superar a resistência dentro do sistema judiciário serão examinados mais tarde. Entre os fatores ideológicos que contribuíram para a mudança de atitude dos juristas, encontramos o desaparecimento da crença no direito natural. Se a profissão jurídica atual manifestasse qualquer afinidade ideológica em relação aos vários grupos de poder, seus membros provavelmente apoiariam a "ordem"; o que, na prática, significa o apoio à "legitimidade" do poder político autoritário atual. Essa condição pode ser usada para diferenciá-los dos juristas da época revolucionária inglesa e francesa e do Iluminismo em geral. Podem ser diferenciados, também, daqueles que precisavam atuar no sistema do despotismo patrimonial, dos corpos parlamentares [Alemanha do século XIX], das assembleias municipais e até do "parlamento prussiano dos juízes de distrito" dos anos de 1860.

Capítulo XI

AS QUALIDADES FORMAIS DO DIREITO MODERNO

1. A Especialização no Direito Moderno. Como vimos anteriormente, o tipo ocidental moderno de administração da justiça fundamentou-se na legislação sistemática e racional. Entretanto, suas qualidades básicas formais são difíceis de serem definidas. Essa dificuldade é fruto direto de desenvolvimentos recentes.

Os princípios antigos que foram decisivos para a integração do conceito de "direito" desapareceram; especialmente, a ideia de que o direito de um indivíduo possui qualidade "válida" apenas em virtude da sua monopolização pelos membros de uma associação pessoal. Também ao passado pertence à qualidade tribal ou grupal da soma total dos direitos de uma pessoa e suas "particularidades", como já existia na sociedade livre ou no privilégio legalizado ou usurpado. A estatística e outros tribunais e procedimentos especiais também não existem mais.

Mesmo assim, tanto os direitos especiais e pessoais, quanto à jurisdição especial ainda não desapareceram completamente. Pelo contrário, recentemente desenvolvimentos jurídicos trouxeram ao sistema jurídico uma especialização crescente. Apenas o princípio de delimitação das várias esferas teve suas características alteradas. Um caso típico dessa alteração é o direito comercial, considerado um dos processos mais importantes da especialização moderna do direito. Sob o Código de Comércio Alemão, aplica-se o direito especial para certos tipos de contratos. O mais importante é o contrato para a aquisição de produtos com a intenção de revenda lucrativa. Essa definição de contrato comercial está diretamente de acordo com um sistema jurídico racionalizado; não se refere às qualidades formais, mas ao significado funcional da transação concreta. Por outro lado, o direito comercial também se aplica a determinadas categorias de pessoas cuja característica decisiva consiste no fato de realizarem contratos. Entretanto, o que é realmente decisivo para a delimitação da esfera desse tipo de direito é o conceito de "empresa". Uma empresa é uma iniciativa comercial cujas transações são seus componentes fundamentais. Além disso, todo contrato que "pertence" substantivamente a uma empresa comercial está sujeito ao Código Comercial; até mesmo, quando não faz parte da categoria de transação definida como comercial ou quando, em certos casos, não tenha sido feito por um comerciante. A aplicação do corpo de direito especial pode ser determinada tanto pelas qualidades substantivas de uma transação individual, quanto pela associação objetiva de uma transação com a organização racional de uma empresa. No entanto, essa aplicação não pode ser determinada pela condição de uma pessoa cuja situação social foi legalmente constituída por um acordo livre ou privilégio que, no passado, eram considerados como um fator determinante para a aplicação de um direito especial.

    O direito comercial, à medida que sua aplicação é pessoalmente delimitada, é um direito de classe e não um direito estamental. Mas, sem dúvida, esta oposição diante do passado é apenas relativa. Em relação à lei do comércio e das outras "profissões" puramente econômicas, o princípio da delimitação jurisdicional sempre possuiu um caráter puramente técnico que, apesar de variar externamente, sempre se manteve o mesmo. Entretanto, essas particularidades do sistema jurídico, que constituíam uma lei definida, eram mais importantes de forma quantitativa e qualitativa. Além disso, as jurisdições especiais e vocacionais, a partir do momento que não dependem da sociedade litigante em uma corporação específica, estão sujeitas a um critério meramente formal como, por exemplo, a aquisição de uma licença ou um privilégio. Por exemplo, sob o novo Código de Comércio Alemão, uma pessoa é caracterizada como comerciante pelo simples fato de estar inscrita no registro comercial. A esfera pessoal da aplicação do direito comercial é determinada por meio de um teste puramente formal, enquanto que, em relação a outros aspectos, sua esfera é delimitada pela finalidade econômica que uma transação pretende alcançar. As esferas dos direitos especiais que se aplicam a outras classes profissionais são predominantemente definidas de acordo com critérios funcionais e substantivos; e apenas sob certas circunstâncias, essa aplicabilidade é regida por testes formais. Muitos desses direitos especiais e modernos também seguem em harmonia com tribunais especiais e procedimentos próprios.

O surgimento desses direitos deve-se, principalmente, a dois motivos. Primeiro, aos resultados da diferenciação profissional e da atenção crescentes, obtidas pela pressão de grupos comerciais e industriais que esperam que seus assuntos jurídicos sejam tratados por profissionais especializados. E segundo, que recentemente desempenhou um papel muito importante, ao desejo de eliminar as formalidades dos processos jurídicos normais para o bem de um acordo que seria rápido e melhor adaptado ao caso concreto. Na prática, isso significa uma debilitação do formalismo jurídico a favor de interesses substantivos, constituindo, assim, apenas um caso entre uma série de processos modernos semelhantes.

2. As Tendências Antiformalísticas do Desenvolvimento Jurídico Moderno. Do ponto de vista teórico, o desenvolvimento geral do direito e do processo pode ser visto nas seguintes etapas: a) revelação carismática por meio de "profetas"; b) criação empírica e aplicação da lei pelos *honoratiores*, ou seja, criação do direito por intermédio da jurisprudência cautelar e da adesão ao precedente; c) imposição do direito por poderes seculares ou teocráticas e, por fim; d) elaboração sistemática do direito e administração profissional da justiça através de pessoas que receberam treinamento jurídico de forma lógica e formal. A partir dessa perspectiva, as qualidades formais do direito desenvolvem-se, no procedimento jurídico primitivo, da seguinte forma: inicialmente, pela combinação entre o formalismo magicamente condicionado e a irracionalidade determinada por revelações; passando, eventualmente, por uma racionalidade e sistematização jurídica lógica; chegando a um estágio de conveniência informal e substantiva, condicionado teocrática ou patrimonialmente; e, finalmente, assumindo, sob aspectos puramente externos, uma sublimação lógica, um rigor dedutivo e uma técnica racional crescente.

Por estarmos apenas preocupados com as linhas gerais desse desenvolvimento, ignoraremos o fato de que na realidade histórica ocidental, as etapas teóricas elaboradas de racionalização nem sempre seguiram uma sequência precisa. Ignoraremos também a multiplicidade de causas dos tipos e níveis da racionalização que um direito assumiu. Como já mostra nosso breve esboço, apenas nos interessa lembrar que as grandes diferenças do desenvolvimento do direito foram influenciadas, inicialmente, pela diversidade das relações políticas poderosas que resultaram em diferentes níveis de poder do *Imperium*, ou seja, poderes do clã, da comunidade popular e da situação social; em consequência, essas diferenças também foram influenciadas pelas relações entre os poderes teocráticos e seculares e pelas mudanças na estrutura dos *honoratiores* jurídicos que eram muito dependentes de fatores políticos.

Apenas o Ocidente conheceu a administração da justiça da comunidade popular (*Dinggenossenschaft*) plenamente desenvolvida, a estereotipagem estamental do patrimonialismo e o crescimento do sistema econômico racional, cujos representantes, inicialmente, uniam-se ao poder principesco com o propósito de derrubar os poderes estamentais, para depois se rebelarem contra ele. Sendo assim, somente o Ocidente conheceu o "direito natural" e com ele a eliminação total do sistema de leis pessoais e da máxima antiga onde a lei especial prevalecia sobre a lei geral. Em nenhum outro lugar ocorreu qualquer fenômeno semelhante ao direito romano. Todos esses eventos foram, em sua maior parte, causados por fatores políticos concretos que, no resto do mundo, tinham apenas analogias distantes. Por esse motivo, o estágio de um direito baseado na formação jurídica especializada não foi plenamente alcançado fora do Ocidente. Como já vimos, as condições econômicas desempenharam um papel muito importante, mas nunca constituíram o único fator decisivo. À medida que participaram na formação das características especificamente modernas do atual direito ocidental, a direção que escolheram foram as seguintes: para os interessados no mercado de bens, a racionalização e a sistematização do direito, em termos gerais, e a calculabilidade crescente do funcionamento do processo jurídico, constituíram uma das condições mais importantes para a existência de empresas econômicas estáveis, especialmente aquelas de tipo capitalista, que precisam da segurança jurídica. As formas especiais de transações comerciais e procedimentos especiais, como a letra de câmbio e seu processo cambial, estão a serviço dessa necessidade da garantia puramente formal do cumprimento jurídico.

Por outro lado, o desenvolvimento jurídico moderno (e, até certo ponto, o romano da Antiguidade) contém tendências favoráveis à dissolução do formalismo jurídico. À primeira vista, a dissolução do direito probatório vinculado formalmente, por intermédio da "livre apreciação das provas", parece ser de caráter meramente técnico. Como já vimos, o sistema primitivo de provas vinculadas por magia foi utilizado durante o período do racionalismo teocrático e do patrimonial, onde ambos postulavam processos para a revelação da verdade. Portanto, o novo sistema aparece claramente como sendo um produto da racionalização substantiva. Hoje, porém, a extensão e os limites da livre apreciação das provas estão determinados, em primeiro lugar, por "interesses comerciais", ou seja, por fatores econômicos. É claro que, por meio do sistema da livre apreciação das provas, esse domínio considerável, que uma vez foi tema para o pensamento jurídico formal, está diminuindo expressivamente. Mas, para nós, são mais interessantes as tendências correspondentes na esfera do direito substantivo. Uma parte delas encontra-se nas necessidades intrínsecas do pensamento jurídico. Sua sublimação lógica crescente significa a transição para uma dependência em características formais externamente perceptíveis de uma interpretação lógica crescente do significado, tanto em relação às próprias normas jurídicas quanto em relação a transações jurídicas. Na doutrina do "direito comum" continental, essa interpretação alegava fazer valer as intenções "verdadeiras" das partes, introduzindo um fator relativa e individualmente substantivo ao formalismo jurídico. Além disso, esse tipo de interpretação procurava construir relações entre as partes, do ponto de vista do núcleo "interno" do comportamento, do ponto de vista das suas "atitudes" mentais (como a boa-fé ou a má intenção). Portanto, essa interpretação atribui consequências legais a elementos informais da situação e essa condição traça um paralelo eficaz àquela sistematização da ética religiosa que já conhecemos. Grande parte do sistema de transação de bens, tanto em padrões primitivos quanto em padrões diferenciados tecnicamente, somente é possível através da confiança pessoal e da lealdade dos outros. Além disso, com a importância crescente da transação de bens a prática jurídica torna-se obrigada a garantir ou assegurar este tipo de conduta confiável. Entretanto, dependendo do caso, fica impossível definir com certeza absoluta os testes legais nos quais as novas relações de confiança e lealdade serão regulamentadas. Dessa forma, por meio de tal racionalização ética, os tribunais vêm atendendo a interesses poderosos. Mas também, fora da esfera da transação de bens, a racionalização da lei substitui a avaliação da atitude como sendo o elemento mais importante para a avaliação de eventos de acordo com critérios externos. No direito criminal, a racionalização jurídica substitui o mecanismo da vingança por "fins penais" racionais de caráter ético ou utilitário e, dessa forma, introduz um maior número de elementos não formais à prática jurídica. Na esfera do direito privado, a preocupação com a atitude mental de uma das partes, praticamente, deixou a cargo do juiz o critério de avaliação. A "boa-fé e a negociação justa" ou o "bom" uso do comércio, ou seja, as categorias éticas passaram a decidir sobre o que as partes pretendiam com as suas respectivas "intenções". Contudo, a referência ao "bom" uso do comércio significa o reconhecimento de tais atitudes que são controladas pelos interessados no caso; isso é um critério puramente negociável de natureza factual, como, por exemplo, a média de expectativa das partes em uma determinada transação. É esse padrão que a lei precisa aceitar.

No entanto, já vimos que as partes ficarão decepcionadas com os resultados de uma lógica jurídica puramente profissional. Essa decepção é realmente inevitável quando os fatos da vida são "construídos" juridicamente com o objetivo de adaptá-los às proposições jurídicas abstratas, e, ainda, de acordo com a máxima de que nada pode existir no reino do direito, a menos que possa ser "concebido" por um jurista em conformidade com aqueles "princípios" que lhe são revelados pela ciência. As "expectativas" desses interessados orientam-se no significado econômico e utilitário de uma disposição jurídica. Entretanto, do ponto de vista da lógica jurídica, esse significado é "irracional".

Por exemplo, um leigo nunca compreenderá o motivo pelo qual seria impossível, sob a definição tradicional de furto, cometer um roubo de energia elétrica. Não é, portanto, a insensatez peculiar da jurisprudência moderna que gera essa condição, mas sim a incompatibilidade inevitável que existe entre as necessidades intrínsecas do pensamento jurídico formal, logicamente consistente, e o fato de que as atividades e os acordos das partes privadas estão voltados às expectativas e aos resultados econômicos. É por esse motivo que encontramos protestos recorrentes, apoiados por juristas, contra o método jurídico e profissional do pensamento. No entanto, a menos que renuncie o seu caráter formal interno, um "direito de juristas" nunca esteve e nunca estará em conformidade com expectativas laicas. O mesmo ocorre com o direito inglês (hoje muitas vezes glorificado), com o direito romano antigo ou com os métodos do pensamento jurídico continental moderno. Tentativas contra certas limitações imanentes, como a de Erich Jung, surgiriam com o intuito de substituir a antiquada "lei da natureza"[27] pelo "direito natural",[28] na tentativa de criar uma "solução de controvérsias" (Streitschlichtung) que correspondesse às expectativas dos interessados. De resto, essa ideia está certamente ligada às realidades da história jurídica. O direito romano da República e do Império desenvolveu um tipo de ética comercial que era, na verdade, orientada por aquilo que se pode esperar em média. Tal concepção significa que apenas um número pequeno de práticas corruptas e fraudulentas seriam ilegais, e que a lei não iria além do que fosse considerado o "mínimo ético". Apesar das *bona fides* (que um vendedor precisava mostrar), a *caveat emptor* continuava válida.

Com o despertar dos tempos modernos e o crescimento de problemas de classe, surgem novas demandas para a criação de um "direito social" que se baseie em postulados éticos e emocionais, como a justiça e a dignidade, e que seja orientado contra a dominação de uma mera moralidade dos negócios. Essas demandas que desafiam o formalismo jurídico são defendidas pelo trabalhador, por outros grupos interessados e pelos ideólogos do direito. Conceitos como "a pressão econômica", ou a "tentativa de tratar um contrato como imoral, mas válido por causa

---

27 Naturrecht.

28 Natürliches Recht.

de uma desproporção bruta entre a promessa e a consideração" originam-se de normas que são, do ponto de vista jurídico, inteiramente amorfas e que não têm caráter jurídico, convencional ou tradicional, mas sim puramente ético e que reivindicam como sendo sua legitimação a justiça substantiva em vez da legalidade formal.

As ideologias profissionais internas dos juristas estão presentes na teoria jurídica e são praticadas juntamente com aquelas influências que foram ameaçadas pela demanda social da democracia e pela ideologia do bem-estar da burocracia monárquica. A condição de estar confinado à interpretação de estatutos e contratos (como um caça-níqueis, onde você insere os fatos e recebe o veredito) representa ao jurista moderno algo abaixo da dignidade humana; e quanto mais universal for o direito estatuído (formal e codificado), mais sem atrativos será essa noção. A demanda atual é por uma "atividade jurídica criativa", pelo menos onde as leis são falhas. A doutrina do "direito livre" encarrega-se de demonstrar que: essas falhas representam o destino inevitável de todas as leis, mediante a irracionalidade dos fatos da vida; que em muitos casos, a aplicação das leis, da forma como são "interpretadas", é uma pura ilusão; e que a decisão deve ser feita de acordo com avaliações concretas e não com normas formais.

Para os casos em que a lei não fornecer uma norma clara, o conhecido Artigo 1 do Código Civil suíço obriga o juiz a decidir de acordo com aquela norma que ele próprio promulgaria se fosse o legislador. No entanto, esse dispositivo, a importação prática que não se deve subestimar, corresponde formalmente às conhecidas formulações de Kant. Na realidade, um sistema judicial que praticasse tais ideais, devido à inevitabilidade de acordos mútuos, teria que esquecer normas abstratas e, pelo menos em casos de conflito, aceitar avaliações concretas, ou seja, tanto a aplicação da lei não formal quanto da irracional. De fato, a doutrina da inevitabilidade, de lacunas na ordem jurídica e da campanha para reconhecer a coerência sistemática da lei como sendo ficção, recebeu um maior impulso devido às afirmações de que o processo judicial nunca consistiu na "aplicação" de normas gerais a um caso concreto; da mesma forma que nenhuma expressão linguística deveria ser considerada como uma aplicação de regras gramaticais. Partindo desse pressuposto, as "preposições jurídicas" são consideradas como secundárias e obtidas mediante a abstração das decisões concretas que, como produtos da prática judicial, são reconhecidas como a verdadeira materialização da lei. Indo um pouco mais além, foi notada também a insignificância quantitativa dos casos que chegam aos tribunais e das decisões judiciais, como sendo algo oposto ao grande volume de regras que determinam o comportamento humano. A partir dessa observação, aquelas normas que aparecem no processo judicial, ironicamente chamadas de "meras regras de decisão", servem como comparação às normas de fato "válidas" na vida cotidiana, independentemente de suas reafirmações ou declarações no procedimento jurídico, e, por fim, para estabelecerem o postulado de que a fundamentação verdadeira da lei é inteiramente "sociológica".

Uso também foi feito do fato histórico de que, durante muito tempo, inclusive hoje em dia, as partes privadas são aconselhadas por juristas profissionais que receberam treinamento técnico; em outras palavras, todo "direito consuetudinário" é, na verdade, um direito de juristas. Esse fato está associado à observação indubitável de que novos princípios jurídicos são estabelecidos tanto pelo *praeter legem* quanto pelo *contra legem* por meio da prática judicial; por exemplo, a do Tribunal Imperial Alemão depois que o Código Civil entrou em vigor. A partir desses casos, originou-se a ideia de que a jurisprudência é superior ao estabelecimento racional de normas objetivas, e que o equilíbrio eficiente de interesses concretos é superior à criação e ao reconhecimento de "normas" em geral. A teoria moderna das fontes jurídicas destruiu tanto o conceito semimístico do "direito consuetudinário", criado pela escola histórica, quanto o conceito igualmente histórico da "vontade do legislador" que poderia ser descoberto pelo estudo da história legislativa de um decreto, como revelado em protocolos de comissões e fontes semelhantes. Portanto, o estatuto, e não o legislador, torna-se a única e principal preocupação dos juristas. A "lei", dessa maneira isolada, é então elaborada e aplicada sob a responsabilidade dos juristas, entre os quais a influência predominante é atribuída ora aos "praticantes do direito" ora aos "acadêmicos". Nesse procedimento, a importância da determinação legislativa de um mandamento jurídico, sob certas circunstâncias, reduziu-se ao papel de um mero "sintoma" da validade de uma proposição jurídica ou do mero desejo de tal validade que, até que seja aceita na prática jurídica, continuará incerta. A preferência por uma jurisprudência que permaneça em contato com a realidade jurídica (com a realidade dos advogados) em vez da lei estatuída é contestada pelo argumento de que nenhum precedente deveria ser considerado como sendo vinculado além dos seus fatos concretos.

Em contraste com essas consequências do irracionalismo valorativo, surge, por outro lado, a tentativa do restabelecimento de um padrão valorativo objetivo. Naturalmente, quanto mais cresce a impressão de que as ordens jurídicas nada mais são do que meros "recursos técnicos", mais violenta será a sua rejeição por parte dos juristas. Colocar meras "regras técnicas" no mesmo nível que impostos alfandegários ou normas jurídicas (referentes ao matrimônio, ao poder paternal ou à propriedade) causa uma certa irritação aos juristas e, em consequência, dá origem à noção nostálgica de um direito transpositivo que vai além daquele direito meramente positivo e técnico. O antigo "direito natural" parece desacreditado pela crítica da escola histórica e dos positivistas. Como um substituto, temos agora um direito natural religiosamente vinculado aos estudiosos católicos, que procura obter padrões objetivos da "natureza" da própria lei. Nas doutrinas neokantianas, o "direito correto" como sendo o sistema normativo de uma "sociedade de homens livres" é tanto um padrão legislativo para a legislação racional quanto uma fonte para as decisões judiciais, onde a lei fornece ao juiz critérios aparentemente não formais. Do ponto de vista empírico de Auguste Comte, as "expectativas" das partes privadas, em vista da concepção média que existe em relação às obrigações dos outros, servem como o padrão supremo, ou seja, são superiores ao estatuto e substituem conceitos que são considerados vagos.

Neste momento, não podemos discutir nem criticar essas tendências que, como já mostra o breve esboço, produziram resultados muito contraditórios. Mesmo ocorrendo com maior intensidade na Alemanha e na França, todas essas tendências são de âmbito internacional; possuindo em comum apenas a rejeição ao *petitio principii* universalmente aceito e recentemente dominante da consistência e da "ausência de falhas" da ordem jurídica. De resto, dirigem-se contra adversários muito diversos, por exemplo, na França, contra a escola dos intérpretes do Código, e na Alemanha, contra a metodologia dos pandectistas. Dependendo de quem são os líderes de uma tendência específica, os resultados podem favorecer tanto o prestígio da "ciência", isto é, dos acadêmicos, quanto dos juristas. Como resultado do crescimento contínuo do direito estatuído e, especialmente, das codificações sistemáticas, os juristas acadêmicos sentem-se sensivelmente ameaçados em sua importância e também em suas oportunidades para atividades intelectuais livres. Na Alemanha, o rápido desenvolvimento das tendências antilógicas e anti-históricas podem ser explicadas pelo medo de que, seguindo os passos da codificação, a ciência jurídica alemã pudesse sofrer o mesmo declínio da jurisprudência francesa, após a promulgação do Código Napoleônico ou da prussiana, após a promulgação do Allgemeinen Landrechi. Até o momento, esses medos são frutos de uma constelação interna de interesses intelectuais. Entretanto, todas as variantes dos desenvolvimentos que levaram à rejeição da sistematização puramente lógica da lei, desenvolvidas pela ciência pandectista, incluindo variantes irracionais, são produtos de uma racionalização científica e de autorreflexão do pensamento jurídico, assim como da sua autocrítica implacável. À medida que elas mesmas não têm caráter racionalista, são uma forma de fuga ao irracional e, como tais, uma consequência da racionalização crescente da técnica jurídica. Dessa forma, constituem um fenômeno paralelo à irracionalização da religião. Entretanto, não devemos desprezar que as mesmas tendências foram inspiradas também pelo desejo de juristas modernos, por meio dos grupos de interesses em que são tão bem organizados, para elevar seus sentimentos de importância profissional e aumentar sua consciência de poder. Essa é, sem dúvida, uma das razões pelas quais, na Alemanha, uma referência contínua é feita à posição "distinta" do juiz inglês que, por sua vez, não está preso a qualquer direito racional. Entretanto, as diferenças na atribuição da honra social, no continente e na Inglaterra, têm sua origem, principalmente, em circunstâncias que estão associadas às diferenças na estrutura geral da autoridade.

3. O Direito Anglo-Americano Contemporâneo. As diferenças entre os métodos dos direitos comum e continental do pensamento são determinadas por fatores, que estão respectivamente associados a estruturas internas e a formas de existência da profissão jurídica, e por fatores associados a diferenças no desenvolvimento político. Os elementos econômicos, no entanto, são determinados apenas em associação a esses fatores. Uma vez que já discutimos tudo sobre as diferenças nos desenvolvimentos históricos, a nossa preocupação aqui é com o fato de que o capitalismo moderno prospera igualmente e manifesta as mesmas características econômicas sob sistemas jurídicos que contêm normas e convenções consideravelmente diferentes, pelo menos do ponto de vista jurídico. Até mesmo um conceito fundamental que classifique o direto continental como sendo um *dominium* ainda não existe no direito anglo-americano. De fato, podemos dizer que os sistemas jurídicos sob os quais o capitalismo moderno prospera diferem profundamente entre si, até mesmo nos seus princípios fundamentais de estrutura formal.

Hoje em dia, apesar de todas as demandas para a instrução acadêmica, o pensamento jurídico inglês é essencialmente uma arte empírica. O precedente judicial conservou plenamente sua significação antiga, exceto que é considerado injusto fazer referência a um caso passado remoto, ou seja, de mais de um século. Além disso, conservou ainda seu caráter carismático da aplicação da lei, especialmente, mas não exclusivamente, em países novos, particularmente nos Estados Unidos. Na prática, uma certa importância é dada a um caso decidido de acordo com a posição hierárquica do tribunal onde foi julgado e a autoridade pessoal de um juiz individual; isso acontece com o direito comum, como, por exemplo, pelo prestígio do Lord Mansfield. Do ponto de vista americano, a sentença é uma criação individual e concreta do juiz, cujo nome se costuma mencionar, em oposição ao "Tribunal Real" impessoal da linguagem oficial do continente europeu. O juiz inglês também reivindica essa posição. Todas essas circunstâncias encontram-se associadas ao fato de que o grau de racionalidade jurídica é diferente e muito menor do que o da Europa continental. Até há pouco tempo, praticamente não havia uma especialização jurídica inglesa que merecesse o nome de "ciência", no sentido continental da palavra. Apenas esse fato já seria o suficiente para impossibilitar uma codificação do tipo exigido por Bentham. Entretanto, essa característica também é responsável pela adaptação "prática" do direto inglês e pelo seu caráter "prático" do ponto de vista dos interessados.

O pensamento jurídico do "leigo" é, por outro lado, literalístico. Ele tende a ser um negociante quando acredita estar argumentando "juridicamente", tirando conclusões de caso individual a caso individual, sendo que o abstracionismo do jurista "profissional" nem lhe passa pela cabeça. Em ambos os aspectos, porém, a arte da jurisprudência empírica, mesmo que não lhe agrade, é relacionada a ele. Nenhum outro país do mundo apresenta queixas e sátiras tão amargas contra a profissão jurídica quanto a Inglaterra. As formas de construção dos juristas cautelares podem ser completamente incompreensíveis ao leigo, o que também acontece na Inglaterra. Contudo, o leigo pode compreender o caráter básico da forma do pensamento jurídico inglês, identificar-se com ele e, acima de tudo, aceitar, de uma vez por todas, que um advogado é seu pai jurídico confesso para todas as contingências da vida, o que realmente é feito por quase todos os homens de negócios ingleses. O leigo não exige nem espera da lei algo que possa ser frustrado por construções lógico-jurídicas.

Válvulas de escape também são concedidas contra o formalismo jurídico. Na área do direito privado, tanto o direito comum quanto a equidade são "formalistas", até certo ponto, em seu tratamento prático. Nem poderia ser diferente, sob o sistema da *stare decisis* e do espírito tradicionalista da profissão jurídica. Mas a instituição do júri civil impõe limites à racionalidade. Esses limites são aceitos como inevitáveis e apreciados por causa da vinculação dos juízes aos precedentes e da preocupação de que um precedente possa criar uma "lei ruim" em uma área que se quer manter aberta a um equilíbrio concreto de interesses. Não cabe aqui analisarmos se a forma utilizada de divisão entre a *stare decisis* e o equilíbrio concreto de interesses é realmente funcional na prática. Em todo caso, essa divisão significa uma diminuição da racionalidade na administração da justiça. Além disso, ainda encontramos uma ementa bastante patriarcal e uma jurisdição extremamente irracional da justiça que lida com pequenas causas do cotidiano e, que de acordo com as descrições de Mendelssohn, representam um tipo de justiça de cádi que é desconhecida na Alemanha. Em suma, o direito comum apresenta traços de uma administração da justiça que, nas características formais mais fundamentais do direito substantivo e do processo jurídico, diferencia-se o máximo possível das estruturas do direito continental de um sistema secular de justiça, ou seja, um sistema livre dos poderes teocráticos e patrimoniais. Com certeza, a aplicação da lei inglesa não é uma "aplicação" de "proposições jurídicas" oriundas, de forma lógica, de textos estatutários, como acontece no continente.

Essas diferenças tiveram consequências substanciais, tanto de teor econômico quanto social; entretanto, foram isoladas em um único fenômeno, tornando-as incapazes de influenciar na estrutura do sistema econômico. Para o desenvolvimento do capitalismo, apenas duas características são relevantes. O treinamento jurídico esteve primeiramente nas mãos de advogados entre os quais juízes eram escolhidos, isto é, nas mãos de um grupo privado de interessados, especialmente dos capitalistas. Além disso, a concentração da administração da justiça nos tribunais imperiais de Londres e seu imenso custo chegam, de fato, muito perto de uma negação de justiça aos menos abastados. De qualquer modo, a semelhança do desenvolvimento capitalista entre o Continente e a Inglaterra não é capaz de eliminar a grande diferença que existe entre os dois tipos de sistemas jurídicos. E não há nenhuma tendência visível orientada a colocar o sistema jurídico inglês rumo ao continental, sob o impulso da economia capitalista. Ao contrário, onde a administração da justiça e do treinamento jurídico tiveram a oportunidade de competir entre si (no Canadá, por exemplo), o modo de atuar do direito comum ressurgiu e rapidamente superou a alternativa continental. Podemos concluir, portanto, que o capitalismo não é um fator decisivo no desenvolvimento da forma de racionalização da lei, que é peculiar ao Ocidente continental desde o surgimento dos estudos romanistas nas universidades medievais.

4. Justiça Laica e as Tendências Corporativas na Profissão Jurídica Moderna. O desenvolvimento social moderno, com exceção dos motivos políticos e profissionais internos já mencionados, deram origem a outros fatores que enfraquecem o racionalismo jurídico formal. A justiça irracional de cádi é exercida hoje em casos criminais, nítida e extensivamente, na justiça "popular" do júri; correspondendo ao sentimento dos leigos que sempre se irritam com o formalismo de um caso concreto e satisfazendo as demandas emocionais das classes desprivilegiadas que buscam a justiça substantiva.

No entanto, várias críticas foram feitas à "justiça popular" do sistema jurídico. O júri foi criticado por sua tendência em recusar os fatos técnicos apresentados pelo especialista. Hoje em dia, como aconteceu na Roma Antiga onde a lista de jurados causava conflito entre as classes, a escolha do júri é questionada, especialmente pela classe dos trabalhadores, pois os jurados, mesmo se pertencentes à "plebe", eram escolhidos entre aqueles que não precisavam trabalhar. Embora a escolha não possa ser evitada, depende também, pelo menos em parte, de considerações políticas. Por outro lado, quando o júri é constituído por pessoas da classe trabalhadora, é questionado pelas classes com *status* social maior. Além disso, as partes interessadas não são apenas as "classes" como tais: na Alemanha, por exemplo, jurados do sexo masculino são dificilmente levados a culpar outro homem por estupro, especialmente quando a conduta da mulher lhes parece censurável.

Do ponto de vista do treinamento jurídico profissional, a justiça laica é criticada, pois o veredito do leigo é como um oráculo irracional, sem a apresentação de razões e sem a possibilidade de qualquer crítica substantiva. Dessa forma, é forte a demanda para que juízes laicos sejam submetidos ao controle de especialistas jurídicos. Em resposta a essa demanda, foi criado o sistema misto de jurados que, no entanto, mostrou uma influência maior dos especialistas sobre os leigos. Mesmo assim, a presença de ambos não tem uma significância maior do que aquela onde a deliberação dos juízes profissionais recebe certa publicidade compulsória, semelhante ao procedimento suíço em que os juízes são obrigados a deliberar na presença do público. Os juízes profissionais, por sua vez, estão ameaçados, na área do direito penal, pela responsabilidade transferida a psiquiatras especializados, especialmente em casos mais sérios, que são obrigados pelo racionalismo a avaliar delitos que não podem ser resolvidos por meio da ciência.

Obviamente, todos esses conflitos são causados indiretamente pelo desenvolvimento técnico e econômico, ou seja, para favorecer o intelectualismo. Primeiramente, são consequências de conflitos insolúveis entre princípios formais e substantivos da justiça, que podem entrar em conflito mesmo quando há situações de classe inteiramente iguais. Além disso, não sabemos com certeza se as classes desprivilegiadas de hoje, especialmente a classe trabalhadora, podem esperar com segurança, por parte da administração da justiça informal, os resultados supostos pela ideologia dos juristas. Um poder judiciário burocratizado, recrutado a partir das posições mais importantes da carreira jurídica e que é completamente dependente dos poderes políticos dominantes, não pode ser equiparado ao poder judiciário suíço ou inglês, e menos ainda aos juízes (federais) norte-americanos. Se privarmos tais juízes da sua crença na santidade do formalismo jurídico puramente objetivo, e encarregá-los simplesmente de equilibrar os interesses, o resultado será totalmente diferente daqueles alcançados nos sistemas jurídicos discutidos anteriormente. Mas isso não faz parte das nossas considerações. Nos resta apenas retificar alguns erros históricos.

Os profetas são os únicos que tiveram uma atitude conscientemente "criativa" diante do direito vigente; apenas por meio deles novos direitos foram conscientemente criados. De resto, devemos reiterar expressamente que até mesmo aqueles juristas, do ponto de vista objetivo, são os mais criativos; e que hoje e sempre se consideram os porta-vozes de normas latentes ou já vigentes, como seus intérpretes ou aplicadores, mas nunca como seus criadores. Essa crença subjetiva é apoiada, até mesmo, pelos juristas mais eminentes. É justamente devido à desilusão dos intelectuais que, hoje em dia, essa crença é confrontada com fatos objetivamente diferentes, e que se tenta elevar esse estado dos fatos ao *status* de uma norma, objetivando um comportamento judicial subjetivo. À medida que a burocratização da legislação formal progride, a posição tradicional do juiz inglês também é transformada permanente e profundamente. Por outro lado, é duvidoso se, em um país com código, a concessão do "criador" da coroa sobre juízes burocráticos realmente fará deles profetas do direito. Em todo caso, a precisão jurídica de opiniões judiciais será seriamente prejudicada se argumentos de teor ético, econômico e sociológico ocuparem o lugar dos conceitos jurídicos.

De modo geral, esse movimento é uma daquelas reações características contra o domínio da "especialização" e do racionalismo, que, se analisarmos mais tarde, veremos que foi seu próprio progenitor. Em todo caso, o desenvolvimento das qualidades formais da lei exibe traços estranhamente contraditórios. A lei, rigorosamente formalista e dependente do que é perceptível, à medida que exige a segurança das relações comerciais, torna-se, ao mesmo tempo, informal pelo bem da lealdade comercial, da interpretação lógica da intenção das partes e pelo "bom uso" do "costume comercial" que é entendido como um "mínimo ético".

A lei é forçada em direções antiformais e, além disso, por todas aquelas forças que demandam que ela seja mais do que uma mera forma de pacificar conflitos de interesses. Essas forças incluem: a demanda pela justiça substantiva por meio de certos interesses e ideologias das classes sociais; as tendências internas em forma de autoridade política, tanto de caráter autoritário quanto democrático, que dizem respeito à finalidade do direito que lhes são adequadas; a exigência dos "laicos" por um sistema de justiça que seja compreensível para eles; e finalmente, as tendências antiformais que foram estimuladas pelas aspirações das forças ideológicas da própria profissão jurídica.

Qualquer que seja a forma de direito ou prática jurídica que venha a assumir sob o impacto dessas inúmeras influências, será inevitável que, como resultado do desenvolvimento técnico e econômico, a ignorância jurídica do leigo aumente ainda mais. O uso de jurados e juízes laicos não será suficiente para interromper o crescimento contínuo do componente técnico na lei e, portanto, do seu caráter como sendo um domínio de especialistas. Inevitavelmente, a noção de que a lei é um aparato técnico e racional deve expandir. Esse aparato é continuamente transformável à luz de considerações benéficas e desprovidas de toda santidade de conteúdo. Esse destino pode ser ocultado pela tendência de aquiescência da lei vigente, que está crescendo de várias formas e por vários motivos. Todas as análises modernas, sociológicas e filosóficas, que em sua maioria são de grande valor acadêmico, podem apenas contribuir para o fortalecimento dessa impressão, sem levar em consideração o conteúdo de suas teorias sobre a natureza do direito e do processo jurídico.

Capítulo XII

DOMINAÇÃO

seção 1
Poder e Dominação. Formas de Transição

Mesmo no sentido mais geral, isto é, sem referência a qualquer conteúdo concreto, a dominação é um dos elementos mais importantes da ação social. Obviamente, nem toda forma de ação social revela uma estrutura de domínio. Porém, na maioria das variedades de ação social, a dominação desempenha um papel considerável, mesmo onde, à primeira vista, não parece óbvia. Assim, por exemplo, em comunidades linguísticas, a elevação, por meio de um decreto oficial, de um dialeto a *status* de língua oficial de uma entidade política teve, com muita frequência, influência decisiva no desenvolvimento de uma grande comunidade em torno de uma língua literária comum como, por exemplo, o alemão. Por outro lado, a separação política determinou a forma final de uma diferenciação linguística correspondente como, por exemplo, no caso da Holanda contra a Alemanha. Além disso, o domínio exercido nas escolas estereotipa a forma e a predominância da língua escolar oficial de modo duradouro e decisivo. Sem exceção, todas esferas da ação social sofrem uma profunda influência das estruturas de dominância. Em um grande número de casos, a emergência da associação racional a partir da ação social amorfa tem se dado em virtude da dominação e do modo em que é exercida. Mesmo quando este não é o caso, a estrutura de domínio e seus desdobramentos são decisivos na determinação da forma da ação social e sua orientação em sentido a um "objetivo". De fato, a dominação tem desempenhado o papel decisivo, em especial, nas estruturas sociais economicamente mais importantes do passado e do presente, isto é, de um lado o feudo e do outro, os grandes empreendimentos capitalistas.

A dominação constitui um caso especial de poder, como veremos em breve. No caso da dominação, bem como no caso de outras formas de poder, aqueles que a exercem não a aplicam de modo exclusivo, ou até usual, a fins puramente econômicos como, por exemplo, ao fornecimento adequado de bens econômicos. No entanto, é verdade que o controle dos bens econômicos, isto é, o poder econômico, é uma consequência frequente, e muitas vezes proposital, da dominação, assim como um de seus instrumentos mais importantes. Nem toda a posição de poder econômico, entretanto, representa a "dominação" em nosso sentido da palavra, bem como veremos logo a seguir. E também não é sempre que a "dominação" utiliza o poder econômico para seu estabelecimento e conservação. Mas na vasta maioria dos casos e nos mais importantes, isto é o que acontece de uma forma ou de outra e com frequência a tal ponto que o modo de aplicação dos meios econômicos com o propósito de manter a dominação, por sua vez, exerce uma influência determinante sobre a estrutura de dominação. Além disso, a grande maioria das organizações econômicas, dentre elas, as mais importantes e mais modernas, revela uma estrutura de dominância. As características cruciais de quaisquer formas de dominação podem, e isto é verdade, não se correlacionar de modo bem definido a nenhuma forma particular de organização econômica. Embora, em muitos casos, a estrutura de dominação seja tanto um fator de grande importância econômica quanto, pelo menos até certo ponto, um resultado das condições econômicas.

Nosso primeiro propósito aqui é o de meramente estabelecer proposições gerais sobre a relação entre as formas de organização econômica e de dominação. Em virtude deste caráter muito geral, é inevitável que tais proposições sejam abstratas e, até o momento, também um pouco indefinidas. Em primeiro lugar, para nosso propósito, precisamos de uma definição mais exata do que queremos dizer com "dominação" e de sua relação com o termo genérico "poder". A dominação no sentido mais geral de poder, ou seja, da possibilidade de impor a vontade de um sobre o comportamento dos demais, pode emergir sob as mais diversas formas. Se, como já feito ocasionalmente, os direitos que a lei atribui a um indivíduo contra uma ou mais pessoas forem considerados como uma forma de poder para a emissão de ordens a essas pessoas ou àqueles a quem tal direito não é atribuído, pode-se, assim, entender todo o sistema de direito privado moderno como sendo a descentralizarão da dominação nas mãos daqueles a quem os direitos legais são atribuídos. Deste ângulo, o trabalhador teria um poder de mando, ou seja, de "dominação" sobre seu empregador na mesma escala de sua pretensão salarial, e o funcionário público sobre o rei também na mesma escala de sua pretensão salarial. Tal terminologia seria um pouco forçada e, de qualquer forma, não teria mais do que um caráter provisório, uma vez que é preciso distinguir as "ordens" dadas por uma autoridade judicial a um devedor sentenciado das "ordens" dadas pelo acusador ao devedor antes do julgamento deste. Entretanto, uma posição designada comumente como "dominante" pode se revelar nas relações sociais de um salão de festas ou do mercado, da tribuna de um auditório ou do posto de comando de um regimento, de uma relação erótica ou de caridade, bem como de uma discussão acadêmica ou do esporte. Uma definição tão ampla quanto esta, no entanto, renderia ao termo "dominação" um caráter científico sem utilidade. A classificação compreensiva de todas as formas, condições e conteúdos concretos de "dominação" nesse sentido mais amplo se torna impossível aqui. Apenas nos recordaremos que, além de inúmeros outros tipos possíveis, existem dois tipos diametralmente contrastantes de dominação, isto é, a dominação em virtude de uma constelação de interesses (em particular: em virtude de uma posição de monopólio) e a dominação em virtude da autoridade, ou seja, do poder para comandar e da obrigação de obedecer.

O tipo mais puro da primeira é a dominação monopolizadora do mercado; da última, o poder patriarcal, magistral ou monárquico. Em sua forma mais pura, a primeira se baseia na influência derivada exclusivamente da posse de bens ou habilidades negociáveis, que possam ser garantidos de alguma forma, e da ação sobre a conduta dos dominados, que, no entanto, permanecem formalmente livres e são motivados apenas pela busca de seus próprios interesses. O último tipo de dominação repousa sobre a alegação da obrigação absoluta da obediência independente de motivos ou interesses pessoais. No entanto, a fronteira entre esses dois tipos de dominação é tênue. Qualquer grande banco central ou instituição de crédito, por exemplo, exerce uma influência "dominante" sobre o mercado de capital graças a sua posição monopolizadora. Tais instituições podem impor a seus potenciais devedores determinadas condições para o recebimento de créditos e, assim, influenciar, até certo grau, seu comportamento econômico em nome da liquidação de seus próprios recursos. Os devedores em potenciais, se realmente necessitam de crédito, devem, segundo seu próprio interesse, submeter-se a tais condições, além de a assegurarem por meio de uma garantia colateral. As instituições de crédito, no entanto, não pretendem exercer "autoridade", ou seja, exigir a "submissão" da parte dominada sem considerar os interesses desta; elas apenas buscam seus interesses e os obtêm quando a parte dominada, agindo com liberdade formal, persegue de forma racional seus próprios interesses à medida que é forçada em direção a eles por meio de circunstâncias objetivas.

Qualquer proprietário de um monopólio, ainda que incompleto, encontra-se nessa mesma posição quando, apesar da existência de uma competição, for capaz e grande o bastante para "prescrever" preços tanto para seus parceiros quanto para seus concorrentes; ou seja, quando, por meio de sua própria conduta, conseguir impor seu modo de gestão segundo seus interesses, sem, no entanto, impor a mais sutil "obrigação" de submissão a esta dominação. Qualquer tipo de dominação provocada por um conjunto de interesses pode, entretanto, ser gradativamente transformada em dominação por autoridade. Isto se aplica, em particular, à dominação originada a partir de uma posição de monopólio. Um banco, por exemplo, a fim de exercer um controle mais efetivo sobre uma empresa devedora, pode exigir, como condição para a concessão de crédito, que alguns membros de sua diretoria se tornem membros da diretoria da empresa devedora. Essa diretoria, por sua vez, pode dar ordens decisivas à gerência graças à obrigação desta de obedecer.

Ou um banco emissor pode fazer com que as instituições de crédito uniformizem seus termos para a concessão de crédito e, assim, tentar, em virtude de sua posição de poder, assegurar para si o controle e a supervisão contínuos das relações entre as instituições de crédito e seus clientes. E então, utilizar esse controle e fiscalização para fins de administração cambial, com o propósito de influenciar o ciclo dos negócios ou ainda para fins políticos como, por exemplo, a preparação financeira para uma guerra. Este último tipo de uso será exercido, em particular, onde o banco central estiver exposto às influências do poder político. Em teoria, é concebível que tais controles realmente possam ser estabelecidos, que os fins e os meios para seu exercício se tornem articulados em regulamentações, que agências especiais sejam criadas para seu exercício, que agências de apelação sejam criadas para a resolução de problemas e que, por fim, os controles fiquem cada vez mais rígidos. Em tal caso, esse tipo de dominação poderia se tornar bem semelhante à dominação autoritária exercida por uma agência estatal burocrática sobre seus subordinados, e a subordinação assumiria o caráter de uma relação de obediência à autoridade.

Pode-se fazer a mesma observação com relação à dominação exercida pelas cervejarias sobre os donos de bares abastecidos com seus equipamentos, ou a dominação a qual os livreiros se submeteriam se, um dia, houver um cartel de editoras alemãs com poder para emitir e reter as licenças dos lojistas ou a dominação sob comerciantes de petróleo pela Standard Oil Company, ou, ainda, a dominação exercida pelos produtores de carvão por meio de seus escritórios de venda sobre os comerciantes deste combustível. Todos esses comerciantes seriam reduzidos a agentes de vendas, um pouco diferente dos homens de linha ou de outro funcionário que trabalhe fora da empresa, mas submetido à autoridade de um chefe departamental. Desde a dependência do devedor a seu credor e da servidão formal por causa de dívidas na Antiguidade; ou, na Idade Média, e até mesmo na Idade Moderna, quando artesãos se submetiam aos comerciantes e havia várias outras formas de dependência à indústria caseira ou às indústrias em que os operários trabalhavam em condições sub-humanas, as transições são imperceptíveis. E a partir daí, outras transições imperceptíveis resultam na posição de secretário, engenheiro ou operário de uma fábrica ou escritório, que se sujeita a uma disciplina não muito diferente em sua natureza daquela do escritório estatal ou do serviço militar, embora criada por um contrato emitido no mercado de trabalho por partes consideradas formalmente "iguais" por meio da aceitação "voluntária" dos termos oferecidos pelo empregador. Mais importante do que a diferença entre o emprego público e o privado é, com certeza, a diferença entre o serviço militar e outras situações. Neste último caso, o contrato é emitido e rescindido voluntariamente, enquanto no primeiro, é imposto pela obrigatoriedade, pelo menos em países que, como o nosso, o antigo sistema de serviço mercenário foi substituído pelo alistamento militar obrigatório. No entanto, até mesmo as relações de alianças políticas podem ser firmadas e, até certo ponto, dissolvidas voluntariamente; o mesmo também é válido para as relações feudais e, sob determinadas circunstâncias, também para as relações de dependência patrimonial do passado. Assim, mesmo nesses casos, as transições não passam de transformações graduais das relações de autoridade como, por exemplo, a escravidão, de total involuntariedade e, para o submetido a ela, normalmente não rescindível. É claro que, mesmo dentro de uma relação de autoritarismo total, o mínimo de interesse do subordinado em obedecer normalmente constituirá um dos motivos indispensáveis para sua obediência. Por isso as transições ao longo do tempo têm sido vagas e mutantes. E ainda, se desejarmos obter distinções frutíferas dentro do fluxo contínuo desse fenômeno real, não devemos negligenciar a visível antítese entre tais casos como, digamos, o do poder factual que surge completamente fora da posse e por meio de interesses aceitos no mercado e, do outro lado, o do poder autoritário de um patriarca ou monarca com o apelo à pura e simples obrigação de obediência. A variedade das formas de poder de modo algum se limita aos exemplos dados acima. Até mesmo a mera posse pode ser uma base de poder em formas diferentes daquelas do mercado. Mesmo em situações não diferenciadas dentro da perspectiva social, a riqueza, acompanha por um estilo de vida correspondente, gera prestígio, correspondendo à posição, na atual sociedade, do "anfitrião" ou da mulher que possui um "salão de festas". Sob determinadas circunstâncias, todas essas relações podem assumir traços de autoritarismo. A dominação, no sentido mais amplo da palavra, pode surgir não apenas das relações comerciais de troca, mas também das relações "sociais" de troca; tal fenômeno ainda pode variar do reconhecimento do "drawing room lion" até o *arbiter elegantiarum* da Roma imperial ou dos tribunais do amor das donzelas de Provença. De fato, tais situações de dominação também podem ser encontradas fora da esfera dos mercados e das relações particulares. Mesmo sem qualquer poder de mando formal, um "império" ou, melhor, seus indivíduos com poder de decisão, seja por autoridade ou em virtude de relações comerciais, podem exercer uma hegemonia de longo alcance. Um exemplo típico são os cargos dos prússios dentro da União Aduaneira Alemã ou, mais tarde, no Reich alemão. Para alguns, embora em escala muito menor, a posição de Nova Iorque dentro dos Estados Unidos seria outro exemplo. Na União Aduaneira Alemã, os oficiais prússios eram a maioria, pois o território de seu estado constituía o maior e, portanto, mais decisivo mercado; no Reich alemão, eram imprescindíveis, pois dispunham da maior rede de ferrovias, o maior número de cargos universitários, etc., e, assim, podiam prejudicar os departamentos administrativos correspondentes de outros estados formalmente iguais. Nova Iorque consegue exercer poder político por ser a sede das maiores potências financeiras. Todas essas formas de poder se baseiam em grupos de interesses. Assim, representam aqueles que ocorrem no mercado, e no curso do desenvolvimento, podem, sem grandes esforços, ser transformados em relações de autoridade formalmente regulamentadas, ou melhor, em associações com o poder de mando heterocéfalo e com aparato coativo. De fato, graças à total ausência de regras, a dominação originada no mercado ou em outros grupos de interesses pode ser muito mais opressiva do que a gerada pela autoridade, em que as obrigações de obediência são estabelecidas de forma clara e expressa. Tal aspecto não deve, no entanto, influenciar a terminologia da sociologia.

Na discussão a seguir, usaremos o termo dominação apenas no sentido mais estreito da palavra, o que exclui de seu escopo as situações em que a fonte do poder está na livre interação das partes interessadas, como o que ocorre, em especial, no mercado, mas também em outros grupos de interesses. Ou seja, em nossa terminologia, o termo *dominação* é o mesmo que *poder de mando autoritário*.

Assim, para ser mais específico, o termo dominação refere-se à situação em que: O desejo manifestado (*ordem*) do líder ou líderes pretende influenciar a conduta de um ou mais liderados e realmente a influência de tal modo que sua conduta, em um grau socialmente relevante, ocorre como se o liderado tivesse transformado o próprio conteúdo da ordem na máxima de sua conduta. Se vista pelo outro lado, esta situação será chamada de *obediência*.

A definição que acaba de ser estabelecida soa complexa, em especial por causa do uso da estrutura "como se". No entanto, tal fato é inevitável. O fato meramente externo da obediência de uma ordem não é o suficiente para se referir à dominação da forma como a compreendemos; não podemos negligenciar o fato de que o significado da ordem é aceito como uma norma vigente. Por outro lado, entretanto, a cadeia causal que se estende da ordem até seu cumprimento pode ser bastante variada. Os psicólogos podem achar que a ordem consegue provocar seu efeito sobre o liderado por meio da empatia, da inspiração, da persuasão por argumentos racionais ou, ainda, pela combinação desses três principais tipos de influência que uma pessoa pode exercer sobre outra. De forma concreta, o cumprimento de uma ordem pode ter sido motivado pela convicção do liderado de sua propriedade, por seu senso de obrigação, por medo, por "mero costume" ou por um desejo de obter algum benefício em prol de si mesmo. Para os sociólogos, tais diferenças, de modo geral, são irrelevantes. Para eles, no entanto, as diferentes formas de dominação podem parecer relevantes à medida que se ligam a certas diferenças básicas do fundamento geral da dominação.

Existem muitas transições imperceptíveis, como já vimos, entre o conceito mais estreito de dominação, como o definido por nós agora, e as situações de estabelecimento do tom no mercado, no salão de festas, em uma discussão, etc., já discutidas anteriormente. Devemos voltar de forma breve a alguns desses últimos casos a fim de melhor elucidar o primeiro.

É óbvio que as relações de dominação podem existir de forma recíproca. Na burocracia moderna, entre os oficiais de diferentes departamentos, cada um está sujeito aos poderes de mando dos outros, até onde estes possuírem jurisdição. Aqui não temos dificuldades conceituais envolvidas, mas, por exemplo, quando um cliente encomenda um par de sapatos ao sapateiro, é possível dizer quem domina quem? A resposta dependerá das circunstâncias de cada indivíduo, mas quase sempre se descobre que, até certo ponto, a vontade de um influencia a do outro mesmo contra a relutância deste e que, consequentemente, naquele ponto um terá dominado o outro. No entanto, não se pode construir nenhum conceito preciso de dominação sobre o fundamento de tais considerações; e o mesmo se aplica a todas as relações de troca, incluindo as intangíveis. Ou o que diríamos do artesão que, como ocorre com frequência na Ásia, trabalha por prazo determinado? Seria ele, dentro de sua jurisdição vocacional, um líder ou um liderado e, se um liderado, por quem? Tende-se a negar a aplicação do conceito de dominação às relações como essas, com exceção dos poderes que ele, o artesão, exerce sobre seus assistentes ou que são exercidos sobre ele por pessoas que o controlam em virtude de suas posições oficiais. Ao fazer isso, estreitamos o termo dominação ao conceito técnico que definimos acima. Contudo, o cargo de chefe da aldeia, ou seja, um cargo de autoridade oficial, pode ser exatamente igual ao do artesão da aldeia. A distinção entre empresa privada e pública, como conhecemos, é o resultado do desenvolvimento e, em nenhum outro lugar, é tão arraigada quanto aqui [na Alemanha]. Na visão norte-americana, o trabalho de um juiz é tão empresarial quanto o de um banqueiro. Ele, o juiz, é apenas um homem a quem foi concedido o monopólio de dar a uma pessoa uma sentença, que pode ser usada para executar uma ação contra outra pessoa ou, conforme o caso, usada como proteção contra ações reivindicadas por outros. Em razão deste monopólio, o juiz goza de forma direta e indireta de um grande número de benefícios, legitimados ou não, e para seu gozo, em alguns casos, paga parte de seus recebimentos ao chefe de partido a quem deve seu posto.

A todos estes, o chefe da aldeia, o juiz, o banqueiro e o artesão, nós atribuiremos o termo dominação, seja aonde for, mas apenas à medida que exigirem e, em um grau socialmente relevante, obedecerem às ordens dadas e recebidas como tais. Nenhum conceito utilizável de dominação poder ser definido de: forma diferente à referência ao poder de mando; mas jamais devemos nos esquecer de que aqui, como em tudo na vida, as coisas estão "em transição". Deveria ser autoevidente que o sociólogo se guia apenas pela existência factual de tal poder de mando, contrastando com o advogado, cujo interesse está no conteúdo teórico de uma norma jurídica. No que diz respeito à sociologia, o poder de mando não existe até que a autoridade reivindicada por alguém seja realmente possuída em um grau socialmente relevante. Embora os sociólogos de modo geral comecem suas análises a partir da observação de que os poderes de mando "factuais" normalmente são um *superadditum* a uma ordem normativa que reivindica existência "em virtude da lei". É exatamente por esta razão que o sociólogo não consegue deixar de operar com o aparto conceitual da lei.

SEÇÃO 2
DOMINAÇÃO E ADMINISTRAÇÃO – A NATUREZA E OS LIMITES DA ADMINISTRAÇÃO DEMOCRÁTICA

Nosso principal interesse é a "dominação", desde que combinada com a "administração". Toda dominação expressa si mesma e suas funções por meio da administração. Toda administração, por outro lado, necessita da dominação, pois é sempre necessário que alguns poderes de mando estejam nas mãos de alguém. É possível que o poder de mando apareça em trajes inocentes; o líder pode ser considerado um "servo" pelo liderado e até mesmo se veja dessa forma. Este fenômeno é visto em sua forma mais pura na então chamada *administração democrática imediata*.

Esse tipo de administração é chamado de democrático por duas razões que não necessariamente se coincidem. A primeira é que ela se baseia no pressuposto de que todos são igualmente qualificados para conduzir as questões públicas. A segunda é que nesse tipo de administração, o escopo do poder de mando é mantido a um mínimo. As funções administrativas são revezadas, determinadas por sorteios ou atribuídas por curtos períodos por meio da eleição. Todas as decisões mais importantes se reservam à resolução comum de todos; os funcionários administrativos têm apenas que preparar e conduzir as resoluções e direcionar os "assuntos correntes" segundo as diretrizes da assembleia geral. Este tipo de administração pode ser encontrado em muitas associações privadas, em determinadas organizações políticas, tais como a Swiss Landsgemeinden, em municipalidades nos Estados Unidos, ou em universidades (desde que a administração repouse nas mãos do reitor e de membros mais experientes), assim como em outras inúmeras organizações desse tipo. Entretanto, por mais modesta que uma função administrativa possa ser, alguns funcionários devem ter um certo poder de mando e, assim, sua posição sempre estará oscilando entre a de um simples servo e a do mestre. É contra o desenvolvimento deste último que os limites "democráticos" de sua posição se direcionam. Entretanto, a "igualdade" e a "redução" dos poderes dominantes dos funcionários também se encontram em muitos grupos aristocráticos, e contra seus membros, dentro da camada líder. Exemplos típicos são as aristocracias de Veneza e Esparta, bem como o quadro completo de professores de uma universidade alemã. Todos têm usado essas mesmas formas "democráticas" de rodízio de tarefas, sorteios ou eleições por períodos curtos.

De modo geral, esse tipo de administração ocorre em organizações que satisfazem as seguintes condições:

Primeiro: a organização deve ser local ou com um número limitado de membros; *segundo*: as posições sociais dos membros não devem se diferenciar muito umas das outras; *terceiro*: as funções administrativas devem ser relativamente simples e estáveis; *quarto*: no entanto, deve haver um desenvolvimento mínimo no treinamento para a determinação objetiva de meios e formas. O último requerimento existe, por exemplo, em administrações democráticas diretas na Suíça e nos Estados Unidos, da mesma forma como existia no *mir* russo dentro do confinamento do escopo de sua tradição. Porém, não analisaremos esse tipo de administração como sendo o ponto de partida histórico de qualquer trajetória típica do desenvolvimento, mas como um tipo marginal, que se presta a ponto de partida da investigação. Nem o rodízio, nem os sorteios ou as eleições são formas "primitivas" para a escolha de funcionários de uma organização.

Onde for que exista, a administração democrática direta é instável. Todo desenvolvimento da diferenciação econômica traz a probabilidade de que a administração caia nas mãos dos mais ricos. A razão não é que eles tenham qualidades pessoais superiores ou um maior conhecimento, mas simplesmente porque podem arcar com o tempo necessário para a realização das funções administrativas de forma mais barata, como o emprego por meio período, ou não remunerado. Aqueles que, no entanto, necessitam trabalhar para viver teriam que sacrificar seu tempo, ou seja, sua renda, e quanto maior a intensidade do trabalho, mais intolerável se tornaria esse sacrifício. Sendo assim, os portadores dessa superioridade não são simplesmente os que gozam de altos rendimentos, mas aqueles cuja renda deriva de trabalhos intermitentes ou não se origina do trabalho pessoal. Sob condições iguais, um industrial da era moderna, que não consegue deixar seu trabalho de forma tão fácil, consequentemente tem menos tempo disponível para a função administrativa do que um agricultor ou mercador medieval, que não têm a necessidade de trabalhar de modo ininterrupto. Pela mesma razão, os diretores das clínicas de grandes universidades e institutos são os reitores menos adequados; embora tenham uma vasta experiência administrativa, seu tempo é quase todo ocupado por sua rotina de trabalho. Portanto, à medida que os que precisam trabalhar se tornam incapazes de se disponibilizar, a administração democrática direta tende a ser governada por *honoratiores*.

Já conhecemos o conceito de *honoratiores* como sendo o de portadores de uma honra social específica relacionada ao seu estilo de vida. Agora estamos aqui para conhecer outro requerimento indispensável, isto é, a capacidade de cuidar da administração social e governar como uma obrigação honorífica derivada da posição econômica. Portanto, tentaremos definir os *honoratiores* da seguinte forma:

Pessoas que, *primeiro*, gozam de rendimentos ganhos sem, ou com comparativamente pouco trabalho ou, pelo menos, com um trabalho do tipo que lhes permite assumir as funções administrativas além das atividades que possam estar realizando; e que, *segundo*, graças a tais rendimentos, tenham um estilo de vida que lhes dê "prestígio" social de uma honra específica e, assim, os capacitam ao cargo de líder.

Com frequência, o governo dos *honoratiores* se desenvolve na forma de órgãos deliberativos onde os assuntos a serem trazidos diante da comunidade são discutidos com antecedência; tais órgãos facilmente antecipam as resoluções da comunidade ou a eliminam e, assim, estabelecem, em virtude de seu prestígio, o monopólio dos *honoratiores*. O desenvolvimento da liderança pelos *honoratiores* existe, desta forma, há muito tempo em comunidades locais e, portanto, também nas comunidades vizinhas. Os *honoratiores* de antigamente tinha um caráter bem diferente, entretanto, foi a partir deles que a presente democracia direta racionalizada se desenvolveu. A qualificação original para os *honoratiores* era simplesmente a de ter idade avançada. Em todas as comunidades cuja conduta social era orientada pela tradição, ou seja, pela convenção, leis de costumes ou leis sagradas, os mais velhos são, entre aspas, *honoratiores* naturais não apenas por causa do prestígio de uma experiência mais vasta. Mas também por conhecerem as tradições; seu consentimento, aprovação com antecedência (προβούλευμα) ou ratificação (*auctoritas*) garante a propriedade de uma resolução diante dos poderes sobrenaturais e constitui a arbitragem mais eficaz em casos de disputas. Quando todos os membros de uma comunidade ocupam posições econômicas semelhantes, os "anciões" são simplesmente os mais velhos da comunidade, clã ou bairro.

Entretanto, dentro de uma comunidade, o prestígio relativo à idade está sujeito a muitas mudanças. Sempre que as fontes de alimento estão escassas, os mais velhos, por não conseguirem mais trabalhar, são considerados fardos. Além disso, onde a guerra é crônica, é provável que o prestígio dos homens mais velhos fique abaixo do prestígio dos guerreiros e que, com frequência, surja o preconceito dos grupos mais jovens contra o prestígio dos mais velhos[29]. O mesmo ocorre em períodos de revolução política ou econômica, seja ela violenta ou pacífica, e também onde o poder das ideias religiosas e, portanto, da veneração da tradição sagrada, for pouco desenvolvido ou estiver em declínio. Por outro lado, o prestígio alcançado em virtude da idade mais avançada é preservado sempre que a utilidade objetiva da experiência ou o poder subjetivo da tradição forem supervalorizados.

Onde os anciões são depostos, o poder não fica com os jovens, mas com os portadores de algum outro tipo de prestígio social. No caso de diferenciação econômica ou estamental, o conselho dos anciões (γερουσία, sen*ate*) pode se reter a seu nome, mas, *de facto*, será composto por *honoratiores* no sentido discutido acima, ou seja, *honoratiores* econômicos, ou portadores de um privilégio de honra estamental, cujo poder, em última instância, também se baseia em seu tipo de riqueza.

---

[29] Cf. "Sexagenários de ponte."

Por outro lado, o grito de guerra de que uma administração "democrática" deve ser obtida ou preservada pode se tornar uma arma poderosa tanto para os pobres, em sua luta contra os *honoratiores*, quanto para os grupos economicamente poderosos, aos quais o privilégio da honra não tenha sido concedido. Neste caso, a administração democrática se torna o motivo de luta entre os partidos políticos, em especial, porque os *honoratiores*, graças a seu *status* de prestígio e da dependência de certos grupos, conseguem criar uma "guarda" para se proteger contra os pobres. Uma vez que isso é feito, o objetivo da luta pelo poder, a administração democrática direta, perde sua característica específica, isto é, a de conter nada mais do que um mero traço de dominação. Um partido político, em última instância, é uma organização com o propósito único de lutar pela dominação, em seu sentido específico, e, portanto, segue uma tendência em sua própria organização a fim de assumir uma estrutura claramente dominante, porém, como o cuidado de tentar escondê-la.

No caso marginal da democracia "pura", todos os indivíduos vivem substancialmente da mesma forma. Assim como no último caso discutido, a democracia se torna alienada a partir de sua pureza, onde o grupo crescer além de um determinado tamanho ou onde a realização satisfatória da função administrativa se tornar muito difícil por qualquer um que o revezamento, sorteio ou eleição possa designar. As condições da administração da estrutura de massa são muito diferentes daquelas obtidas em pequenas associações advindas de relações pessoais e de vizinhança. Uma vez que falamos em administração da massa, o significado de democracia muda de maneira tão radical que não parece mais fazer sentido que um sociólogo atribua ao termo o mesmo significado usado no discutido até então.

A crescente complexidade das tarefas administrativas e a clara expansão de seus escopos resultam, cada vez mais, na superioridade técnica dos que receberam treinamento e possuem experiência e, portanto, é inevitável que favoreçam a continuidade de pelo menos alguns dos funcionários. Sendo assim, sempre existirá a probabilidade do aparecimento de uma estrutura especial, perene e com finalidade administrativa necessária aos meios para o exercício da dominação. Tal estrutura pode ser a formada pelos *honoratiores*, que agem como se todos do grupo fossem iguais ou, ainda, pode se tornar "monocrática", de forma que todos os funcionários sejam integrados a uma hierarquia em que há um único líder.

SEÇÃO 3
A Dominação por meio da Organização – Os Fundamentos da Autoridade Legitimada

A posição de liderança sobre as massas do círculo sobre o qual acabamos de nos referir repousa sobre a então chamada "vantagem do pequeno número". A minoria liderante consegue o rápido entendimento entre seus membros e, assim, é capaz de iniciar a qualquer momento uma ação organizada de modo racional, necessária para a preservação de sua posição no poder. Como consequência, é fácil reprimir qualquer ação tomada pelas massas e que ameace seu poder, uma vez que seus oponentes não seguem o mesmo tipo de organização para a direção planejada na luta pela dominação. Outro benefício da vantagem do pequeno número é a facilidade do sigilo de intenções e resoluções dos líderes, além de seu *status* de informação; quanto maior o círculo, mais difícil ou improvável fica o sigilo de tais segredos. Sempre que houver uma enorme preocupação em se guardar o "segredo oficial", entenderemos tal situação como um sintoma da tentativa dos líderes de segurar as rédeas de seu governo ou do sentimento de que seu governo está sendo ameaçado.

Porém, qualquer dominação estabelecida como contínua deve, em algum ponto decisivo, ser secreta. De forma geral, as medidas específicas de dominação, estabelecidas por associação, demonstram as seguintes características:

Um círculo de pessoas habituadas a obedecer às ordens de *líderes* e que também têm um interesse pessoal em sua continuação uma vez que participam dela, e, além disso, os benefícios derivados da dominação têm dividido entre elas o exercício dessas funções que servirão para a continuação da dominação e as manterão sempre aptas a seu exercício.

Toda essa estrutura será chamada de *organização*. Aos líderes cujos poderes de mando reivindicados e exercidos não foram concedidos por outros, nós chamaremos de *mestres*; enquanto o termo *aparato* se referirá ao círculo de pessoas que se mantêm à disposição do mestre ou mestres da maneira já definida.

O caráter sociológico da *estrutura* de qualquer caso de dominação é determinado pelo tipo de relação entre o mestre (ou mestres) e o aparato, o tipo de relação entre ambos e os liderados e por sua *organização* específica, isto é, o modo específico de distribuição dos poderes de mando. Também é possível considerar vários outros bons elementos que podem ser usados para estabelecer um grande número de classificações sociológicas variáveis. Em virtude da limitação de nossos propósitos, devemos enfatizar esses tipos básicos de dominação resultantes de nossa busca pela razão última da validade de uma dominação, ou seja, quando questionamos as razões sobre as quais se baseiam as obrigações de obediência formuladas pelo mestre contra seus "oficiais" e por ambos contra os liderados.

Em nossa discussão, já nos deparamos com o problema da *legitimidade* da *ordem jurídica*. Agora, temos que nos referir a seu significado mais amplo. Para a dominação, este tipo de justificativa para sua legitimidade é muito mais do que uma questão de especulação teórica ou filosófica; pelo contrário, constitui-se na base de diferenças muito reais na estrutura empírica da dominação. A razão para isso está na necessidade geralmente observada de qualquer poder, ou até mesmo de qualquer benefício da vida, em justificar a si mesmo.

Os destinos dos seres humanos não são iguais. Os homens se diferem por causa de sua saúde, riqueza, *status* social, etc. Uma simples observação demonstra que em todas as situações como essas, o mais favorecido sente a necessidade incessante de analisar sua posição como "legitimada" de alguma forma, em virtude de sua vantagem como "merecedor", e da desvantagem dos demais graças à "culpa" deles mesmos. Essas causas puramente acidentais da diferença podem ser tão óbvias que não fazem diferença.

Essa mesma necessidade se faz sentir na relação entre grupos de seres humanos privilegiados positiva ou negativamente. Todos os grupos muito privilegiados desenvolvem o mito de sua superioridade natural e, principalmente, a de seu sangue. Em condições de distribuição estável do poder e, como consequência, de uma ordem estamental, esse mito é aceito pelas camadas negativamente privilegiadas. Tal situação existirá até que as massas continuem em seu estado natural, em que o pensamento sobre a ordem de dominação permanece pouco desenvolvido, ou seja, até que nenhuma necessidade urgente lhe proporcione o *status* de "problemática". Mas também nos momentos em que a situação de classe tornou-se inequívoca e completamente visível a todos como o fator determinante para o destino de todos os indivíduos, o grande mito da elite sobre o merecimento de cada um se transformou em um dos objetos de ataque mais ardentemente odiados; basta se lembrar de certas lutas no final da Antiguidade e na Idade Média, e, em especial, da luta de classes de nosso tempo, em que tais mitos e a reivindicação da legitimidade da dominação baseada neles se constituíram em uma das armas mais poderosas e eficientes dos agressores.

De fato, o exercício continuado de toda dominação (em nosso sentido técnico da palavra) sempre teve a forte necessidade de se autojustificar por meio do apelo aos princípios de sua legitimação. Desses princípios, existem apenas três:

A "validade" de um poder de mando pode se expressar, em primeiro lugar, em um sistema de regras *racionais* feitas de modo consciente (que pode tanto ser aceito quanto imposto a todos) que resulta na obediência como normas geralmente obrigatórias sempre que tal obediência for reivindicada por quem designa as regras. Neste caso, todos os portadores de poderes de mando são legitimados por esse sistema de normas racionais, e seu poder é legitimado à extensão que corresponder às normas. Sendo assim, a obediência se dá mais às normas do que à pessoa.

No entanto, a validação de um poder de mando também pode repousar sobre a *autoridade pessoal*.

Tal autoridade pode, por sua vez, se fundamentar na sacralidade da *tradição*, isto é, no que é habitual e prescreve obediência a determinados tipos de pessoas.

Ou, ainda, pode se fundamentar em um argumento completamente oposto, ou seja, render-se ao extraordinário, à crença no *carisma*, isto é, na real revelação ou na graça repousante sobre tal pessoa que é então considerada um salvador, profeta ou herói.

Os tipos "puros" de dominação correspondem a esses três possíveis tipos de legitimação. As formas de dominação ocorrentes na realidade histórica constituem combinações, misturas, adaptações ou modificações desses tipos "puros".

A conduta de associação *racional* de uma estrutura de dominação é tipicamente expressa pela *burocracia*.

A conduta social atada às relações de autoridade *tradicional* é bem representada pelo *patriarcalismo*.

A estrutura *carismática* da dominação repousa sobre a autoridade de um indivíduo concreto cujo fundamento não está nas regras racionais nem na tradição.

Capítulo XIII

COMUNIDADES POLÍTICAS

Seção 1
Natureza e "Legitimidade" das Comunidades Políticas

O termo "comunidade política" deve ser aplicado a uma comunidade cuja ação social tem como objetivo a subordinação à dominação ordenada pelos participantes de um "território" e a conduta das pessoas dentro dele. A dominação tem que ser exercida por meio da disposição de recorrer à força física, ou seja, às forças armadas. A qualquer momento, o território deve, de alguma forma, ser determinável, mas não necessita ser constante ou limitado de modo definitivo. Os habitantes são as pessoas que se encontram no território seja de forma permanente ou não. Além disso, o objetivo dos participantes pode ser o de adquirir mais territórios para si mesmos.

Uma comunidade "política" neste sentido nem sempre existiu em todo lugar. No sentido de uma comunidade especializada, ela não existe onde a obrigação da defesa armada contra os inimigos tenha sido atribuída à comunidade doméstica, à associação de vizinhos ou a qualquer outro tipo de associação orientada aos interesses econômicos. Nem tão pouco existiu em todos os lugares e épocas, no sentido em que seu mínimo conceitual, ou seja, "a manutenção forçada da dominação ordenada sobre um território e seus habitantes", foi concebido apenas em função de uma única comunidade. As tarefas implícitas nesta função têm sido com frequência distribuídas entre várias comunidades cujas ações, em parte, complementam-se e, em parte, sobrepõem-se umas sobre as outras. Por exemplo, a violência e defesa contra ataques "externos" com frequência estiveram, em parte, nas mãos de clãs familiares, de associações de moradores e de associações de guerreiros estabelecidas *ad hoc*. Da mesma forma, a dominação "interna" do "território" e o controle das relações intragrupais têm sido distribuídos entre diversos poderes, incluindo os de ordem religiosa; e até mesmo o uso da violência não tem necessariamente sido monopolizado por nenhuma comunidade. Sob determinadas circunstâncias, a violência "externa", em princípio, pode até mesmo ser rejeitada, como o foi, por um momento, pela comunidade dos *quakers* da Pensilvânia; em todo caso, a preparação organizada para seu uso pode ser completamente deficiente. Via de regra, no entanto, a disposição para a violência se associa à dominação de um território.

Sendo uma estrutura separada, pode-se dizer que uma comunidade política existe apenas se, e à medida que, constituir mais do que um "grupo econômico", ou, em outras palavras, à medida que possuir sistemas de valores ordenando questões além da disposição econômica direta de bens e serviços. O conteúdo particular da ação social, além da dominação forçada de um território e de seus habitantes, é, do ponto de vista conceitual, irrelevante. Este pode variar muito se estivermos lidando com uma comunidade incursiva, um estado "provedor", "constitucional" ou "cultural". Graças à natureza drástica de seus meios de controle, a associação política é capaz de reivindicar para si mesma todos os possíveis valores em sentido aos quais sua conduta de associação poderia se orientar; é provável que não exista nada no mundo que, em algum momento, não tenha sido objeto de uma ação social por parte de alguma associação política.

Por outro lado, uma comunidade política pode restringir sua ação social apenas à simples manutenção de seu domínio sobre um território e, de fato, tem o feito com suficiente frequência. Mesmo no exercício desta função, a ação de uma comunidade política é, em muitos casos, intermitente, independente de qual possa ser seu nível geral de desenvolvimento em outros aspectos. Tal ação se desencadeia em resposta às ameaças externas ou a um impulso interno e repentino, porém motivado, de violência; esta se enfraquece, gerando um estado de "anarquia" durante os tempos de paz, quando a coexistência e a ação social por parte dos habitantes do território tomam a forma de um mero respeito mútuo pelas esferas econômicas habituais, sem a disponibilidade de qualquer tipo de coação tanto para uso externo quanto interno.

Em nossa terminologia, uma comunidade "política" separada se constitui onde encontrarmos (1) um "território"; (2) a disponibilidade da força física para sua dominação; e (3) a ação social que não se restringe, na estrutura de um empreendimento econômico social, à satisfação das necessidades econômicas comuns, mas que regula, de forma mais ampla, as inter-relações dos habitantes do território.

O inimigo contra quem, por fim, a ação social de violência for direcionada pode estar dentro ou fora das fronteiras do território em questão. Desde que a violência política se tornou o monopólio das associações organizadas ou, hoje, "instituições", os objetos da ação social violenta também se encontram, primeiramente, entre aquelas pessoas que foram coagidas a participar da ação social política. Como comunidade política, mesmo além de outras comunidades organizadas de forma institucional, apenas se constituem as que impõem obrigações sobre seus membros quem, em sua maioria, as cumpre apenas por ter consciência da probabilidade de que coações físicas estejam aparando tais obrigações. A comunidade política, além disso, é uma das comunidades cuja ação social inclui, pelo menos dentro de circunstâncias normais, a coação por meio do risco e destruição da vida e da liberdade de ir e vir aplicados aos estrangeiros e também aos seus próprios membros. Em última instância, espera-se que o indivíduo encare a morte pelo interesse social. Isto dá à comunidade política sua emoção específica e gera seus fundamentos sentimentais permanentes. A comunidade de destino político, ou seja, sobretudo da batalha política comum entre a vida e a morte, criaram comunidades de memórias que, com frequência, provocaram um impacto mais profundo do que as comunidades ligadas apenas por laços culturais, linguísticos ou étnicos. É esta comunidade de memórias que, como veremos, constitui o elemento decisivo da "consciência nacional".

A comunidade política nunca foi, nem atualmente é, a única comunidade em que a renúncia da vida é uma parte essencial das obrigações sociais. As obrigações de outros grupos também podem provocar as mesmas consequências radicais. Para citar apenas algumas: a vingança de sangue por parte dos clãs familiares; o martírio nas comunidades religiosas; o "código de honra" dos grupos estamentais; ou as exigências de muitas associações atléticas; de comunidades como a de *Camorra* ou, de modo especial, de todas as comunidades criadas com o propósito de usar a violência para se apropriar dos bens econômicos dos demais.

Dessas comunidades, a comunidade política se difere, da perspectiva da sociologia, em um único aspecto, isto é, em sua manifesta e duradoura existência como um poder bem estabelecido sobre um território considerável e com a possibilidade de expansão. Assim, a diferença entre a comunidade política de um lado e, do outro, as comunidades enumeradas acima, torna-se menos clara quanto mais voltarmos na história. Nas mentes dos participantes, a noção de que a comunidade política é apenas uma entre outras, transformou-se no reconhecimento de seu caráter qualitativamente distinto, em consonância, com a mudança de suas atividades de reações meramente intermitentes a ameaças ativas em uma associação permanente e institucionalizada, cujos meios coativos são drásticos e eficazes, mas que também cria a possibilidade de uma ordem racionalmente casuística para sua aplicação.

A posição moderna das associações políticas repousa sobre o prestígio que lhes foi concedido pela crença, mantida por seus membros, em uma "consagração" ou "legitimidade" das ações sociais ordenadas e reguladas por eles. Esse prestígio é particularmente poderoso onde, e à medida que a ação social compreende a coação física, incluindo o poder de dispor sobre a vida e a morte. É sobre esse prestígio que o consenso sobre a legitimidade específica da ação social se fundamenta.

A crença na legitimidade específica da ação política pode se elevar, e dentro das condições modernas realmente o faz, até o ponto onde apenas algumas comunidades políticas, isto é, os "estados", são consideradas capazes de legitimar, por meio de mandato ou permissão, o exercício da coação física por qualquer outra comunidade. Com a finalidade de ameaçar e exercer tal coação, a comunidade política completamente amadurecida desenvolveu um sistema de regras casuísticas ao qual se imputa tal "legitimidade". Esse sistema de regras constitui a "ordem jurídica", e a comunidade política é considerada sua única criadora, uma vez que esta, nos tempos modernos, usurpou o monopólio do poder para impor, por meio da coação física, o respeito a essas regras.

Essa preeminência da "ordem jurídica" garantida pelo poder político só surgiu no curso de um desenvolvimento bastante gradual. Isso se deve ao fato de que as comunidades que haviam exercido seus próprios poderes coativos perderam o controle sobre os indivíduos. Sob a pressão de deslocamentos econômicos e estruturais, elas se desintegraram ou se sujeitaram à ação da comunidade política que, então, iria lhes delegar seus poderes coativos, ao mesmo tempo em que os reduziria.

A preeminência da ordem jurídica garantida pela política também se deu ao desenvolvimento simultâneo do constante surgimento de novos interesses requerendo uma proteção que não poderia ser fornecida dentro das comunidades autônomas primitivas. Como consequência, uma esfera de interesses em crescimento contínuo, em especial a dos interesses econômicos, poderia encontrar a proteção adequada apenas nas garantias reguladas de forma racional, as quais ninguém, além da comunidade política, seria capaz de criar. O processo pelo qual ocorreu, e continua ocorrendo, essa "estatificação" de todas "normas jurídicas" foi discutido nos capítulos sobre a Sociologia do Direito.

SEÇÃO 2
Os Estágios da Formação das Comunidades Políticas

A ação social violenta é, com certeza, algo absolutamente primitivo. Toda comunidade, da doméstica até o partido político, sempre recorreu à violência física quando teve que proteger os interesses de seus membros. Entretanto, o monopólio da violência legitimada, pela associação político-territorial e sua associação racional a uma ordem institucional, não é nada primitivo, pelo contrário, é um produto da evolução.

Onde as condições econômicas não se diferenciam, é quase impossível discernir uma comunidade política especial. Da forma como as consideramos hoje, as funções básicas do "estado" são: a aplicação da lei (função legislativa); a segurança pessoal e da ordem pública (polícia); a proteção dos direitos adquiridos (administração da justiça); o cultivo de interesses de saúde pública, educacionais, sociais, culturais e outros (os diversos ramos da administração); e, por fim, mas não menos importante, a proteção armada organizada contra os ataques externos (administração militar). Em condições primitivas, essas funções básicas são completamente deficitárias ou não possuem nenhuma forma de ordem racional. Em vez disso, são realizadas por comunidades amorfas *ad hoc* ou distribuídas entre uma variedade de comunidades como as domésticas, os clãs familiares, as associações de vizinhos, as comunidades econômicas e outras associações fracas formadas para algum propósito específico. Além do mais, as organizações sociais privadas adentram aos domínios da ação social, os quais estamos habituados a considerar exclusivamente como esfera de ação das associações políticas. As funções da polícia são, assim, realizadas na África Ocidental por sociedades secretas particulares. Portanto, não é possível sequer incluir a manutenção da paz interna como um componente necessário para o conceito geral de comunidade política.

Se a ideia da legitimidade específica da violência estiver relacionada a qualquer tipo de ação grupal consensual, esta se vincula à ação do clã familiar no caso do cumprimento do dever da vingança de sangue. Por outro lado, essa ligação é fraca no que se refere à ação corporativa do tipo militar, direcionada contra um inimigo externo, ou do tipo policial, direcionada contra os perturbadores da ordem interna. A percepção desse aspecto torna-se mais fácil onde uma associação territorial é atacada por um inimigo externo em seu domínio tradicional, e a totalidade de seus membros vai à luta, como uma guarda territorial, em sua defesa. O aumento das precauções racionais contra tais eventualidades pode originar uma organização política que goze de uma legitimidade específica. Tal organização pode emergir assim que existir uma certa estabilidade de usos, bem como, pelo menos, um aparato corporativo rudimentar pronto para tomar precauções contra os ataques violentos vindos de fora. Este, no entanto, representa um estágio razoavelmente avançado.

O fato de que a "legitimidade" originalmente tenha pouco a ver com a violência, no sentido em que tal violência não acatava nenhuma norma, resulta de situações em que os membros do grupo mais propensos à guerra, por sua própria iniciativa, associam-se por meio da fraternização pessoal para organizar campanhas espoliativas. Esta tem sido, em todos os estágios do desenvolvimento econômico até a formação do estado racional, a forma como as guerras se iniciavam nas sociedades sedentárias. O líder eleito de forma livre é, então, legitimado por suas qualidades pessoais (carisma) e o tipo de estrutura que daí emerge já foi por nós discutido em outro capítulo. No entanto, nesses casos, a violência só adquire a legitimidade – pelo menos no início – quando é direcionada aos membros da fraternidade que cometeram atos de traição ou que a tenham prejudicado por causa de sua desobediência ou covardia. Este estado se transcende de modo gradual, conforme esta associação *ad hoc* se desenvolve rumo a uma estrutura permanente. Por meio do cultivo do poderio militar e bélico como uma vocação, tal estrutura se transforma em um aparato coativo capaz de impor exigências abrangentes e eficazes de obediência. Essas exigências serão apontadas aos habitantes dos territórios conquistados, bem como aos membros inadequados à atividade militar da comunidade territorial de onde a fraternidade de guerreiros tenha emergido. O portador das armas só reconhece como politicamente iguais os também capazes de portar armas. Todos os demais, os não treinados e os incapazes de portar armas, são considerados mulheres e designados como tais, de forma explícita, em muitas linguagens primitivas. Dentro dessas associações de guerreiros, a liberdade se iguala ao direito de portar armas. A casa dos homens, estudada com muita dedicação por Schurtz, e que, sob várias outras formas, aparece em todas as partes do mundo, é uma dessas estruturas resultantes da associação de guerreiros ou, na terminologia de Schurtz, de uma "liga de homens". Na esfera da ação política – considerando o alto grau do desenvolvimento da profissão de guerreiro – é quase o correspondente exato à associação de monges em um monastério dentro da esfera religiosa. Apenas se tornam membros os que demonstrarem poder no uso de armas e forem introduzidos à irmandade depois de um noviciado, enquanto os que não passarem no teste permanecem de fora, como "mulheres", entre as mulheres e crianças, para onde também voltam os homens que não são mais capazes de usar armas. O homem entra em uma comunidade familiar apenas depois de ter alcançado uma determinada idade, uma mudança de *status* análoga, nos dias de hoje, à passagem da prestação de serviço militar obrigatório à condição de reservista. Até esse momento, o homem pertence à fraternidade de guerreiros com toda a fibra de sua existência. Os membros da fraternidade vivem, como uma associação comunista, separados das esposas e da comunidade doméstica. Vivem dos espólios de guerra e das contribuições que arrecadam dos não membros, em especial das mulheres, responsáveis pela agricultura. O único trabalho, além da conduta da guerra, que consideram digno para si mesmos é a produção e manutenção dos implementos bélicos, o qual, com frequência, reservam para si como um privilégio exclusivo.

Dependendo das regulamentações sociais em questão, os guerreiros roubam, compram ou exigem, como direito, a prostituição de todas as mulheres do território dominado. Os inúmeros traços da então chamada promiscuidade pré-nupcial que, com frequência, é tida como um resquício das primitivas relações sexuais endógamas não diferenciadas, parece estar mais relacionada a esta instituição política da casa dos homens. Em outros casos, como em Esparta, cada membro da fraternidade de guerreiros tinha sua esposa e filhos do lado de fora, vivendo como um grupo maternal. No entanto, na maioria dos casos, havia a combinação das duas formas.

A fim de assegurar sua posição econômica, baseada na contínua pilhagem dos não membros, em especial, das mulheres, a associação de guerreiros recorria, em certas circunstâncias, ao uso de meios de intimidação com matiz religioso. As manifestações espirituais que encenavam nas procissões com máscaras, com frequência, não passavam de saques. Para não serem interrompidos, faziam com que, ao primeiro toque do sino, todas mulheres e não membros fugissem com medo da morte instantânea para as florestas, permitindo que os "espíritos", convenientemente e sem o perigo de serem desmascarados, retirassem das casas o que bem quisessem. A famosa procissão de Duk-Duks na Indonésia é um exemplo disso.

É óbvio que os guerreiros não acreditavam na legitimidade de sua conduta. Essa simples e grosseira trapaça era reconhecida por eles como tal e protegida pela mágica proibição da entrada dos não membros à casa dos homens e pelas obrigações dracônicas de silêncio impostas aos membros. O prestígio da liga dos homens cai por terra, à medida que as mulheres tomam consciência da verdade, quando o segredo é quebrado pela indiscrição ou, como aconteceu algumas vezes, é intencionalmente revelado por missionários. Nem é preciso dizer que tais rituais, como todos os usos da religião como polícia negra, estão ligados aos cultos populares. Mas, apesar de sua própria disposição em relação à superstição mítica, a sociedade de guerreiros permanecia especificamente terrena e orientada ao roubo e à pilhagem, e, assim, funcionava como um agente do ceticismo perante a religiosidade popular. Em todos os estágios da evolução, deuses e espíritos foram tratados com o mesmo desrespeito que o Olimpo recebeu da sociedade de guerreiros homéricos.

Apenas quando o grupo de guerreiros, livremente associados além e acima das normas da vida cotidiana, estava, por assim dizer, inserido em uma organização permanente de uma comunidade territorial, e quando, por isso, uma organização política se formava, esta última, e com ela o *status* privilegiado do grupo de guerreiros, obtém uma legitimidade específica para o uso da violência. Este processo, quando ocorre, é gradual. A maior comunidade, entre as que têm membros guerreiros organizados como espoliadores ou como ligas permanentes de guerreiros, pode adquirir o poder para submeter ao seu controle as campanhas de espoliação dos guerreiros livremente associados. Ela pode se sair bem-sucedida por meio de qualquer um destes dois processos: a organização dos guerreiros pode se desintegrar em virtude de um longo período de paz; ou uma associação política abrangente pode ser imposta tanto de forma autônoma quanto heterônoma. A comunidade mais importante se interessará em obter tal controle, pois todos os seus membros podem sofrer represálias por parte dos espoliadores. Um exemplo da aquisição bem-sucedida de tal controle é apresentado pela supressão, feita pela Suíça, da prática de contratação de seus jovens como soldados para os poderes estrangeiros.

Tal controle sobre as campanhas de espoliação já havia sido exercido nos primórdios da história germânica pela comunidade política dos distritos (*Landsgemeinde*). Quando o aparato coativo é forte o suficiente, ele reprime a violência de qualquer forma. A eficácia dessa repressão aumenta com a transformação do aparato coativo em uma estrutura permanente e com o crescente interesse na solidariedade aos não membros. No início, é apontada apenas contra as formas de violência privada que, de forma direta, prejudica os interesses militares da comunidade política. Assim, no século XIII, a monarquia francesa reprimiu as contendas entre os vassalos reais durante uma guerra externa, conduzida pelo próprio rei. Em seguida, originou-se, de modo mais genérico, uma forma de paz pública permanente, com a submissão obrigatória de todas as disputas à arbitragem de um juiz, que transformava a vingança de sangue em uma punição ordenada de modo racional, e as contendas e ações expiatórias em procedimentos jurídicos racionalmente ordenados.

Enquanto nos primórdios da história, até mesmo as ações reconhecidas como crimes graves não eram julgadas pela comunidade organizada, exceto sob a pressão por parte de interesses religiosos e militares, agora o processo penal de uma ampla esfera de danos ao indivíduo e à propriedade estava sendo colocado sob a garantia do aparato coativo político. Assim, a comunidade política monopoliza a aplicação legitimada da violência para seu aparato coativo e, gradualmente, transforma-se em uma instituição para a proteção dos direitos. Ao fazer isso, ela obtém o apoio poderoso e decisivo de todos os grupos que possuam um interesse direto ou indireto na expansão da comunidade de mercado, bem como o das autoridades religiosas, cujo controle sobre as massas é melhor em condições de pacificação. Da perspectiva econômica, no entanto, os grupos mais interessados na pacificação são os orientados pelos interesses de mercado, em particular, os burgueses das cidades, bem como todos os interessados na cobrança de pedágios pelo uso de rios, estradas e pontes, além da capacidade de pagamento de impostos de seus vassalos e súditos. Esses grupos se expandem com a expansão da economia monetária. Antes mesmo de que a autoridade política impusesse a paz pública em nome de seu próprio interesse, foram eles que, na Idade Média, tentaram, em conjunto com a Igreja, limitar as contendas e estabelecer ligas temporárias, periódicas ou permanentes para a manutenção da paz pública (*Landfriedensbünde*). E assim como a expansão do mercado rompeu as organizações monopolizadoras e conscientizou seus membros sobre os interesses no mercado, ela também lhes tirou a base daquela comunidade de interesses sobre a qual a legitimidade de sua violência havia se desenvolvido. Assim, a difusão da paz e a expansão do mercado constituem um desenvolvimento acompanhado, ao longo de paralelas, pelo (1) monopólio da violência legitimada pela organização política que encontra seu clímax no conceito moderno do estado como a última fonte de todo tipo de legitimidade para o uso da força física; e pela (2) racionalização das regras de sua aplicação que culminou no conceito da ordem jurídica legitimada.

OBSERVAÇÃO: Estamos aqui incapacitados de conduzir um estudo de caso interessante, mas, até o momento, pouco desenvolvido sobre os vários estágios do desenvolvimento de uma organização política primitiva. Mesmo sob condições de um sistema de propriedade relativamente avançado, uma organização política separada e todos os seus órgãos podem ser completamente deficitários. Assim, por exemplo, era, segundo Wellhausen, a situação entre os árabes durante sua idade "étnica". Além dos clãs familiares com seus anciões (*xeiques*), nenhuma autoridade extrafamiliar permanente era reconhecida. A comunidade livre dos nômades, que acampavam, perambulavam e pastoreavam juntos, surgida da necessidade de segurança, não possuía nenhum órgão especial e era, em sua essência, instável e independente da autoridade aceita no evento de um conflito com inimigos externos, esta tinha apenas um caráter intermitente.

Uma situação como essa pode permanecer por longos períodos e sob qualquer tipo de organização econômica. As únicas autoridades permanentes são os chefes familiares, os anciões dos clãs e, além deles, os feiticeiros e porta-vozes dos oráculos. Qualquer disputa surgida entre os clãs é julgada pelos anciões com a ajuda dos feiticeiros. Essa situação corresponde à forma de vida econômica dos beduínos. Mas, assim como esta última, não é nada primitiva. Sempre que o tipo de assentamento gerar necessidades econômicas que requeiram uma provisão contínua e permanente, além da fornecida pelos clãs familiares e comunidades domésticas, surge a figura do chefe de aldeia. O chefe de aldeia, com frequência, emerge entre os feiticeiros, especialmente entre os que fazem chover, ou é o líder bem-sucedido de expedições espoliadoras. Onde a apropriação de bens pessoais tenha alcançado um estágio avançado, a posição de chefe se torna de fácil acesso por qualquer homem distinguido por sua riqueza e padrão de vida correspondente. Porém, não lhe é permitido exercer autoridade real, exceto em situações de emergência e, até mesmo, exclusivamente sobre a base de algumas qualidades pessoais de feitiçaria ou coisa semelhante. Caso contrário, em especial sob condições de períodos contínuos de paz, ele não passa de um juiz popular e suas orientações são seguidas como se fossem bons conselhos. A ausência total de qualquer tipo de chefe não é, de forma alguma, uma raridade em períodos de paz. A ação consensual de vizinhos é, então, regulamentada simplesmente pelo respeito à tradição e pelo temor de uma vingança de sangue ou da ira dos poderes sobrenaturais. De qualquer modo, no entanto, as funções do chefe em períodos de paz são, quanto a seu conteúdo e em sua grande maioria, de ordem econômica, como a regulamentação do preparo do solo e, em alguns casos, mágico-terapêutica ou arbitral. Mas, de modo geral, não existe um tipo fixo que poderia ser descrito para todos os casos. A violência é legitimada apenas quando aplicada pelo chefe, e só nos casos e da maneira em que é sancionada pela tradição. Para sua aplicação, o chefe tem que contar com a ajuda voluntária dos membros do grupo. Portanto, quanto maior for seu *carisma* e eminência econômica, maiores suas chances de obter tal colaboração.

Capítulo XIV

ADMINISTRAÇÃO RACIONAL E IRRACIONAL DA JUSTIÇA

A razão decisiva para o sucesso de uma organização burocrática tem sido sua superioridade técnica sobre as demais formas. A relação entre uma administração burocrática completamente desenvolvida e as formas não burocráticas é igual à relação entre máquinas e modos de produção não mecânicos. A precisão, velocidade, consistência, disponibilidade de registros, continuidade, possibilidade de sigilo, unidade, coordenação rigorosa, além da redução de atritos e gastos com material e pessoal são características obtidas em uma administração estritamente burocratizada e, em especial, organizada de forma monocrática por oficiais muito mais treinados do que os de qualquer administração colegial ou conduzida por *honoratiores* ou administradores com trabalho de meio período. Com referência à execução das tarefas complexas, o trabalho burocrático remunerado não é apenas mais preciso, mas também sai mais barato, devido a seus resultados, do que o trabalho administrativo não remunerado realizado pelos *honoratiores*. A administração dos *honoratiores* é um empreendimento não vocacional e, por isso, mais lento, menos regulamentado, mais amorfo e, portanto, menos preciso, além de menos unificado, já que é menos dependente de um superior; também é menos contínuo e, em virtude da quase inevitável utilização de funcionários técnicos e administrativos, é, com frequência muito cara. Isto é particularmente verdade quando levamos em conta não apenas as simples cobranças aos cofres públicos, mais altas na administração burocrática do que na dos *honoratiores*, mas também os frequentes prejuízos econômicos sofridos pela população por meio do desperdício de tempo e negligência. A possibilidade da administração não remunerada dos *honoratiores* existe, de modo geral e de forma estável, apenas onde pode ser realizada em meio período. Seus limites são atingidos com a intensificação qualitativa das tarefas com as quais a administração se confronta, como no caso da Inglaterra contemporânea. O trabalho organizado em grupos, por outro lado, gera atritos e atrasos, requer acordos entre interesses e opiniões conflitantes e, portanto, é feito de forma menos precisa, mais independente de superiores, além de menos unificado e mais vagaroso. O progresso do sistema administrativo da Prússia baseou-se, e deve continuar baseando-se, na elaboração sempre em progresso do princípio burocrático, e em especial, do monocrático.

A velocidade, precisão, definição e continuidade fundamentais na execução de assuntos oficiais são exigidas da administração, em particular, na economia capitalista moderna. As grandes empresas capitalistas modernas são em si mesmas modelos inigualáveis de uma organização burocrática completa. O comando dos negócios se fundamenta na crescente precisão, continuidade e, em especial, na velocidade de operação. Esta, por sua vez, é condicionada à natureza dos meios modernos de comunicação, em que incluímos as agências de notícias. A extraordinária aceleração da transmissão dos anúncios públicos e dos eventos econômicos e políticos exerce uma pressão contínua e definitiva no sentido da aceleração máxima da reação administrativa à dada situação; este máximo pode normalmente ser alcançado apenas por meio de uma organização burocrática completa. É claro que o sistema burocrático pode gerar obstáculos, e com frequência o faz, à manipulação adequada de certas situações. No entanto, não discutiremos tais problemas aqui.

Acima de tudo, a burocratização oferece a possibilidade ideal para a conduta do princípio de divisão do trabalho administrativo segundo considerações simplesmente técnicas, distribuindo tarefas individuais a funcionários com treinamento especializado e que, por meio da prática, estão sempre agregando valor a sua experiência. A execução "profissional" neste caso se refere, primeiramente, à execução "sem relação pessoal" em consonância com regras calculáveis. A execução consistente por meio da autoridade burocrática gera um nivelamento das diferenças na "honra" ou no *status* social e, como consequência, a menos que o princípio da liberdade do mercado seja simultaneamente restringido, também gera o domínio universal da "posição de classe" econômica. O fato de que esse resultado da autoridade burocrática nem sempre tenha aparecido em concorrência com a burocratização baseia-se na diversidade de possíveis princípios por meio dos quais as comunidades políticas têm cumprido suas tarefas. Porém, para a burocracia moderna, o elemento da "possibilidade de cálculo de suas regras" tem sido realmente decisivo. A natureza da civilização moderna, em especial de sua subestrutura técnico-econômica, requer esta "possibilidade de calcular" as consequências. A burocracia, com um desenvolvimento completo, opera em um sentido especial *sine ira ac studio*. Seu caráter peculiar, e com ele a sua adequação ao capitalismo, tornam-se mais concretos à medida que a burocracia se "despersonaliza", isto é, ao quanto mais ela conseguir atingir essa condição, que lhe é aclamada como uma virtude peculiar, ou seja, a exclusão do amor, ódio e todo sentimento puramente pessoal, irracional e incalculável da execução das tarefas oficiais. No lugar do líder à moda antiga, que era movido pela simpatia, gentileza, graça e gratidão, a cultura moderna requer para o sustento de seu aparato externo um "profissional" sem apego emocional e, portanto, rigorosamente especializado; e quanto mais complexo e especializado ele for, mais a cultura o requer. Todos esses elementos são fornecidos pela estrutura burocrática. A burocracia fornece a administração da justiça com base para a realização de um órgão jurídico racional e conceitualmente sistematizado fundamentado sobre "leis", como o alcançado pela primeira vez e com um alto grau técnico, no final do Império Romano. Na Idade Média a recepção desta lei ocorreu lado a lado com a burocratização da administração da justiça. A adjudicação por especialistas com treinamento racional tinha que tomar o lugar do antigo tipo de adjudicação, o qual se baseava na tradição e em pressuposições irracionais.

A adjudicação racional baseada em conceitos jurídicos e com rigor formal contrasta com um tipo de adjudicação orientado, em primeira instância, por tradições sagradas, nas quais não se encontra um fundamento explícito para a decisão de casos concretos. Assim, os casos são decididos como justiça carismática, ou seja, pelas revelações concretas de um oráculo, a morte ou martírio de um profeta; ou como a justiça de cádi, não formalista e em consonância com juízos de valor éticos ou práticos; ou como a justiça empírica, formalista, mas não pela subsunção do caso a conceitos racionais, e sim pelo uso de "analogias" e pela referência e interpretação de "precedentes". Os últimos dois casos são bastante interessantes para nós aqui. Na justiça de cádi, não existem bases racionais de julgamento, e na forma pura da justiça empírica também não encontramos tais bases, pelo menos no sentido em que usamos o termo. O aspecto concreto do juízo de valor da justiça de cádi[30] pode se intensificar até provocar uma quebra profética com toda a tradição, enquanto a justiça empírica pode ser sublimada e racionalizada em uma técnica verídica. Uma vez que as formas não burocráticas de autoridade exibem, por um lado, uma justaposição peculiar de uma esfera de subordinação rigorosa à tradição e, por outro, uma esfera de livre discernimento e graça do líder sobre os demais, a combinação e manifestações marginais dos dois princípios são frequentes. Na Inglaterra contemporânea, por exemplo, ainda encontramos um grande substrato do sistema jurídico, cuja essência é da justiça de cádi à medida que requer grandes esforços para ser visualizado no Continente. Nosso próprio sistema jurídico, em que não se pronunciam as razões do veredito, na prática, opera, com frequência, da mesma forma. Há, portanto, que se ter cuidado para não assumir que os princípios "democráticos" da adjudicação são idênticos aos da adjudicação racional, ou seja, formalista. O oposto também é verdadeiro, como o já visto anteriormente. Até mesmo a justiça americana e britânica nas

---

[30] O termo foi cunhado por R. Schmidt.

grandes cortes nacionais ainda é, em grande escala, uma adjudicação empírica baseada no precedente. A razão para o fracasso de todas as tentativas de codificar a lei inglesa de forma racional, bem como as de rejeição da lei romana, está na resistência bem-sucedida das grandes e centralizadas associações de advogados, um estrato de monopólio dos *honoratiores* que, a partir de sua classe, geraram os juízes das grandes cortes. Também mantiveram em suas mãos a educação jurídica como uma técnica empírica altamente desenvolvida e combateram a ameaça a sua posição social e material que parecia surgir das cortes eclesiásticas e, durante algum tempo, também das tentativas das universidades de racionalizar o sistema jurídico. O confronto entre os advogados das leis comuns e os das leis eclesiásticas e romanas e da posição de poder da Igreja foi, em grande parte, causado por interesses econômicos, como o demonstrado pela intervenção real a este conflito. Porém, sua posição de poder, cuja resistência a este conflito foi bem-sucedida, era o resultado da centralização política. Na Alemanha, por razões predominantemente políticas, não havia uma camada de *honoratiores* com poder social suficiente que, como os advogados ingleses, pudesse deter uma tradição jurídica nacional, desenvolver o direito nacional como uma verdadeira arte e com uma doutrina ordenada e que ainda pudesse resistir à invasão do treinamento técnico superior de juristas educados no direito romano. Não foi a grande adequabilidade do direito romano às necessidades do capitalismo emergente que decidiu sua vitória aqui. Aliás, as instituições jurídicas do capitalismo moderno eram desconhecidas pelo direito romano e são de origem medieval. Não, a vitória do direito romano se deve a sua forma racional e à necessidade técnica de colocar os procedimentos nas mãos de especialistas com treinamento racional, isto é, universitários graduados no direito romano. A natureza cada vez mais complexa dos casos surgidos de uma economia cada vez mais racionalizada não era mais atendida pelas velhas técnicas de julgamento por castigo ou juramento, mas requeria uma técnica racional para a descoberta de fatos, igual à que estes homens aprendiam na universidade. O fator de uma estrutura econômica em mudança operou, é verdade, em todo lugar, incluindo a Inglaterra, onde os procedimentos racionais da prova foram introduzidos pela realeza, em especial, para atender aos interesses dos mercantes. A principal causa para a diferença que, contudo, existe entre o desenvolvimento do direito material na Inglaterra e na Alemanha não se encontra aqui, como aparenta, mas nas tendências autônomas dos dois tipos de organização da autoridade. Na Inglaterra, havia um sistema centralizado de cortes simultaneamente lideradas por *honoratiores*; na Alemanha, não havia a centralização política, mas havia a burocracia. O primeiro país dos tempos modernos a alcançar um alto nível de desenvolvimento do capitalismo, isto é, a Inglaterra, preservou um sistema jurídico menos racional e burocrático. Contudo, se o capitalismo foi capaz de se desenvolver tão bem na Inglaterra, isto se deveu, em grande parte, ao fato de que o sistema e os procedimentos judiciais, até a idade moderna, conseguiram manter, muito bem, a negação da justiça aos grupos economicamente mais fracos. Tal fato e o desperdício de tempo e dinheiro com a transferência de terras, também influído pelos interesses econômicos dos advogados, influenciaram a estrutura da Inglaterra agrária na direção do acúmulo e imobilização da terra.

A adjudicação romana no tempo da República era uma mistura peculiar de elementos racionais, empíricos e até mesmo cádi. O uso dos jurados como tal, bem como a prática pretoriana original de conceder *actiones in factum* apenas em atos *ad hoc* e de caso para caso, contêm elementos claros da justiça de cádi. A jurisprudência cautelar e tudo que a surgiu a partir dela, incluindo até mesmo parte da *responsa* dos juristas clássicos, era de caráter "empírico". A virada decisiva da jurisprudência em sentido aos procedimentos racionais foi preparada, em primeiro lugar, na forma técnica das instruções de judiciais contidas nas fórmulas dos decretos pretorianos, expressos em conceitos jurídicos. Hoje, sob o princípio do *fact pleading*, sob o qual a pronuncia dos fatos é decisiva independente do conceito jurídico sob o qual a causa de ação pode se levantar, não existe mais a obrigação no sentido de conceitualização, como a produzida pela peculiar técnica do direito romano. Assim, vemos que a formalização do direito romano se deve, em grande parte, aos fatores processuais originados apenas indiretamente da estrutura do estado. Porém, essa racionalização peculiar do direito romano como um sistema conceitual coerente e utilizado de modo científico, pelo qual se distingue dos produtos das culturas orientais e helenísticas, não estava completa até a burocratização do estado.

Um exemplo típico da justiça empírica não racional, embora "racionalista" e bastante tradicional, encontra-se nas respostas dos rabinos talmudianos. A justiça de cádi puramente não tradicional está representada em cada sentença profética do padrão: "Está escrito – mas digo-vos". Quanto mais o caráter religioso do juiz de cádi, ou de um outro em situação semelhante, for enfatizado, maior será sua liberdade no tratamento de casos individuais dentro da esfera que não se sujeita à tradição sacra. O fato de que o tribunal eclesiástico da Tunísia (*Chara*) podia decidir sobre assuntos de propriedade, segundo seus "próprios critérios", como diriam os europeus, permaneceu como um obstáculo ao desenvolvimento do capitalismo por uma geração depois da ocupação francesa. No entanto, as bases sociológicas de todos esses tipos mais antigos de administração da justiça devem ser encaminhadas a outro contexto.

Agora ficou muito claro que "objetividade" e "profissionalismo" não são necessariamente idênticos à supremacia de regras genéricas e abstratas, nem mesmo na adjudicação moderna. A ideia de um sistema jurídico sem brechas é, como sabemos, alvo de críticas pesadas, além da existência de objeções violentas contra a concepção de um juiz moderno que age como uma máquina em que as alegações são inseridas junto com uma taxa e, então, o julgamento é processado com suas razões mecanicamente derivadas do Código. Tais críticas, talvez, tenham sido motivadas pela razão de que uma certa aproximação a esse tipo de adjudicação realmente poderia ser o resultado da burocratização da lei. Mesmo na esfera da adjudicação, existem áreas em que o juiz burocrático é instruído, por legisladores, a "individualizar" o caso em suas circunstâncias peculiares para chegar a uma decisão. Mas no domínio da administração propriamente dita, ou seja, das atividades governamentais com exceção da legislação e da adjudicação, a reivindicação pela liberdade e pelo poder de decisão das circunstâncias da situação individual foi formulada, de forma que as normas gerais desempenhariam um papel negativo apenas como meio limitador da atividade criativa, não regulada e positiva do oficial. Todas as implicações dessa proposição não serão aqui discutidas. O importante é que essa administração "livremente" criativa não é, como nas formas pré--burocráticas, uma esfera de livre discernimento e graça, ou de gentileza e avaliação motivadas por propósitos pessoais, mas uma implicação na supremacia das finalidades impessoais, suas considerações racionais e seu reconhecimento como algo obrigatório. De fato, na esfera da administração governamental, em particular, a proposição que faz o máximo para glorificar a vontade criativa do oficial foi feita como seu último e mais alto guia para o incremento da ideia especificamente moderna e totalmente impessoal da *raison d'etat*. Para estarem seguros, junto com essa canonização do impessoal abstrato se fundiram os instintos de certeza da burocracia para o necessário na manutenção de seu poder em seu próprio estado e também na de seu poder contra outros estados. Por fim, os interesses desse poder concedem ao, de modo algum ambíguo, ideal da *raison d'etat* um conteúdo de aplicação concreta e, em casos duvidosos, o elemento decisivo. Esse assunto, no entanto, não poderá ser aqui elaborado. Só nos é decisivo o fato de que, em princípio, por detrás de todo ato da administração burocrática, existe um sistema de "razões" discutíveis, isto é, seja a subsunção às normas ou o cálculo de meios e fins.

Aqui também a atitude de todo o movimento democrático, ou seja, neste caso, de um que vise à redução da "autoridade" deve ser necessariamente ambígua. As exigências por "igualdade jurídica" e as garantias contra a arbitrariedade requerem objetividade racional e formal na administração, contrastando com a escolha pessoal e livre com base na graça, como caracterizava o tipo mais antigo de autoridade patrimonial. O *ethos* democrático, onde permeiam as massas em ligação com uma questão concreta, baseado no postulado da justiça material para casos e indivíduos concretos, entra em conflito inevitável com o formalismo e com a objetividade impassível e regrada da administração burocrática. Por essa razão, deve emocionalmente rejeitar o que é exigido de forma racional. O proletariado, em particular, não é servido, da forma como são os burgueses, por "equidade jurídica" e adjudicação e administração "calculáveis". O proletariado exige que a lei e a administração sirvam à igualdade de oportunidades econômicas e sociais em relação aos burgueses, e que juízes e administradores não possam realizar tais funções, ao menos que assumam o caráter ético e, portanto, não formalista, da justiça de cádi. O curso racional da justiça e da administração sofre a interferência não apenas de todas as formas de "justiça popular", que pouco se preocupa com as normas e razões racionais, mas também de todo tipo de influência intensa do curso da administração pela "opinião pública", isto é, em uma democracia de massa, em que a atividade social nasce de "sentimentos" irracionais e normalmente é instigada ou orientada por líderes partidários ou pela impressa. Aliás, essas interferências podem ser tão incômodas quanto, ou, dependendo das circunstâncias até mais do que, as práticas da câmara estrelada de um monarca "absoluto".

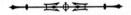

CONHEÇA TAMBÉM:

COLEÇÃO FUNDAMENTOS DO DIREITO
MAIS DE 25 TÍTULOS

OS SEIS LIVROS DA REPÚBLICA
JEAN BODIN
TOTAL DE 1.200 PÁGINAS
SEIS VOLUMES

HISTÓRIA DA ÉTICA
HENRY SIDGWICK
304 PÁGINAS

ZUM EWIGEN FRIEDEN RUMO À PAZ PERPÉTUA
IMMANUEL KANT
120 PÁGINAS
EDIÇÃO BILÍNGUE: ALEMÃO – PORTUGUÊS

CRÍTICA DA FACULDADE DE JULGAR
IMMANUEL KANT
336 PÁGINAS

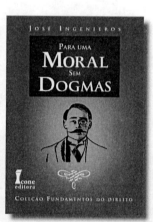

PARA UMA MORAL SEM DOGMAS
JOSÉ INGENIEROS
180 PÁGINAS

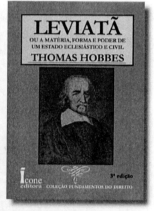

LEVIATÃ
THOMAS HOBBES
488 PÁGINAS

Coleção Elementos do Direito

Prof. Dr. Sebastião José Roque
Autor de mais de 30 obras jurídicas

Direito Internacional Público
296 páginas

Direito Internacional Privado
240 páginas

Alienação Fiduciária em Garantia
208 páginas

História do Direito
336 páginas

Direito Contratual Civil–Mercantil
2ª Ed. Revista e Ampliada
544 páginas

Arbitragem: A Solução Viável
2ª Ed. Revista e Ampliada
304 páginas

Do Crime de Omissão de Socorro

Dr. Marcos Granero Soares de Oliveira

208 páginas

Direito do Consumidor no Comércio Eletrônico

Dra. Kelly Cristina Salgarelli

168 páginas

Meio Ambiente, Política Criminal e Criminologia

Jorge Luiz Bezerra

216 páginas

Dicionário de Criminologia

Gizelda Maria Scalon Seixas Santos

240 páginas

A Legítima Defesa como Causa Excludente da Responsabilidade Civil

Arlindo Peixoto Gomes Rodrigues

168 páginas

Direito Comercial Empresarial

Vander Brusso da Silva

168 páginas

www.iconeeditora.com.br